Ovid

Die Kunst der Liebe

Ovid

Die Kunst der Liebe

Liebeselegien
Liebeskunst
Heilmittel gegen die Liebe

Aus dem Lateinischen
von Wilhelm Hertzberg,
bearbeitet von Liselot Huchthausen

Mit einem Kommentar
von Wolfgang Ritschel

Anaconda

Titel der lateinischen Originalausgaben:
Amores
Ars amatoria
Remedia amoris

Der Text der vorliegenden Ausgabe folgt der Edition Ovid, *Werke in zwei Bänden*. Hrsg. von Liselot Huchthausen. Berlin, Weimar 1968 [Bibliothek der Antike]. Sie erschien in dieser Form erstmals unter dem Titel Ovid, *Die Kunst der zärtlichen Liebe. Liebesdichtungen*. Berlin, Weimar: Aufbau-Verlag 1984 [Taschenbibliothek der Weltliteratur].

Die Deutsche Nationalbibliothek verzeichnet diese Publikation in der Deutschen Nationalbibliographie; detaillierte bibliographische Daten sind im Internet unter http://dnb.d-nb.de abrufbar.

Lizenzausgabe mit freundlicher Genehmigung
© Aufbau Verlag GmbH & Co. KG, Berlin, 1968, 2008
© dieser Ausgabe 2011 Anaconda Verlag GmbH, Köln
Alle Rechte vorbehalten.

Umschlagmotiv: Louise Moillon (1610–1696), »Pfirsiche und Weintrauben in einer blauweißen chinesischen Porzellanschale« (1634), © Christie's Images Ltd – ARTOTHEK

Umschlaggestaltung: pecher und soiron, Köln

Printed in Czech Republic 2011
ISBN 978-3-86647-605-9

www.anacondaverlag.de
info@anaconda-verlag.de

Liebeselegien

Wir, die vor kurzem noch fünf Bücher gewesen des Naso,
  Sind jetzt drei, so gefiel besser dem Dichter sein Werk.
Wenn auch so wir vielleicht nicht Genuß dem Leser
    bereiten,
  Ist um zwei doch jetzt sicherlich leichter die Pein.

Erstes Buch

1

Waffen in schwererem Takt und gewaltsame Kriege zu
    singen
  War ich gerüstet; dem Stoff sollte sich fügen die Form;
Gleich lang waren die Verse; da lachte Cupido, und
    immer
  Stahl aus dem zweiten des Paars einen der Füße der
    Schalk.
„Wer gab, wilder Gesell, dir Recht auf meine Gedichte?
  Den Piëriden geweiht bin ich als Dichter, nicht dir!
Raubt auch Venus vielleicht die Waffen der blonden
    Minerva?
  Fachet der Fackeln Glut Pallas, die blonde, vielleicht?
Wer wohl fänd es erlaubt, wenn Ceres herrscht' in dem
    Bergwald?
  Wenn die beköcherte Maid gäbe den Fluren Gesetz?
Rüstet mit spitzigem Speer wohl einer den
    lockenumwallten
  Phoebus Apollo? Bewegt Mars das aonische Spiel?
Groß, o Knab, ist dein Reich, zu mächtig ist deine
    Herrschaft!
  Was, Ehrgeiziger, strebst neuem Beginnen du nach?

Also, was ist, ist dein? Dein auch des Helikon
  Bergschlucht?
  Kaum noch die Leier Apolls, scheint es, ist sicher vor
  dir.
Als mit dem ersten der Verse mein Lied sich trefflich
  emporschwang,
  Wurden die Sehnen sogleich mir bei dem zweiten
  geschwächt.
Und doch fehlt mir ein passender Stoff für die leichteren
  Rhythmen,
  Fehlt mir ein Knab, ein schmuck Mägdlein mit
  wallendem Haar."
Also klagt ich; da löst von den Schultern sofort er den
  Köcher,
  Wählt ein Geschoß daraus, mir zum Verderben
  bestimmt,
Kraftvoll krümmt mit dem Knie zur Halbmondsform er
  den Bogen,
  Spricht: „Hier nimm für dich, Dichter, den passenden
  Stoff!"
Weh mir Armem! Es hat gar sichere Pfeile der Knabe!
  Wehe, es brennt! Nicht mehr frei bin ich, der Gott
  herrscht in mir!
Mit sechs Füßen beginne mein Lied; es ende mit fünfen.
  Eiserner Krieg und ihr, eiserne Rhythmen, lebt wohl!
Jetzt mit der Myrte vom Strand umkränze die goldenen
  Schläfen,
  Muse, der nun in elf Takten erklinge das Lied.

2

Was es bedeuten doch mag, daß gar so hart mir das Lager
  Vorkommt; nirgend im Bett liegen die Decken mir
  recht;
Daß ich die Nacht schlaflos – wie dauert sie lange! –
  verbringe;
  Daß mein ermüdet Gebein schmerzt, wie ich wälze den
  Leib?
Merken doch würd ich's gewiß, wär ich von Liebe befallen.
  Oder hat listig ihr Gift still sich geschlichen ins Herz?

So wird's sein, es haften die spitzigen Pfeile im Herzen,
  Amor tobt als Tyrann wild in dem neuen Besitz.
Weich ich? Oder entzünd ich durch Kampf aufflackernde Lohe?
  Weiche! Die Last wird leicht, wenn mit Geschick man sie trägt.
Oft schon sah ich die Glut der geschüttelten Fackel entsprühen,
  Sah, wie die Glut, sobald keiner sie regte, verlosch.
Häufiger trifft die Geißel den Stier, der zuerst in der Schlinge
  Gegen das Joch sich wehrt, als der des Pfluges sich freut.
Eisengebiß zerreißt die Lippen des störrischen Rosses:
  Weniger spürt es den Zaum, wenn es sich fügt ins Geschirr.
Denn, die sich sträuben, bedrängt viel wilder und heftiger Amor,
  Als die unter sein Joch still sich zu beugen gestehn.
Sieh – ich bekenn es –, du hast auch mich erbeutet, Cupido,
  Machtlos streck ich die Hand aus, dein Gesetz zu empfahn.
Kampfes bedarf's hier nicht; ich bitt um Verzeihung und Frieden.
  Wehrlos bin ich; kein Ruhm ist's, wenn bewehrt du mich zwingst.
Kränze mit Myrten dein Haar; schirr an die Tauben der Mutter,
  Dein Stiefvater wird dir schenken den Wagen dazu.
Auf dem Wagen alsdann, wenn das Volk rings jauchzt zum Triumphe,
  Wirst du stehn und mit Kunst lenken der Vögel Gespann.
Und es folgt dir gefangen der Jünglinge Schar und der Jungfraun,
  Als prachtvollster Triumph gilt dir der stattliche Zug.
Ich, als dein letzter Erwerb, mit der frisch mir geschlagenen Wunde,
  Trag im gefesselten Geist Ketten, die nimmer ich trug.

Auch die Vernunft und die Scham, die Händ auf den
   Rücken gebunden,
Führt man daher, und was sonst Amors Befehlen sich
   sträubt.
Alles erbebet vor dir, das Volk streckt flehend die Arme
   Nach dir aus, und laut singt es und jubelt: „Triumph!"
Tollheit und Irrtum sind deine Gefährten, auch
   schmeichelnde Worte,
Die zu deinem Panier stets sich beharrlich geschart.
Mit *den* Kriegern besiegst du glorreich Menschen und
   Götter;
Ließt *diese* Hilfe du dir nehmen, so stündest du nackt!
Froh vom hohen Olymp klatscht Beifall deinem Triumphe
   Venus; vom Lager herab streut sie dir Rosen aufs Haupt.
Edelgestein im Haar und Edelgestein an den Flügeln,
   Wirst goldprangend du selbst fahren auf goldnem
   Geschirr.
Wirst nicht wenige dann, wenn recht ich dich kenne,
   versengen,
Wirst im Vorüberziehn Wunden verteilen genug.
Wolltest du selber es auch, nicht rasteten deine Geschosse.
   Ist rings alles erhitzt, wütet die Flamme von selbst.
So zog Bacchus daher, der des Ganges Lande gebändigt,
   Ernst mit Tigern, wie du prangst mit dem
   Vogelgespann.
Also, da ich ein Teil sein kann des heil'gen Triumphes,
   Schone mich! nicht an mir, Sieger, verschwende die
   Kraft.
Blick auf die glücklichen Waffen des Caesar, deines
   Verwandten,
Wie mit siegender Hand selbst den Besiegten er
   schützt.

3

Recht nur ist, was ich bitte: das Mädchen, das jüngst mich
   erbeutet,
Möge mich lieben; wo nicht, ewig mich fesseln an sich.
Ach! ich erbat zuviel! Sie dulde nur, daß ich sie liebe,
   Und Kytherea selbst höre mein brünstiges Flehn.

Nimm mich an zu dauerndem Dienst für Jahre und Jahre,
 Nimm mich an, der treu, innig zu lieben versteht.
Ob hochklingende Namen mich nicht vorzeitlicher Ahnherrn
 Dir empfehlen, ob nur stamme von Rittern mein Blut,
Mögen mein Feld auch nicht unzählige Pflüge bestellen,
 Messen den Aufwand nur spärlich die Eltern mir zu:
Rede dann Phoebus für mich und die neun Gefährtinnen, er auch,
 Welcher die Reb erfand, Amor, der dir mich geschenkt,
Treue, die niemandem weicht, und unsträfliche Sitten, die nackte
 Einfalt ohne Betrug und die errötende Scham.
Nicht für Tausende schwärm ich; nicht bin in der Lieb ich ein Gaukler;
 Glaub es mir, ewig sind dir meine Gedanken geweiht.
Mit dir, was mir der Schwestern Gespinst verleihet an Jahren,
 Möcht ich verleben, von dir werden im Tode beweint.
Du sei mir ein fruchtbarer Stoff für meine Gedichte;
 Dann werden Lieder entstehn, würdig so herrlichen Stoffs.
Dichtkunst machte die Io berühmt, die erschrak ob der Hörner,
 Und die als Vogel der Flut täuschte der schlaue Galan,
Und die, über das Meer von des Stieres Trugbild getragen,
 Mit jungfräulicher Hand griff in die Krümmung des Horns.
Auch uns beide besingt man einst rings über den Erdkreis,
 Und mein Name erklingt stets mit dem deinen vereint.

4

Heut zu demselben Gelag mit uns wird gehen dein Gönner;
 Wäre die Mahlzeit doch, Götter, die letzte des Manns!
Also als Gast nur soll mein geliebtestes Mädchen ich anschaun,
 Und ein anderer soll ihrer Berührung sich freun?

Du sollst ruhn an des anderen Brust in holdem
    Umfangen?
  Er soll dir um den Hals schlingen den Arm, wie er will?
Nun, dann staune nicht mehr, daß beim Wein der
    Atrakerin Schönheit
  Doppelgestaltiges Volk einst zu den Waffen gedrängt.
Nicht ist die Waldung mein Haus, nicht mit Pferdesleibe
    verwachsen
  Bin ich – und kaum vor dir halt ich die Hände zurück.
Aber vernimm, was heute du tun mußt! Gib nicht dem
    Ostwind,
  Gib dem laulichen Süd nimmer zur Beute mein Wort.
Zeitiger komm als der Mann; zwar was dein früheres
    Kommen
  Nütze, noch weiß ich es nicht – dennoch sei früher du da.
Wenn auf dem Polster er liegt, so geh mit bescheidenem
    Antlitz
  Zu ihm und lege dich auch; rühre *mir* heimlich den
    Fuß.
Acht auf mich, auf jeglichen Blick, die gesprächigen
    Mienen,
  Auf den verstohlenen Wink lausch und erwidre mir
    ihn.
Worte – doch lautlos – sagt das beredsame Zucken der
    Brauen,
  Worte der Finger; du lies Worte, geschrieben mit Wein.
Wenn das üppige Spiel dir unserer Lieb in den Sinn
    kommt,
  Schwinge den zierlichen Daum' hold um das rosige
    Kinn.
Führst im geheimen Verschluß des Busens du über mich
    Klage,
  Laß am Ohr herab lässig dann hängen die Hand.
Doch wenn, holdestes Kind, was ich tat und sprach, dir
    gefallen,
  Dann im Kreise herum dreh mit den Fingern den Ring.
Fasse den Tisch mit der Hand, so wie ihn Betende fassen,
  Flehst du mit Recht auf den Mann Böses in Menge
    herab.
Was für dich er gemischt, heiß klüglich selber ihn trinken,
  Leise zum Diener gewandt, fordre dir, was du begehrst.

Dann nehm ich mir zuerst den Becher, den du ihm zurückgabst,
 Und an der Stelle, wo du trankest, da trink ich dir nach.
Wenn von der Speise vielleicht, die er zuvor hat gekostet,
 Er dir bietet, so schieb, was er berührte, zurück.
Laß ihn die Arm auch nicht auf den Rücken dir legen, dich drücken;
 Lehne dein liebliches Haupt nie an die knöcherne Brust.
Dulde die Finger auch nicht um des Busens schwellende Knospen,
 Aber vor allem, daß nie willig zum Küssen du seist!
Wenn du zu küssen ihn wagst, tret ich als Liebhaber offen
 Vor und halte dich fest, rufe: „Die Küsse sind mein!"
Dies ist alles zu sehn; doch was die Gewänder verstecken,
 Wird mir Gründe genug bieten zu heimlicher Furcht.
Rück mit dem Schenkel ihm nicht zu nah und nicht mit dem Schienbein;
 Setz dein Füßchen ihm nicht leis auf den tölpischen Fuß.
Vielerlei fürcht ich Armer, da keck ich vieles begangen
 Und mein Beispiel selbst Schreck mir bereitet und Qual.
Oft schon unter dem deckenden Mantel fanden wir beide,
 Fanden mein Mädchen und ich Raum für geschwinden Genuß.
Das wirst niemals du tun. Doch vor jedem Verdacht dich zu sichern,
 Nimm das verdächt'ge Gewand, bitte, vom Rücken herab!
Bitte zu trinken den Mann; doch küß ihn nicht, wenn du ihn bittest.
 Heimlich gieß, wenn er trinkt, kannst du es, Wein noch dazu.
Wenn hinlänglich besiegt von Schlaf und Wein er dahinsinkt,
 Wird uns Zeit und Ort bringen den wichtigsten Rat.
Stehst du dann auf, um nach Hause zu gehn, aufstehen wir alle;
 Denke daran, daß du dann mitten im Schwarme dich hältst.

Denn hier wirst du mich finden; wenn nicht, so find ich
   dich selber;
  Was du berühren daselbst kannst, das berühre von mir.
Weh mir Armem! Mein Rat, er nützt nur wenige Stunden,
  Da das Gebot der Nacht von der Geliebten mich trennt.
Nachts verschließt dich der Mann – und traurig mit
   quellenden Tränen
  Folg ich, so weit es erlaubt, bis zu der grausamen Tür.
Küsse dann wird er sich nehmen, und nicht bloß Küsse
   sich nehmen;
  Was mir heimlich du gibst, gibst du gezwungen, als
   Pflicht.
Doch gib ungern sie, daß den Zwang er merke; das kannst
   du.
  Schmeichelndes Kosen sei fern, Venus verdrossen und
   karg.
Ist mein Flehn von Gewicht, so wünsch ich, daß nichts er
   genieße
  Oder daß wenigstens dir nicht zum Genuß es gereicht.
Aber welches Geschick die Nacht auch möge bereiten,
  Leugne beharrlich vor mir morgen, daß du ihn erhört.

5

Heiß war der Tag und hatte bereits vollendet die
   Mitte,
  Und auf dem Polster zur Rast hatt ich die Glieder
   gestreckt.
Halb war geöffnet und halb verschlossen der Laden des
   Fensters
  Und die Beleuchtung matt, wie in den Wäldern sie
   herrscht;
Gleichwie die Dämmerung sanft nur strahlt, wenn
   Phoebus entflohn ist
  Oder verschwunden die Nacht, ehe der Tag noch
   begann.
Diese Beleuchtung mußt du schüchternen Mädchen
   bereiten,
  Da sich die ängstliche Scham drin zu verstecken
   gedenkt.

Siehe, Corinna, sie naht, umhüllt vom entgürteten Kleide,
   Und ihr entfesseltes Haar wallt um den glänzenden
     Hals,
Wie in ihr bräutlich Gemach die berühmte Semiramis
     eintrat
   Oder wie Laïs, die einst Scharen von Männern
     entflammt.
Ich entriß ihr das Kleid – zu dünn, um viel zu verhüllen –,
   Doch sie stritt um das Kleid, sich zu bedecken damit.
Aber da *so* sie stritt, als trachte sie nicht nach dem Siege,
   Ward durch den eignen Verrat ihre Besiegung nicht
     schwer.
Wie von Umhüllungen frei sie so vor den Augen mir
     dastand,
   War an dem ganzen Leib nirgend ein einziger Fehl.
Was für Schultern und was für Arme nun sah und berührt
     ich!
   Und wie bot sich dem Druck schwellend des Busens
     Gestalt!
Unter der festen Brust wie maßvoll senkte der Leib sich,
   O wie jugendlich schlank Schenkel und Hüfte sich
     wölbt!
Doch was preis ich sie Stück für Stück – preiswürdig war
     alles,
   Und ohn End an mich hab ich die Nackte gepreßt.
Und wer wüßte das übrige nicht? Wir ruhten ermattet;
   Daß Mittage wie der häufig mir würden zuteil!

6

Pförtner, mit eisernem Band schmachvoll an die Türe
     gekettet,
   Laß in der Angel die Tür, laß sich die grausame drehn!
Glaub, was ich bitt, ist gering; laß halb sich öffnen den
     Eingang,
   Nur so viel, daß sich schräg dränge die Seite hindurch.
Liebe, so lange geübt, hat schmächtig zu solchem
     Gebrauche,
   Leicht an Gewicht und behend längst mir die Glieder
     gemacht.

Amor hat mir gezeigt, wie ich sacht die Posten der
    Wächter
  Könne durchschleichen; er hat sicher die Füße gelenkt.
Und doch fürchtet ich einst die Nacht und eitle
    Gespenster,
  Staunte, wenn sich auf den Weg einer im Finstern
    gemacht.
Laut auflachte Cupido; es lachte die liebliche Mutter;
  Und er sprach leichthin: „Du auch wirst einst noch ein
    Held."
Und nicht lange, da kam auch die Liebe: Nicht fliegende
    Schatten
  Fürcht ich bei Nacht, nicht die Hand, gegen mein
    Leben gezückt.
Dich allein, Gefühlloser, fürcht ich, nur dir muß ich
    schmeicheln,
  Du hast den Blitz, der mich einzig zu töten vermag.
Sieh – und damit du es siehst, zieh auf den grausamen
    Riegel –,
  Wie mit Tränen ich rings habe die Türe benetzt.
Und doch, als du, entblößt vom Kleid, zur Züchtigung
    dastandst,
  Sprach für den Zitternden ich bei der Gebieterin vor.
Und nun wäre die Gunst, die einst für dich doch gewirkt
    hat –
  Oh, wie schmählich! –, für mich ohne Bedeutung und
    Kraft?
Danke mir, wie ich's verdient! Dein Lohn sei, was du dir
    wünschest!
  Pförtner, die Nachtzeit flieht; schiebe den Riegel zurück!
Schieb ihn zurück! So mögest du einst, erlöst von der
    langen
  Kette, nicht Knechtschaftstrunk schmecken auf ewige
    Zeit!
Pförtner, ein eisernes Ohr hast du den vergeblichen
    Bitten;
  Hart aus Eisen gefügt, starrt in den Pfosten die Tür.
Nutzt der belagerten Stadt auch der Schutz verschlossener
    Tore,
  Mitten im Frieden doch nicht fürchtest du
    Waffengewalt?

Was erst tätst du dem Feind, da so du den Liebenden
ausschließt?
> Pförtner, die Nachtzeit flieht; schiebe den Riegel
> zurück!

Nicht mit Heeresgeleit, noch komm ich mit Waffen
gerüstet;
Einsam bin ich; mir folgt Amor, der grimmige, nur.
Ihn, und wünscht ich es auch, ich könnt ihn nimmer
entlassen;
Eher noch könnt ich mich selbst trennen vom eigenen
Leib.
Amor demnach und im Kopf ein mäßiges Räuschchen, die
bring ich
Mit und den Kranz, der vom Haar, vom schön
gesalbten, mir sinkt.
Fürchtet *die* Waffen man auch? Und wagt man sie nicht zu
bekämpfen?
> Pförtner, die Nachtzeit flieht; schiebe den Riegel
> zurück!

Träger Gesell! Doch vielleicht, daß der Schlaf, stets
Liebenden feindlich,
In die Winde mein Wort weht und das Ohr dir
verschließt?
Und doch erinnr ich mich wohl, als zuerst ich zu täuschen
dich suchte,
Warst – da die Mitte der Nacht zeigten die Sterne – du
wach.
Oder vielleicht ruht jetzt bei dir dein eigenes Liebchen.
Ach dein Los, wie viel besser ist dann es als meins.
Hätt ich es so, gern nähm ich auf mich die drückenden
Ketten.
> Pförtner, die Nachtzeit flieht; schiebe den Riegel
> zurück! –

Täusch ich mich, oder erscholl ein Ton von knarrender
Angel?
Hört ich ein dumpfes Geräusch wie von gerüttelter
Tür?
Ach, es ist Täuschung! Es schlug an die Tür der
entfesselte Sturm nur,
Wehe, wie weit mir der Wind wieder die Hoffnung
verschlug!

Boreas, denkst du daran, wie du einst entführt Orithyia?
  Komm mit Gebraus, und die Tür stoße, die taube, mir ein.
Alles ist still in der Stadt; und feucht von kristallenem Frühtau,
  Fliehet die Nachtzeit hin; schiebe den Riegel zurück! –
Oder mit Feuer und Schwert – ich selbst tollkühner als beides –,
  Hier mit der Fackel sogleich stürm ich das stolze Gemach.
Nacht und Begierde und Wein – die raten zur Mäßigung nimmer;
  Frei ist jene von Scham, Liber und Amor von Furcht.
Alles nun hab ich versucht; ich habe durch Bitten und Drohung
  Nicht dich bewogen; du bist grausamer noch als die Tür.
Wahrlich, nicht bist du es wert, daß du wachst an des holdesten Mädchens
  Schwelle; du hättest die Hut trauriger Kerker verdient.
Sieh, wie der Rosse bereiftes Gespann schon Lucifer rüstet
  Und zu des Tagwerks Mühn wecket die Armen der Hahn.
Doch du, Kranz, den ich nun so traurig vom Haar mir genommen,
  Hart auf die Schwelle gestreckt liege den Rest nun der Nacht.
Mögst der Gebieterin du, sieht dort sie morgen dich liegen,
  Zeugnis geben, wie mir kläglich entschwunden die Zeit.
Wie du auch seist, leb wohl und nimm hin des Scheidenden Grüße,
  Fühlloser! Schändlich, daß du Liebende abweist! Leb wohl.
Grausame Pfosten, auch ihr, lebt wohl, du starrende Schwelle,
  Du mitfronende Magd, Tür, unerbittliches Holz!

Schließ mir die Hände mit Fessel und Band (sie verdienen
die Ketten),
  Bis sich mein Wüten gelegt, bist in der Tat du mein
  Freund!
Gegen die Herrin erhob in der Wut ich die rasenden Arme;
  Von wahnsinniger Hand weinet mein Mädchen verletzt.
Ja, ich hätte mich selbst an den teuersten Eltern
vergriffen,
  Hätte mit grimmigem Hieb heilige Götter bedroht!
Hat nicht Ajax einst, der den siebenhäutigen Schild
schwang,
  Rings im weiten Gefild Herden gejagt und gewürgt?
Der graunvoll an der Mutter den Vater gerächt hat, Orestes,
  Zückt' er nicht gegen der Nacht Göttinnen rasend den
  Stahl?
Also, ich konnte das Haar, das zierlich gestrählte,
zerzausen?
  Selbst das verworrene Haar stand der Geliebten nicht
  schlecht.
So selbst war sie noch schön; so jagt' in des Maenalus
Dickicht
  Schoeneus' Tochter vordem mit ihrem Bogen das Wild;
So, als der tobende Süd das Schiff des verrätrischen
Theseus
  Samt den Gelübden entführt, weinte die Kreterin einst.
So lag – nur daß die Binde das Haar umhüllte –
Kassandra
  Einst vor deinem Altar, keusche Minerva, im Staub.
Wer hätte „Rasender" nicht, wer nicht „Barbar" mich
gescholten?
  Sie sprach nichts; von Furcht war ihr die Zunge
  gelähmt.
Aber ihr Blick, lautlos und stumm, sprach bittersten
Vorwurf,
  Und wenn ihr Mund auch schwieg, klagten die Tränen
  mich an.
Lieber ja wollt ich, es wären vom Leib mir die Arme
gefallen;
  Besser vom eigenen Selbst hätt ich geopfert ein Stück.

Mir zum eigenen Schaden hab ich verschwendet die
   Kräfte,
  Und zur Strafe mir selbst hab ich mich tapfer gezeigt.
Kein Erbarmen mit euch, die ihr halft zu Mord und
   Verbrechen,
  Traget die Fesseln, die ihr, räubrische Hände, verdient!
Hätt ich den Schlechtsten vom Volk der Quiriten
   geschlagen, ich müßt es
  Büßen; ist größer etwa gegen die Herrin mein Recht?
Wohl gab des Tydeus Sohn dem Verbrechen das
   schmählichste Beispiel,
  Da er ein göttliches Weib schlug; doch der zweite bin
   ich.
Schuldiger bin ich als er; ich verwundete, die ich zu
   lieben
  Vorgab; Tydeus' Sohn wütete gegen den Feind.
Auf, und rüste dich nun siegreich zu prächt'gen
   Triumphen;
  Lorbeern wind um dein Haar, zahle Gelübde dem Zeus.
Und die begleitende Schar, die dem Siegesgespanne sich
   anschließt,
  Rufe: „Triumph!" In die Flucht jagte der Tapfre – ein
   Weib.
Geh die Gefangne voran mit flatternden Haaren und
   trauernd,
  Ganz schneeweiß im Gesicht – ließen die Wunden es
   zu!
Besser doch hätte der Mund noch Male vom Drucke der
   Lippen
  Oder es trüge der Hals Spuren vom lüsternen Zahn.
Endlich – und schoß ich dahin nach Art des
   geschwollenen Gießbachs,
  Hatte verblendeter Zorn ganz mich zur Beute
   gemacht –:
War es nicht völlig genug, wenn das schüchterne
   Mädchen ich anfuhr?
  Mehr denn genug, wenn ich ihr Drohungen donnerte
   zu?
Wenn ich zum Schimpf ihr das Kleid vom obersten Saum
   bis zur Hälfte
  Zog herab – der Gurt hätt es zur Hälfte geschützt?

Doch ich eiserner Mensch, ich konnte das Haar von der
   Stirn ihr
  Reißen, die Nägel ihr gar drücken ins edle Gesicht!
Und da stand sie erstarrt; blutlos und weiß war das
   Antlitz,
  Wie aus Marmorgestein parischer Felsen gehaun.
Leblos sah ich sie stehn; ich sah erbeben die Glieder,
  Wie wenn der Pappeln Haar leise durchsäuselt der
   Wind,
Wie von Zephyrs milderem Hauch das schwächliche Rohr
   bebt,
  Wie wenn der lauliche Süd streift die gekräuselte Flut.
Lang hielt zurück sie die Tränen; dann flossen sie über
   ihr Antlitz,
  Wie vom schmelzenden Schnee trieft das entfesselte
   Naß.
Da erst fing ich an, wie schuldig ich sei, zu empfinden;
  Alle die Tränen, die *sie* weinte, sie waren *mein* Blut.
Dreimal wollt ich mich jetzt abbittend zu Füßen ihr
   werfen,
  Doch dreimal zurück stieß sie mit Schauder die Hand.
Doch du zaudre nicht mehr – es mildert die Rache den
   Schmerz mir –,
  Nein, mit den Nägeln sofort fahre mir in das Gesicht!
Schone die Augen mir nicht, noch schone mir etwa die
   Haare,
  Stehe den Händen der Zorn bei, wenn sie selber zu
   schwach.
Und daß von meinem Verbrechen nicht bleibt solch
   trauriges Merkmal,
  Ordne dein eigenes Haar säuberlich so, wie es saß.

8

Es gibt ein Weib – wer zu lernen begehrt, was Kupplerin
   heiße,
  Höre –, es gibt ein alt Weib; sie ist Dipsas genannt;
Und zu Recht so genannt; nie sah sie nüchtern des
   schwarzen
  Memnon Mutter emporlenken ihr rosig Gespann.

Magische Künste versteht sie wohl, ääische Lieder,
  Und zur Quelle zurück treibt sie den strömenden Fluß;
Weiß gar wohl, was die Kräuter, des zaubrischen Kreisels gedrehter
  Faden und was der Schleim rossiger Stuten vermag.
Wenn sie es will, so häuft das Gewölk sich rings um den Himmel,
  Wenn sie es will, so erglänzt heiter die Bläue des Tags.
Glaub mir, ich habe gesehn, wie blutig flammten die Sterne
  Und wie des Mondes Gesicht purpurn mit Blut sich umgoß.
Ja, ich vermute, daß oft sie verwandelt fliegt durch das Dunkel,
  Daß in Gefieder sie nachts hüllt den verwitterten Leib.
So vermut ich, und so erzählt man; auch blitzt in den Augen
  Doppelt Pupille ihr oft, leuchtet mit doppeltem Strahl.
Ahnherren ruft sie und Urahnherrn aus verfallenen Grüften,
  Und ihr Zaubergesang spaltet den festesten Grund.
Sie vermaß sich zu schänden die keuschesten Ehegemächer,
  Und ihr Mund ist fürwahr schlimmer Beredsamkeit voll.
Zufall machte mich einst zum Zeugen, da so sie ermahnend
  Sprach – ich lauschte versteckt hinter dem Flügel der Tür –:
„Weißt du, mein Schatz, daß du gestern gefielst dem begütertsten Jüngling?
  Oh, wie stutzt' er, wie hing fest er an deinem Gesicht!
Wem auch gefielest du nicht? Du weichst keinem Weibe an Schönheit;
  Oh, wie weh es mir tut, daß dir der Schmuck nur gebricht.
Wärst so glücklich du doch, wie an Reiz du allen voranstehst!
  Wenn du reich einst wirst, werd ich nicht ärmer drum sein.
Siehe, der feindliche Stern des Mars nur hat dir geschadet;
  Mars ist fort, jetzt steht Venus im günstigen Haus.

Daß sie dir nütze sogleich, o sieh, hat verliebt sie den Reichen
 In dich gemacht; sie trägt Sorge für das, was dir fehlt.
Auch sein Gesicht ist so, daß es wohl mit dir sich vergliche;
 Wünscht' *er* zu kaufen dich nicht, müßtest *du* kaufen ihn selbst.
Ach, sie errötet! Die Scham steht gut dem weißen Gesicht – doch
 Nur die erheuchelte nützt; wirkliche schadet zumeist.
Blickst in den Schoß du verschämt mit niedergeschlagenen Äuglein,
 Mußt du doch zusehn, wieviel Geld dir ein jeder wohl bringt!
Waren zu Tatius' Zeiten die schmutzigen Weiber Sabinums
 Mehreren Männern vielleicht nicht sich zu fügen geschickt:
Jetzt übt Mars auf fremdem Gebiet die Geister in Waffen,
 Da in Aeneas' Stadt Venus als Königin herrscht.
Wer hier schön ist, buhlt. Keusch ist, die niemand versucht hat.
 Doch ist verbauert sie nicht gänzlich, versucht *sie* zuerst.
Streiche die Falten nur fort, die dir die Stirne entstellen,
 Falten rechnet man oft schlimm wie Vergehen uns an.
Prüfte Penelope selbst doch der Jünglinge Kraft mit dem Bogen,
 Daß er die Manneskraft zeig, diente der Bogen aus Horn.
Heimlich gleitet dahin und versteckt die flüchtige Jugend,
 Wie mit raschem Gefäll schleunig entgleitet der Bach.
Erz wird blank durch Gebrauch; ein gutes Gewand will benützt sein,
 Und ein verlassenes Haus starrt von entstellendem Staub.
Schönheit, nimmer verschenkt, wird alt aus Mangel an Übung;
 Auch sind zu rechtem Erfolg einer und zwei nicht genug.
Sicherer ist's und erregt nicht Neid, wenn viele du plünderst;
 Vollere Beute gewinnt stets aus der *Herde* der Wolf.

Sieh, was außer dem neuen Gedicht dein trefflicher Sänger
   Schenkt; bei Liebenden laß klingen die Tausende nur.
Strahlt nicht selber der Gott der Sänger in goldnem Gewande?
   Und, die melodisch er schlägt, ist nicht die Leier von Gold?
Wer dir gibt, sei größer vor dir als der große Homerus.
   Glaube mir das, mein Kind: Geben ist höchstes Talent.
Nimmer verachte mir den, der für Geld seine Freiheit erhandelt:
   Ja, ein bekreideter Fuß ist ein geringes Vergehn.
Laß dich täuschen auch nicht durch die wächsernen Bilder der Halle;
   Packe den Stammbaum ein, *armer* Verliebter, und geh!
Wer, weil selber er schön, umsonst zu haben die Nacht denkt,
   Mag ein Geschenk für dich fordern vom eignen Galan.
Mäßig stelle den Preis zuerst, wenn die Netze du ausspannst,
   Daß sie nicht fliehen; doch scharf nimm sie, sobald du sie hast.
Nimmer auch schadet es, wenn du dich stellst, als liebtest du: mag er
   Glauben, du liebst ihn; doch nie laß es ihn glauben *umsonst*.
Oft verweigre die Nacht; gib vor, du leidest an Kopfschmerz;
   Aber ein anderes Mal biete dir Isis den Grund.
Dann nimm wieder ihn auf, daß er nicht des Wartens gewohnt wird
   Und nicht die Lieb erschlafft, wird sie zu häufig versagt.
Sei deine Tür dem Bittenden taub, dem Gebenden offen;
   Draußen des Harrenden Wort höre der Glückliche drin.
Schmoll, als seist du zuerst verletzt, wenn du ihn verletzt hast,
   Daß sich durch Gegengewicht hebe die Schuld mit der Schuld.
Aber gestatte dem Zorn niemals zu dauerndem Spielraum,
   Da andauernder Zorn oft zur Erbitterung führt.

Laß die Augen sich auch auf Befehl zu weinen gewöhnen,
  Daß bald dies, bald das schicklich die Wange benetzt.
Wenn zu täuschen es nützt, so scheue dich nicht vor dem Meineid:
  Venus' Gottheit leiht taub sich dem buhlenden Spiel.
Sklav und Sklavin mußt du geschickt zu der Rolle dir wählen,
  Daß sie ihm sagen, was sich eigne für dich zum Geschenk.
Mögen sie selbst sich erbitten ein weniges; bitten von vielen
  Weniges sie, so häuft endlich die Gabe sich doch.
Werde der Buhle gerupft von Schwester und Mutter und Amme:
  Rasch ist vollendet der Raub, haschen nur Hände genug.
Gehen die Gründe dir aus, weshalb du Geschenke dir forderst,
  Back zum Geburtstag dir Kuchen und laß sie ihn sehn.
Hüte dich, daß er zu sorglos dich liebt, da er keinen Rival sieht;
  Wenn du den Streit wegräumst, dauert die Liebe nicht lang.
Mögen die Spuren im Bett, daß ein Mann da war, ihm verraten,
  Sei von lüsternem Kuß immer der Nacken dir wund;
Laß die Geschenke vor allem ihn sehn, die der andere sandte,
  Gab dir niemand etwas, *kauf* auf dem Heiligen Weg.
Trugst du schon vieles davon, so bitt ihn, damit er nicht alles
  Schenke, zu *leihn,* was du – nimmer ihm stellest zurück.
Brauche den Mund; verstecke den Sinn mit Schmeicheln und Heucheln;
  Unter dem Honigseim birgt sich das grausame Gift.
Bringst zuwege du das, was in langem Gebrauch sich bewährt hat,
  Schlägst du mein warnendes Wort nicht in die Luft und den Wind:
Wirst du mich segnen noch oft, solang ich lebe, wirst oft dann
  Flehn du, daß sanft in der Gruft ruhe mein totes Gebein."

Noch war die Red im Fluß, da verriet mich plötzlich mein
  Schatten;
 Doch kaum konnt ich zurückhalten die Hände vor Wut,
Daß ich ihr weißes und spärliches Haar und die Augen,
  vom Trunke
 Triefend und rot, und ihr alt Runzelgesicht nicht zerriß.
Mögen die Götter kein Obdach, ein darbendes Alter dir
  geben,
 Dauernden Frost und dazu ewiglich brennenden Durst!

9

Jeder, der liebt, ist Soldat, und sein eigenes Lager hat
  Amor;
 Atticus, glaube mir fest, jeder, der liebt, ist Soldat.
Das für den Kriegsdienst taugt, das Alter ist passend zur
  Liebe:
 Schlecht ist ein greiser Soldat, schlecht zum Verlieben
  ein Greis.
Die ein Feldherr heischt von tüchtigen Kriegern, *die* Jahre
 Fordert für Lager und Bund auch die Geliebte mit
  Recht.
Beide dann ziehen auf Wacht; auf der Erd auch schlafen
  sie beide;
 Der vor dem Feldherrn, *der* vor der Gebieterin Tür.
Weit zu gehn ist die Pflicht des Soldaten: man schicke das
  Mädchen,
 Und ohn Ende verfolgt rüstig der Liebende sie,
Dringt zum Gebirg empor, das ihn hemmt; vom Regen
  geschwollne
 Ströme durchschwimmt er und wühlt kühn sich durch
  Haufen von Schnee.
Muß er Meere durchziehn, nicht schwatzt er vom
  tobenden Ostwind,
 Fragt nicht, ob für die Fahrt günstig auch sei das
  Gestirn.
Wer, wenn Soldat nicht oder verliebt, ertrüge den
  Nachtfrost
 Und mit stöberndem Schnee Ströme von Regen
  gemischt?

Als Kundschafter entsandt wird jener ins feindliche Lager,
  Dieser erspäht des Rivals Augen, als wär er ein Feind.
Städte belagert der eine, der andre der grausamen
    Liebsten
  Schwelle; die Tore zerbricht jener und dieser die Tür.
Oft schon hat es genützt, die Feinde im Schlaf zu
    beschleichen,
  Sie mit bewaffneter Hand waffenlos niederzuhaun.
So erlag die barbarische Schar des thrakischen Rhesus,
  Und das gefangne Gespann ließ den Gebieter im Stich.
Also benutzen ja auch Liebhaber den Schlaf des Gemahles
  Und erheben die Wehr gegen den schlummernden
    Feind.
Zu durchschleichen die Schar der Wächter, die Posten der
    Späher,
  Ist den Soldaten und ist armen Verliebten gemein.
Unzuverlässig ist Mars: nicht sicherer Venus; Besiegte
  Richten sich auf, und von wem *nie* du es dachtest – er
    fällt.
Also nennet nicht mehr die Lieb ein müßiges Treiben!
  Voll von geschäftigem Geist dünkt mich die Liebe zu
    sein.
Briseus' Tochter entflammt, die geraubte, den großen
    Achilles:
  Troer, solang es erlaubt, brecht die argolische Macht!
Aus Andromaches Arm zog Hektor fort zu den Waffen,
  Und sein ehlich Gemahl setzt' ihm den Helm auf das
    Haupt.
Selbst auch der Feldherrn Fürst, der Atrid, als er Priamus'
    Tochter
  Sah, war entzückt vom Haar, das sie bacchantisch
    umfloß.
Mars, in der Falle des Schmieds ertappt – wie fühlt' er die
    Fesseln!
  Keine Geschichte war so gangbar im Himmel als *die*.
Auch ich selbst war träg und zu üppiger Muße geboren,
  Und durch Schatten und Bett war mir verweichlicht der
    Sinn.
Siehe, da trieb mich Schlaffen die Sorg um ein liebliches
    Mädchen
  In ihr Lager; gebot dort mir zu dienen um Sold.

Regsam bin ich seitdem und in nächtliche Kriege
    verwickelt:
Drum, will einer nicht träg werden, der liebe wie ich.

10

Gleich *ihr*, die vom Eurotas entführt auf phrygischen
    Kielen,
    Zweien vermählt, den Krieg zwischen den Gatten
        entflammt;
So wie Leda war, als, versteckt in des trügrischen Vogels
    Weißem Gefieder, sie einst schlau der Verführer
        getäuscht;
Gleich Amymone, als rastlos sie auf verdörrtem Gefilde
    Irrt' und die Locken des Haupts drückte des Kruges
        Gewicht:
Also warst du: besorgt schon dacht ich an Stier und an
    Adler
    Oder was Liebe noch sonst schuf aus dem Donnerer
        Zeus.
Nun ist verschwunden die Furcht; des Gemüts Irrwahn ist
    geheilt nun,
    Und es berückt dein Gesicht ferner die Augen mir nicht.
Fragst du, was so verwandelt mich hat? – Daß Geschenke
    du forderst,
    Das ist der Grund, weshalb fürder du nicht mir gefällst.
Als einfältig dein Herz, da liebt ich dich – Körper und
    Seele;
    Jetzt hat der Fehler des Geists deine Gestalt auch
        versehrt.
Amor ist nackt und ein Knabe; von Geiz noch frei ist sein
    Alter;
    Ohne Gewand ist sein Leib; offen erscheinet er stets.
Wollt ihr der Venus Sohn preisgeben für schnöde
    Bezahlung?
    Fehlt ihm der Bausch doch selbst, drin zu bewahren das
        Geld.
Venus ist nicht, noch Venus' Sohn, für grausamen
    Kriegsdienst
    Passend; nicht dienen für Sold friedliche Götter wie sie.

Für ein bedungenes Geld ist die Buhlerin jedem verkäuflich,
  Treibt auf Geheiß mit dem Leib elendes Wuchergeschäft.
Doch sie verflucht auch genug den Befehl habsüchtiger Kuppler.
  Was freiwillig ihr tut, tut sie gezwungen doch nur.
Nehmet zum Beispiel euch das Tier, dem keine Vernunft ward.
  Schmählich, daß sanfteren Sinn hege das wilde Geschöpf!
Fordert die Stute vom Hengst ein Geschenk, die Kuh von dem Stiere?
  Bietet der Widder dem Schaf, das ihm gefällt, ein Geschenk?
Nur das Weib erfreut sich des Raubs, den dem Manne sie abnahm,
  Sie nur vermietet die Nacht, sie nur vermietet sich selbst.
Und sie verkauft, was beiden gefällt, was beide verlangten,
  Feilscht um den Preis, was es ihr bringt, wenn sie selbst sich vergnügt.
Oh, wie verkehrt, daß den Liebesgenuß, der für beide doch gleich ist,
  Daß den diese *ver*kauft, während ihn jener *er*kauft!
Daß mir bringe Verlust, dir Gewinn dasselbe Vergnügen,
  Das durch vereinigtes Tun Weib sich bereiten und Mann!
Schön ist's nicht, wenn Zeugen ihr Wort verkaufen zum Meineid,
  Schön nicht, öffnet dem Geld sich des Geschworenen Truh;
Schändlich, wenn man Verbrechen verficht mit bestochener Zunge,
  Schändlich, wenn ein Gericht Schätze zusammen sich rafft:
Schändlich, durch Zoll und Zins vom Bett zu vermehren das Erbgut,
  Schändlich, die Schönheit preisgeben für schnöden Gewinn.
Schuldet mit Recht man Dank nur für Dinge, die nicht man bezahlt hat,
  Kann ein vermietetes Bett nie uns verpflichten zum Dank.

Der da mietet, hat alles bezahlt. Hat den Lohn er
  gegeben,
 Bleibt für keinerlei Dienst er dir verpflichtet hinfort.
Hütet euch drum, ihr Schönen, die Nacht für Geld zu
  verhandeln;
 Nie hat guten Erfolg, glaubt mir, ein schmutziger Raub.
Nicht war so viel wert der Gewinn des sabinischen
  Armschmucks,
 Daß auf der Jungfrau Haupt stürzte der Waffen
  Gewicht.
Ja, es durchbohrte den Leib, aus dem er entsprungen, des
  Sohnes
 Schwert – ein Halsband gab Grund ihm zur rächenden
  Tat.
Doch nicht bringt es euch Schmach, ein Geschenk vom
  Reichen zu fordern;
 Der kann manches Geschenk geben; er hat ja genug.
Pflückt von beladener Rebe die üppig hangenden
  Trauben!
 Spende Alcinous' Land Äpfel aus reichem Ertrag!
Was der Arme dir gibt, ist Dienst und Eifer und Treue.
 Bringe der Herrin sein jeder, so viel er besitzt.
Auch die Gabe ist mein, in Gedichten zu feiern ein
  Mädchen,
 Das es verdient, und berühmt mach ich dadurch, wen
  ich will.
Kleider zerreißen gar bald; auch Gold und Juwelen
  zerbrechen;
 Aber der Ruhm, den ein Lied schafft, ist von ew'gem
  Bestand.
Nicht das Geben sowohl als das Fordern kränkt und
  verdrießt mich:
 Was ich der Fordernden nicht gäbe, das geb ich von selbst.

11

Nape, die du das flatternde Haar zu sammeln und ordnen
 Trefflich verstehst, nicht zum Schwarm niedriger Mägde
  gehörst,

Wohl vertraut mit dem Dienst verstohlener Nächte, geschickt auch
  Und erfinderisch, wenn Zeichen zu geben es gilt;
Die du Corinna so oft zuredetest, wenn sie zu kommen Anstand, die ich getreu immer auch fand in der Not:
Nimm die Täfelchen, die heut morgen ich schrieb, und der Herrin
  Bringe sie; jeden Verzug räume gewandt aus dem Weg.
Nicht von Kieselgestein noch hart von Stahl ist dein Busen,
  Nicht einfältiger auch bist du als andre des Stands,
Ja ich vermute, auch du hast Amors Bogen empfunden;
  Schütze die Fahnen in mir, denen du selber gefolgt.
Fragt sie, wie es mir geht, so sprich: „Er lebt von des Abends
  Hoffnung." Das übrige schrieb schmeichelnd die Hand auf das Wachs.
Während ich rede, entfliehet die Zeit; gib, hat sie zu tun nicht,
  Klug ihr das Täfelchen, doch mach, daß sogleich sie es liest.
Sieh (das befehl ich dir an), wenn sie liest, nach Augen und Stirn ihr,
  Da Zukünftiges oft schweigend die Miene verrät.
Dann laß ohne Verzug recht viel sie schreiben zur Antwort;
  Ärgerlich ist's, dehnt rings leer sich das glänzende Wachs.
Dränge sie Zeil an Zeile, so daß auf des äußersten Randes
  Halb verstümmelter Schrift lange mein Auge verweilt.
Doch, was soll sie sich viel mit dem Stift die Finger ermüden?
  Laß nur das einzige Wort stehn auf dem Täfelchen: „Komm!"
Dann mit Lorbeer will ich umwinden der Tafeln Triumphschrift,
  Dann im heiligen Haus bringen der Venus sie dar,
Mit der Widmung: „Euch weiht, da ihr treu so lang ihm gedient habt,
  Naso der Venus; noch jüngst wart ihr gewöhnliches Holz."

12

Weint um mein bittres Geschick! Die Täfelchen kehrten mit trüber
    Kunde; die Unglücksschrift meldet, daß heut sie nicht kann.
Wirklich, es ist doch etwas an Zeichen: als eben sie fortging,
    Stieß an der Schwelle die Zehn Nape sich, hemmte den Schritt.
Schick ich ein andermal dich, so nimm, wenn du über die Schwelle
    Gehst, dich in acht und hoch hebe besonnen den Fuß.
Fort mit dir, trübseliges Holz – ihr verdrießlichen Tafeln
    Und du, Wachs, worauf steht die verweigernde Schrift!
Korsikas Biene hat dich mit giftigem Honig aus hohen
    Schierlingsblüten geschlürft, denk ich, und zu uns gesandt.
Zwar du schienst, mit Mennige ganz durchfärbt, zu erröten;
    Doch dein Blutdurst nur gab in der Farbe sich kund.
Mögt ihr, ein nutzlos Holz, verworfen nun liegen am Kreuzweg,
    Mag im Vorbeifliehn euch treffen des Rades Gewicht.
Ihn auch, der euch vom Baum zu eurer Bestimmung geschnitten,
    Muß ich beschuldigen: nicht rein ist gewesen die Hand.
Manch unglücklichem Hals bot wohl sich der Baum zum Erhängen,
    Bot Scharfrichtern zum Bau scheußlicher Kreuze sich dar.
Heiseren Uhus gab zum Verweilen er grausigen Schatten,
    Und in seinem Gezweig brütete Geier und Kauz.
Und euch konnt ich betört mein Liebesgeständnis vertrauen!
    Konnte zur Herrin durch euch senden mein schmeichelndes Wort!
Passender diente das Wachs weitschweifiger Bürgenverschreibung,
    Die mit verhärtetem Mund liest ein Gerichtsadvokat.

Besser, sie lägen verpackt mit Rechnungs- und
  Tagesnotizen,
  Drin ein Geizhals klagt über der Schätze Verlust.
Nicht zwei*seitig,* ihr seid in der Tat zwei*deutig* zu nennen;
  Selber die doppelte Zahl kündete Gutes mir nicht.
Wie soll fluchen ich euch in der Wut? – Wurmstichiges
  Alter
  Mög euch zernagen und weiß starren von Schimmel das
  Wachs!

13

Über den Ozean kommt, blondlockig, vom greisen
  Gemahle
  Sie, die den nahenden Tag bringt mit bereiftem
  Gespann. –
Wohin so rasch, Aurora? O bleibe! So sühne den Schatten
  Memnons der Vöglein Schar jährlich durch festlichen
  Mord!
Jetzt erst liegt sich's so schön in der Herrin weicher
  Umarmung,
  Jetzt, wenn je, schmiegt sanft mir an die Seite sie sich.
Jetzt ist wonnig der Schlaf, jetzt sind voll Kühlung die
  Lüfte,
  Und aus dem Kehlchen entquillt frischer dem Vogel
  sein Lied.
Was enteilst du, verhaßt den Männern, verhaßt auch den
  Mädchen?
  Zieh den betaueten Zaum straff mit der purpurnen
  Hand!
(Ehe du aufgehst, blickt der Schiffer nach seinen
  Gestirnen
  Sichrer, und ratlos nicht irrt er inmitten der Flut.
Wenn du nahst, erhebt sich – wie sehr auch ermüdet –
  der Wandrer,
  Streckt nach den Waffen die Hand – waffengewohnt –
  der Soldat.)
Du zuerst siehst ziehn mit dem Karst den beladenen
  Landmann,
  Rufest den langsamen Stier zu dem gebogenen Joch,

Stiehlst dem Knaben den Schlaf und lieferst ihn aus an
    den Lehrer,
  Daß von grimmigem Hieb schwelle die zärtliche Hand.
Du auch schickst, den der Bürgschaft Bann festhält, vor
    die Hallen,
  Daß ihm ein einziges Wort bringe gewalt'gen Verlust.
Weder dem Anwalt kommst du genehm noch genehm
    auch dem Redner,
  Da zu neuem Prozeß beide zu eilen du zwingst.
Du, wenn billig einmal aufhörte die weibliche Arbeit,
  Rufst zum Rocken zurück wieder der Spinnerin
    Hand.
Alles ertrüg ich gern – doch daß früh aufstehn die
    Mädchen,
  Duldet wohl keiner, als wer selber kein Mädchen
    besitzt.
Oft schon hab ich gewünscht, es möchte die Nacht dir
    nicht weichen
  Und kein Stern im Lauf fliehen vor deinem Gesicht;
Oft schon hab ich gewünscht, es zerbräche der Wind dir
    die Achse
  Oder es stürzte dein Roß strauchelnd im dicken
    Gewölk.
(So ist's, als hätte ihr Herz für Cephalus niemals
    geschlagen.
  Wie? Oder glaubt sie wohl gar, unbekannt sei ihr
    Vergehn?)
Neidische, wozu eilst du? Dein Sohn war schwarz – und
    natürlich!
  Trug *die* Farbe doch schon vor ihm dein mütterlich
    Herz.
Wär es Tithonos nur erlaubt, von dir zu erzählen:
  Nicht im Himmel *ein* Weib wäre so schändlich wie du.
Nur, um *ihm* recht weit zu entfliehn, weil hoch er bei
    Jahren,
  Eilst du vom Greise so früh auf dein verhaßtes
    Gespann.
Hieltest du Cephalus nur, den lieber du magst, in den
    Armen,
  Riefst du gewiß: „Oh, lauft langsam, ihr Rosse der
    Nacht!"

Soll ich Verliebter es büßen, daß schwach vom Alter dein
   Mann ist?
Bist du auf *mein* Geheiß etwa vermählt mit dem Greis?
Siehe, wie lange verlieh nicht Luna Schlaf dem geliebten
   Jüngling, und ihre Gestalt weichet der deinen in nichts.
Selbst auch der Vater der Götter, daß nicht so oft er dich
   sähe,
Hat zwei Nächte sogar, sich zu ergötzen, vereint. –
Also schloß ich den Streit; sie ward, als ob sie es hörte,
   Rot – doch nicht später darum kam als gewöhnlich der
   Tag.

14

Sagt ich dir nicht: „Hör auf, dein Haar quacksalbernd zu
   beizen!"
Jetzt zum Färben bereits fehlet dir selber das Haar.
Und doch, hättst du's gelassen, was war wohl voller und
   reicher?
Und wie wallt' es dir tief über die Hüften hinab!
Und wie war es so fein, daß man es zu schmücken sich
   scheute,
So wie das Schleiergewand farbiger Serer zu schaun
Oder der Faden, gedreht vom zierlichen Fuße der Spinne,
   Wenn sie ihr schwebendes Haus hängt an verlaßnes
   Gebälk.
Und doch war es nicht schwarz; und doch auch war es
   nicht golden,
Keines von beiden genau, aber aus beiden gemischt,
Wie in der Quellenschlucht des hügligen Ida die hohe
   Zeder die Farbe dir zeigt, wenn man die Rind ihr
   geraubt.
Dann, wie gelehrig es sich in hundert Umwindungen
   schickte
Und wie niemals es auch Grund dir gegeben zum
   Schmerz!
Nie hat die Nadel und nie es des Kamms Palisade
   zerrissen,
   Nie ward der schmückenden Magd Körper gepeinigt
   darum.

Mir vor den Augen ward oft sie geschmückt; doch hat sie die Nadel
 Nie ihr entrissen, ihr nie blutig gestochen den Arm.
Oft auch lag sie, bevor das Haar ihr geordnet, des Morgens,
 Halb auf den Rücken gelehnt, lässig auf purpurnem Pfühl.
So auch war, nachlässig, sie schön wie die thrakische Bacche,
 Wenn sie ermüdet auf grün schwellendem Rasen sich streckt'.
Und war zierlich es gleich, war zart wie Flaum es zu schauen,
 Ach, wie mancherlei Qual trug doch geduldig das Haar!
Oh, wie gehorsam bot es sich dar dem Stahl und dem Feuer,
 Bis zu gekräuseltem Rund biegsam die Locke sich schlang!
„Ruchlos ist's", rief ich, „ruchlos, solch Haar zu versengen!
 Schon von selbst ist es schön! Eiserne, schone dein Haupt!
Laß die Gewalt! laß ab! Kein Grund ist da, sie zu brennen;
 Selbst die Nadel wird zahm, bringst du *den* Haaren sie nah!"
So verdarb das schöne Gelock, das selbst sich Apollo,
 Das Gott Bacchus als Schmuck wohl für sein Haupt sich gewünscht.
Ihm verglich ich es wohl, in welchem die nackte Dione
 Prangt auf Gemälden – die Hand trieft von der Last, die sie hebt.
Klagst du jetzt, schlecht sitze dein Haar, es sei gänzlich verdorben?
 Schiebst du mit trauriger Hand, Törin, den Spiegel zurück?
Noch bist nicht du gewohnt, dich zu sehn mit den eigenen Augen:
 Daß du gefallest dir selbst, mußt du vergessen dich selbst.
Nicht verzauberte Kräuter vom Kebsweib haben verletzt dich,
 Nicht aus hämonischem Born boshaft dich Hexen besprengt,

Noch hat dir Krankheit Schaden getan – doch ich will's
　　nicht berufen! –,
　Noch dein wucherndes Haar neidische Rede verdünnt.
Eigener Hand und eigener Schuld verdankst den Verlust
　　du;
　Für dein eigenes Haupt hast du das Gift ja gemischt.
Jetzt wird Germanien dir hersenden erbeutete Locken,
　Durch des geknechteten Volks Gaben erhältst du dich
　　noch.
Oh, wie oft, staunt einer dein Haar an, wirst du erröten
　Und wirst sagen: „Man pries mich um erhandeltes Gut.
Ein sugambrisches Weib trifft jetzt statt meiner der
　　Lobspruch,
　Und doch weiß ich die Zeit, da *ich* verdiente den
　　Ruhm."
Weh mir! Mit Not nur hält sie die Tränen, bedeckt mit
　　der Rechten
　Stirn und Augen; und Scham rötet das edle Gesicht.
Auf dem Schoß jetzt hält und besieht sie die früheren
　　Haare.
　Weh mir! anderen Schmucks scheinet mir würdig der
　　Platz.
Sammle die Mienen, und sammle den Geist; der Schaden
　　ist heilbar,
　Bald wirst wieder du ja prangen im eigenen Haar.

15

Was, o gefräßiger Neid, zeihst du mein Leben der
　　Trägheit?
　Willst im Dichten das Tun müßigen Geistes nur sehn,
Weil ich nicht nach der Ahnherrn Brauch im rüstigen Alter
　Rang auf der Kriegskunst staubwirbelnder Bahn um den
　　Preis,
Nicht wortreiche Gesetze dem Kopf einprägte, die
　　Stimme
　Auf undankbarem Markt nie zu entweihen beschloß?
Das *du* erstrebt, das Werk ist sterblich; ich strebe nach
　　ew'gem
　Ruhm; der Erdkreis soll singen auf immer von mir.

Lebt der Mäonier doch, weil Tenedos raget und Ida,
  Weil mit wirbelnder Flut Simoïs stürzt in das Meer;
Lebt der Askräer doch auch, solang in der Kelter die
    Traube
  Schäumt und Ceres' Frucht fällt, von der Sichel gemäht.
Battos' Sohn wird stets ringsum auf Erden man preisen;
  Ist durch Geist er auch nicht stark, so ist stark er durch
    Kunst.
Sophokles' hohem Kothurn geht nichts verloren im
    Zeitlauf,
  Und mit Sonn und Mond lebet für immer Arat.
Wenn noch ein pfiffiger Sklav, ein grausamer Vater, ein
    kuppelnd
  Und ein buhlerisch Weib lebt, wird Menander
    bestehn.
Ennius, kunstlos zwar, und Accius, kräftigen Schwunges,
  Haben den Namen, den nie wieder vernichtet die Zeit.
Wird man den Varro je und das erste der Schiffe
    vergessen,
  Und wie Aesons Sohn holte das Goldene Vlies?
Dann erst werden vergehn des erhabnen Lucretius Verse,
  Wenn ein einziger Tag sämtliche Länder vertilgt.
Tityrus und die Gefild und Aeneas' Waffen – man wird
    sie
  Lesen, solange der Welt Roma gebietet als Haupt;
Und solange noch Pfeil und Fackel die Waffen Cupidos,
  Wird dein Vers auch gern, feiner Tibullus, gehört.
Gallus: vom westlichen Strand bis zum Strande des Ostens
    wird Gallus
  Und mit Gallus zugleich seine Lycoris genannt.
Ja, wenn Kieselgestein, wenn der Zahn des duldsamen
    Pfluges
  Endlich dem Alter erliegt, trotzet dem Tod das Gedicht.
Gegen Gedichte sind Könige nichts und Königstriumphe,
  Nichts der Strand, den die Flut Tagus' befruchtet mit
    Gold.
Preise der Pöbel Gemeines; mir mag Apollo, der blonde,
  Aus Kastalias Quell spenden mit vollem Pokal.
Möge die Myrte mein Haar, die den Frost nicht duldet,
    umwallen;
  Möge bekümmert mich oft lesen der Liebende dann.

Unter den Lebenden nährt sich der Neid; er ruht nach
  dem Tode,
 Wenn der erworbene Ruf jeglichen schützt nach
   Verdienst.
Drum, wenn einst auch mich der Bestattung Flamme
  benagt hat,
 Werd ich doch leben; ein Teil bleibt noch, ein großer,
   von mir.

Zweites Buch

1

Dies auch hab ich verfaßt; ich, Naso, des feuchten Pelignums
  Sohn, der mein schmähliches Tun selbst ich in Verse gebracht.
Amor gebot mir auch dies: bleibt fern, bleibt fern, strenge Richter!
  Nicht ein passender Kreis seid ihr für zärtlichen Sang.
Mich mag vor dem Verlobten mit glühender Wange die Jungfrau
  Lesen, der Knabe, den jetzt erstmals die Liebe berührt.
Mag ein Jüngling dann, von demselben Bogen verwundet,
  Spüren des eigenen Brands sichere Zeichen in mir.
Mag er erstaunt dann fragen: „Wer brachte dem Dichter die Kunde,
  Daß er in seinem Gesang meine Geschicke beschrieb?"
Kühn – ich erinnre mich – wollt ich den hundertarmigen Gyas,
  Wollt ich der Himmlischen Kampf singen – ich spürte die Kraft –,
Wie sich Tellus grimmig gerächt; wie des Pelion Abhang
  Ragend der Ossa trug, auf den Olympus gehäuft;
Hielt in den Händen Jupiter schon samt Wolken und Blitzstrahl,
  Den für sein himmlisches Reich kühn er zu schleudern bereit.
Liebchen verschloß mir die Tür; da verlor ich Zeus und den Blitzstrahl:
  Jupiter selbst war jäh mir aus dem Geiste gestürzt.
Jupiter, zürne mir nicht! Dein Geschoß, nichts konnt es mir helfen;
  Mehr als dein Blitzstrahl wirkt eine verschlossene Tür.

Schmeichelerguß des elegischen Lieds – mein Geschoß –,
  das ergriff ich;
Sanftes Gekos erweicht selbst auch die härteste Tür.
Zauber des Liedes entführt die Hörner des blutigen
  Mondes,
  Ruft des fahrenden Sol schneeige Rosse zurück;
Zauber des Liedes zersprengt des Lindwurms berstenden
  Rachen,
  Läßt zur Quelle zurückfließen die Wogen des Stroms;
Zauber des Liedes eröffnet die Tür, und der Riegel im
  Pfosten,
  Wär er aus Eisen gefügt, wird von dem Liede besiegt.
Was wohl nützte es mir, wenn den schnellen Achill ich
  besänge?
  Hülfe des Atreus Sohn, dieser wie jener, mir wohl?
Er, der gleichviel Jahre vertan durch Krieg und durch
  Irrfahrt?
  Hektor, der kläglich geschleift ward vom
  Hämoniergespann?
Aber lobst du nur oft des Mägdleins liebliches Antlitz,
  Eilt sie zum Sänger zuletzt selber als Preis des Gesangs.
Glaubt mir, ein herrlicher Lohn! Fahrt wohl denn, der
  Helden berühmte
  Namen; die Gunst, die ihr spendet, sie paßt nicht für
  mich.
Neigt, ihr Mädchen, vielmehr die schönen Gesichter den
  Liedern,
  Welche der purpurne Gott Amor mir selber vertraut.

2

Du, dem das Amt vertraut, die Herrin zu hüten, Bagōus,
  Höre mich! Kurz ist mein Wort; aber es ist von Belang.
Gestern erblickt ich ein reizendes Kind; sie ging so
  spazieren
  Durch die Halle, worin Danaos' Töchter zu sehn.
Gleich entzückt nun, sandt ich zu ihr und ersuchte sie
  schriftlich,
  Aber mit bebender Hand schrieb sie: „Es geht nicht!"
  zurück.

Als nun, warum es nicht ging', ich fragte, vernahm ich als Ursach,
   Daß *dein* Eifer zu arg deine Gebieterin plagt.
Bist du gescheit, o Wächter, so mach dich künftig verhaßt nicht.
   Glaube mir; jedermann wünscht dem, den er fürchtet, den Tod.
Auch ihr Mann ist nicht klug. Was quält er sich, das zu bewachen,
   Was, wenn du *nicht* es bewachst, dennoch verloren nicht geht?
Doch mag er auch betört dem Wahn nachgeben der Liebe,
   Mag er glauben, daß keusch bleibe, was vielen gefällt:
Schenkst du ihr nur durch gefälligen Sinn verstohlene Freiheit,
   Daß sie, was du *ihr* gibst, später *dir* gebe zurück.
Mach zum Vertrauten dich nur; dem Knecht wird verpflichtet die Herrin
   (Scheust du, Vertrauter zu sein, stell dich, als seist du es nicht.
Liest sie ein Briefchen für sich – so denk, es schick ihn die Mutter;
   Kommt ein Fremder zu ihr – geh als *Bekannter* er fort.
Will sie die leidende Freundin – die frisch und gesund ist – besuchen,
   Laß sie nur gehn; du selbst hältst ja die Freundin für krank.
Wenn zu lange sie weilt – laß nicht dich verdrießen ihr Säumen;
   Lege den Kopf aufs Knie, schnarche, so viel dir beliebt.
Nicht auch forsche, was wohl bei der Isis, der linnenumwallten,
   Möge geschehn; nicht erschrick, wenn ins Theater sie geht.
Ja, ein Vertrauter der Schuld erwirbt sich dauernde Ehre);
   Und zu schweigen ist doch wahrlich die kleinste der Mühn.
Er ist beliebt; er regiert im Haus; er wird nicht geschlagen.
   Er ist mächtig; im Staub krümmt sich der übrige Schwarm.

Sie, um den wirklichen Grund zu verstecken, erfindet ein Märchen,
  Und was die Herrin lobt, lobt mit der Herrin der Herr.
Zieht auch tüchtig der Mann ein Gesicht und runzelt die Stirne,
  Doch was das schmeichelnde Weib wünschte, das tut er zuletzt.
Aber zuweilen auch muß mit dir sie Hader beginnen,
  Tun, als weine sie, muß schimpfen dich: „Henkergezücht!"
Du erwiderst ihr dann, was leicht als falsch sie zurückweist;
  Laß durch erdichtete Schuld ihn auch der wahren nicht traun.
So wird die Ehre dir stets, wird hoch anwachsen das Spargut;
  Handelst du so, dann wirst sicher in kurzem du frei.
Siehst du, wie Ketten den Hals spionierender Schnüffler umschlingen?
  Wie mit schmutziger Haft man den Verräter bestraft?
Sucht nicht Wasser im Wasser und hascht nach entfliehenden Früchten
  Tantalus? Das ist der Lohn, den ihm sein Schwatzen gebracht.
Da zu streng der junonische Wächter die Io gehütet,
  Sank vor der Zeit er ins Grab: *Sie* ist zur Göttin erhöht.
Braun und blau am Schenkel gedrückt von Fesseln erblickt ich
  Ihn, der die Schande der Frau brachte zu Ohren dem Mann.
Noch zu gering ist die Strafe; der Lästerer schadete zweien:
  Kummer erwuchs für den Mann, Schaden am Ruf für die Frau.
Glaube mir, keinem Gemahl ist's lieb, Anklagen zu hören,
  Keinem, und wenn er sie hört, haben sie jemals genützt.
Ist er lau, verhallt dein Bericht vor gleichgült'gen Ohren;
  Ist er verliebt, so macht elend dein Eifer ihn nur.
Auch wird die Schuld – wenngleich handgreiflich – so leicht nicht erwiesen,
  Da durch des Richtenden Gunst leicht sich die Schuldige schützt.

Hat er auch selbst es gesehn, so glaubt er ihr doch, wenn
  sie leugnet,
 Traut nicht dem eigenen Blick, fabelt ein Märchen sich
  vor.
Sieht er die Herrin in Tränen dann gar, so weinet er selbst
  wohl,
 Und dann heißt es: „Es soll büßen der Kerl sein
  Geschwätz!"
Wozu versuchst du den Kampf, der so ungleich? Schläge
  erwarten
 Dich als Besiegten; doch *sie* sitzet dem Richter im
  Schoß.
Nicht ein Verbrechen beginnen wir hier; wir sind nicht
  beisammen,
 Gift zu mischen; es blitzt nicht in der Hand uns ein
  Schwert.
Was wir verlangen, ist, daß du in Ruh uns gestattest zu
  lieben.
 Läßt ein milderer Wunsch irgend sich denken als der?

3

Wehe, daß du – nicht Mann noch Frau – die Gebieterin
  hütest,
 Der Venus' Wechselgenuß niemals erfahren du
  kannst!
Er, der die Glieder der Zeugung zuerst entrissen dem
  Knaben,
 Hätte die Wunden, die er schlug, zu erleiden verdient.
Freundlich zum Dienste bereit und leicht nachgiebig der
  Bitte
 Wärst du, wenn je dir ein Weib hätte den Busen
  erwärmt.
Nicht zu tummeln das Roß, nicht taugst du zu mutigen
  Waffen,
 Nie wird geschickt dein Arm schwingen den
  kriegrischen Speer.
Das ist der Männer Geschäft. Du verzicht auf solcherlei
  Hoffnung!
 Einzig der Herrin Panier ist dir zu tragen vergönnt.

Mach um sie dich verdient, und nütze die Gunst, die sie
  spendet;
  Hättest du sie nicht, wozu wärst zu gebrauchen du
  noch?
Und sie ist schön; zu Venus' Spiel ist ihr Alter geeignet;
  Schmählich, wenn solche Gestalt müßig verkommt und
  verliegt.
Dich zu betrügen wär leicht, wie sehr du auch lästig dich
  machtest;
  Denn was zweie vereint wollen, das setzen sie durch.
Doch, da es passender scheint, es mit Bitten zuerst zu
  versuchen,
  Bitt ich; noch hast du Zeit, Würdigen Gunst zu
  verleihn.

4

Nimmer vermöcht ich's, frech verdorbene Sitten zu
  schützen,
  Nie für mein eignes Vergehn schwäng ich betrügliche
  Wehr.
Nein, ich bekenne; wenn irgend es nützt, zu beichten
  sein Unrecht,
  Beicht ich und klag – ich Tor! – meiner Verbrechen
  mich an.
Ja, ich hasse – und dennoch wünsch ich mir das, was ich
  hasse;
  Ach wie schwer, was du gern von dir entferntest, sich
  trägt!
Denn nicht hab ich die Kraft, mich selbst zum Rechten zu
  lenken,
  Gleichwie ein Schiff von des Stroms reißenden Wirbeln
  entrafft.
Keine bestimmte Gestalt auch ist's, die zum Lieben mich
  anreizt;
  Gründe zu Hunderten stets halten mich ewig in Glut.
Wenn den bescheidenen Blick ein Mägdlein senkt auf den
  Boden,
  Steh ich in Flammen; Verrat lauert auf mich in der
  Scham.

Ist sie dreist und kokett – entzückt sie mich, weil sie nicht bäurisch,
　Weil sie auf üppigem Pfühl munter zu sein mir verheißt.
Wenn sie mir störrig erscheint und der spröden Sabinerin ähnlich,
　Denk ich: Sie *möchte* gewiß, aber verstellt sich mit Fleiß.
Bist du gebildet, mein Kind, so gefällst du durch seltene Künste,
　Bist ungebildet du, steht Einfachheit grade dir schön.
Gegen mein Lied erklärt Kallimachos' Lieder für bäurisch Eine: gefall ich so sehr ihr, so gefällt sie auch mir.
Jene dagegen verschmäht mich als Dichter und tadelt die Lieder:
　Tadlerin, o wie gern ließ ich mich schulen von dir!
Sanft ist ihr Gang: es entzückt mich ihr Schritt. Starr scheint sie und eckig:
　Wird sie doch sanfter gewiß, wenn sie der Mann nur berührt!
Dieser, die lieblich singt und biegsam ist in der Stimme,
　Hätt ich so gern beim Gesang Küsse geraubt und geschenkt.
Diese durcheilt mit dem Finger behend sanft klagende Saiten;
　Und wer liebte die Hand nicht, die so kunstvoll sich regt!
Reizend bewegt sich *die* und wendet harmonisch die Arme,
　Und mit schmiegsamer Kunst dreht sie den zierlichen Leib –
Von *mir* schweig ich dabei, der entbrennt bei jeglichem Anlaß:
　Stelle Hippolytus hin, sicher, er wird zum Priap.
Gleichst du, schlanke Gestalt, nicht den Heroinen der Vorzeit?
　Völlig und groß liegst du über das Polster gestreckt.
Handlich ist wieder, die klein von Wuchs: Sie verführen mich beide,
　Groß und klein, sie sind beide mir völlig nach Wunsch.
Ist sie geputzt nicht, so denk ich: Was könnte der Putz an ihr bessern?
　Ist sie geschmückt: Was sie schön macht, ist ihr eigener Reiz.

Blendendes Weiß entzückt, es entzückt mich die dunkele
   Schönheit;
   Selbst in der bräunlichen Haut liegt ein verlockender
      Reiz.
Wenn von dunkelem Haar ihr schneeiger Nacken umwallt
   ist:
   War mit dem schwärzesten Haar Leda nicht prächtig zu
      schaun?
Ist sie blond: wie gefiel mit den Krokuslocken Aurora!
   Meine Verliebtheit paßt allen Geschichten sich an.
Jugend erregt mich tief, mich bewegt das spätere Alter,
   Jene durch schöne Gestalt, dieses durch reifen
      Verstand.
Kurz, um sämtliche Schönen der Stadt, die einer mir
   rühmte,
   Um sie alle gesamt würbe mit Eifer mein Herz.

5

Nicht ist die Lieb es wert – entweiche, beköcherter
   Amor! –,
   Daß ich so oft mir den Tod wünsche mit heißestem
      Flehn.
Ja, mein Wunsch ist der Tod, wenn ich deiner Vergehen
   gedenke,
   Mädchen, geboren für mich zu unablässigem Weh!
Nicht ein verratener Brief hat dein Tun mir gänzlich
   enthüllet,
   Nicht ein geheimes Geschenk klagt des Verbrechens
      dich an.
Hätt ich nur solchen Beweis, daß *nicht* zu siegen noch
   möglich!
   O ich Armer, warum bin ich so sehr denn im Recht?
Glücklich, wer das, was er liebt, noch mutvoll wagt zu
   beschützen,
   Wenn: „Ich hab's nicht getan!" kühn die Geliebte noch
      sagt.
Eisern fürwahr ist *der* Mann und frönt zu sehr der
   Erbitterung,
   Der sich nach blutigem Sieg über die Schuldige sehnt.

Ich Unglücklicher sah, als du fest im Schlafe mich
    wähntest,
  Nüchtern euch zu beim Wein, was ihr verbrecherisch
    triebt;
Sah, wie ihr hin und her mit beweglichen Brauen euch
    zuspracht,
  Wie ihr der Worte genug legtet in Mienen und Wink.
Stumm war weder dein Blick noch der Tisch, auf welchem
    mit Wein ihr
  Schriebt; Buchstaben auch sah deutlich den Fingern ich
    ab.
Euer Gespräch enthielt, was nicht so erschien nach dem
    Klange,
  Und ein heimlicher Sinn war in die Worte gelegt.
Schon war endlich der Tisch von den meisten der Gäste
    verlassen,
  Hie und da nur saß einzeln ein jugendlich Paar.
Da nun sah ich euch enge vereint in lüsternen Küssen,
  Küssen, in denen gewiß Zunge mit Zunge verstrickt;
Wie sie die Schwester fürwahr nicht gibt dem ehrbaren
    Bruder:
  Wie dem begehrenden Mann schmachtend sein
    Liebchen sie gibt,
Wie ich nicht denke, daß je Diana sie Phoebus gegeben,
  Aber wie Venus dem Mars sicherlich öfters sie gab.
„Halt! Was beginnst du?" rief ich. „Was machst du mit
    meinen Genüssen?
  Meine gebietende Hand leg ich auf meinen Besitz;
Dies ist gemeinsames Gut, ist mein so gut, wie es dein ist,
  Und kein Dritter fürwahr soll sich noch mengen
    darein!"
Also rief ich und was mir der Schmerz sonst noch eingab;
    des Liebchens
  Antlitz, der Schuld sich bewußt, glühte von purpurner
    Scham;
Wie, von Tithonos' Gattin gefärbt, sich rötet der Himmel
  Oder die Braut, wenn zuerst sie den Verlobten erblickt,
So wie Rosen gemischt mit schneeigen Lilien schimmern
  Oder wie Luna, sooft Zauber umstrickt ihr Gespann,
Oder wie Elfenbein aus Assyrien, das vor des Alters
  Gelb mit färbendem Rost schützt die mäonische Frau.

Alledem oder doch einem davon glich höchlich die Farbe,
  Und kein Zufall hat je sie mir schöner gezeigt.
Und sie senkte den Blick: wie den Blick zu senken ihr
    schön stand!
  Trauer umhüllt' ihr Gesicht: wie ihr die Trauer erst
      stand!
So wie sie waren – sie saßen so glatt –, zu zerzausen die
    Haare
  Und in ihr zartes Gesicht war ich zu fahren bereit.
Als das Gesicht ich sah, da sanken die mutigen Arme,
  Und von der eigenen Wehr wurde mein Mädchen
    beschützt.
Der ich noch eben ergrimmt, ich kam demütig und flehte:
  „Gib mir künftig nur nicht schlechtere Küsse als *die.*"
Und sie lachte und gab mir von Herzen die besten; sie
    rängen
  Selbst aus des grollenden Zeus Händen das
    Flammengeschoß.
Jetzt nun quält es mich, daß ein andrer so Köstliches
    schmeckte,
  Und ich wünsche, daß die waren von anderer Art.
Auch viel besser, als je ich gelehrt sie, waren die letzten;
  Wie es mir scheint, so hat etwas hinzu sie gelernt.
Daß sie zu sehr mir gefielen, ist schlimm, daß du ganz
    durch die Lippen
  Drangst mit der Zunge mir, sogest die meinige ein.
Doch das macht nicht allein mir Schmerz; nicht über das
    Küssen
  Klag ich nur, ist auch dies Grund mir zum Klagen genug:
Küsse wie die, sie konntest allein im Bett du erlernen.
  Irgendein Lehrer empfing große Bezahlung dafür.

6

Ihr Papagei, der geflügelte Mime der östlichen Inder,
  Ach, er ist tot; zur Gruft folgt ihm, ihr Vögel gesamt!
Folg ihm, frommes Gefieder, die Brust mit den Fittichen
    schlagend;
  Kratzt euch das zarte Gesicht wund mit den kralligen
    Klaun.

Rupft statt trauernden Haars euch aus die sträubenden
 Federn,
 Und statt der Tuba Schall töne der schmetternde Sang.
Du, Philomela, die noch du die Schuld des ismarischen
 Wütrichs
 Klagst; schon Jahre hindurch hast du der Klage genügt.
Wende zum schmerzlichen Trauergeleit dich des seltenen
 Vogels;
 Triftiger Grund war zum Schmerz Itys – doch das ist
 verjährt!
Alle, die ihr euch wiegt in den Bahnen des flüssigen
 Äthers –
 Turteltäubchen, beklag du auch vor allem den Freund.
Euch umschlang, solang ihr gelebt, vollkommene Eintracht;
 Fest und dauernd bestand treu bis zum Ende der Bund.
Was dem Argiver Orest der phokäische Jüngling gewesen,
 War, solang es erlaubt, Papchen, die Taube für dich.
Aber, was nützt dir Treue, Gestalt und seltene Farbe
 Oder die Stimm, in der Kunst, Töne zu wechseln,
 geschickt?
Was, daß, meiner Geliebten geschenkt, du sofort ihr
 gefielest?
 Preis der geflügelten Schar, Armer, da liegst du nun tot!
Selbst der grüne Smaragd erblich vor deinem Gefieder;
 Rot mit des Krokus Glut war dir der Schnabel gefärbt.
Täuschender ahmt' auf der Welt kein Vogel die Stimmen
 wie du nach;
 So mit schnarrendem Laut gabst du die Worte zurück.
Neid hat dahin dich gerafft. Du begannst nicht wilde
 Gefechte,
 Warst nur ein Plauderer, dem Frieden und Ruhe behagt.
Siehe die Wachtel, die stets in Kämpfen sich tummelt, sie
 lebt noch,
 Ja vielleicht deshalb wird sie gewöhnlich so alt.
Auch mit dem wenigsten nahmst du fürlieb. Aus Liebe
 zum Reden
 Hatte dein Mund nicht einmal, viel zu verzehren, die
 Zeit.
Speise war dir ein Nüßchen und Mohn, um in Schlaf dich
 zu bringen;
 Und ein einfacher Trunk Wassers vertrieb dir den Durst.

Doch der gefräßige Geier, die Luft durchkreisende Weihe,
 Sie auch, die Dohle, die uns Regen verkündet, sie lebt.
Lebt die Krähe doch selbst, die der kriegrischen Pallas
   verhaßt ist;
 Neun Jahrhunderte kaum reichen ihr hin, bis sie stirbt.
Und du, geschwätziger Freund, du Echo menschlicher
   Stimme,
 Du Papagei, den der Welt Ende mir schenkte, du
   stirbst!
Immer das Beste zuerst wird entrafft von gierigen
   Händen,
 Während des Schlechteren Zahl stets sich von neuem
   erfüllt.
Sah nicht Thersites, wie Phylakes Held in den traurigen
   Tod ging?
 Lebten, als Hektor längst Staub, nicht seine Brüder
   noch fort?
Was auch für fromme Gelübde für dich das geängstigte
   Mädchen
 Tat, vom stürmischen Süd wurden ins Meer sie gejagt.
Da war der siebente Tag: ihm sollte kein weiterer folgen;
 Leer war die Spindel; es stand müßig die Parze bei dir.
Dennoch verstummte noch nicht das Wort im
   ermattenden Gaumen,
 Und mit sterbendem Laut riefst du: „Corinna, leb
   wohl!"
Unter Elysiums Höhn ragt dunkelen Laubes ein
   Eichwald,
 Von nie welkendem Gras grünt das bewässerte Land.
Ist auf Sagen zu traun, so ist dieses der Ort für die
   frommen
 Vögel, der Zutritt ist sündigen Vögeln versagt.
Weit umher ziehn dort unschuldige Schwäne zur Weide,
 Neben dem Phoenix, dem stets einzigen seines
   Geschlechts.
Junos Vogel entfaltet von selbst sein glänzend Gefieder;
 Täublein girret und küßt schmeichelnd den lüsternen
   Mann.
Hier wirst du, Papagei, in der Waldung Schatten
   empfangen,
 Und die gefiederte Schar lauschet, die fromme, dir zu.

Deine Gebeine bedeckt ein Hügelchen – groß nach
  Verhältnis.
Klein ist der Stein und dazu passend die Kürze des
  Spruchs:
„Aus dem Begräbnis erhellt, wie sehr ich der Herrin
  gefallen;
Mehr als bei Vögeln Brauch, war ich im Reden gewandt."

7

Also ich soll mich stets zu neuer Beschuldigung stellen?
  Muß ich so oft um den Sieg kämpfen, so wird er zur Last.
Seh ich mich um nach den obersten Reihn des
  Marmortheaters,
  Wählst aus der Menge du dir eine, um die du mir
    grollst.
Sieht unschuldig ein Weib mich an mit schweigendem
  Blicke,
  Heimliche Zeichen sogleich siehst du im schweigenden
    Blick.
Lob ich eine, so fährst du mir wild in das Haar mit den
  Nägeln;
  Schelt ich eine, so meinst du, ich verstecke die Schuld.
Seh ich gesund aus, so heißt es sogleich, daß ich gegen
  dich kalt bin,
  Kränklich: ein anderes Weib macht mich zum Sterben
    verliebt.
Wenn ich denn wenigstens doch des Fehltritts schuldig
  mich wüßte;
  Denn gleichmütiger trägt Strafe sich, die man verdient.
Ohne Besinnung verklagst du mich jetzt, glaubst alles und
  jedes,
  Und so verliert durch dich selber dein Zorn sein
    Gewicht.
Blick auf des Eseleins klägliches Los, des bekümmerten
  Langohrs!
  Ewig mit Prügeln bestürmt, schreitet es langsam dahin.
Siehe, ein neues Vergehn! Die den Putz dir ordnet,
  Cypassis,
  Hat, so klagst du, entehrt ihrer Gebieterin Bett.

Götter, bewahrt mich! Nie, wenn ich Lust zum Sündigen
   hätte,
   Wünscht ich ein Liebchen aus *so* niedrig verachtetem
      Stand!
Möcht ein Freier durch Venus' Bund an die Sklavin sich
   fesseln?
   Möcht er den Rücken, den jüngst Schläge zerfetzten,
      umfahn?
Nimm hinzu, daß stets sie bemüht, dir die Haare zu
   schmücken,
   Daß durch der Hände Geschick dir sie als Dienerin lieb.
Und ich sollte die Magd, die dir so treu ist, versuchen?
   Würde sie nicht mich verschmähn und mich verraten
      dazu?
Ja, bei Venus' Huld, beim Geschoß des geflügelten
   Knaben
   Schwör ich, daß nie das Vergehn, des du mich zeihst,
      ich beging.

8

Die vollendet das Haar du ordnest in tausend Gestalten,
   Doch Göttinnen allein wert bist zu ordnen das Haar,
Die als nicht plump ich erprobt im verstohlnen Genuß –
   o Cypassis,
   Du, die der Herrin genehm, aber genehmer noch mir,
Wer hat verraten den Bund, den wir mit Umarmungen
   schlossen?
   Wie hat Corinna gemerkt, daß du mein Lager geteilt?
Bin ich errötet vielleicht? Ist etwa ein Wort mir entglitten,
   Das als ein Zeichen sofort heimlicher Lust sie erkannt?
Hab ich nicht kühnlich gesagt, daß, wer mit der Magd sich
   vergehen
   Könne, daß dem es bestimmt fehl an gesundem
      Verstand?
Freilich, den Thessaler hat Briseïs entzündet als Sklavin
   Und Mycenaes Herrn Phoebus' Erkorne, die Magd.
Und nicht größer bin ich als Tantalus' Sproß und Achilles,
   Was den Königen ziemt, sollt ich mir rechnen zur
      Schmach?

Aber sobald auf dich sie die zornigen Augen geheftet,
  Sah ich dein ganzes Gesicht glühen in purpurnem Schein.
Wieviel mehr, wenn du recht dich besinnst, wußt *ich* mich
    zu fassen!
  Venus, die Himmlische, rief schwörend zur Zeugin ich
    an.
Doch du, Göttin, befiehl, daß den Meineid reiner
    Gemüter
  In das karpathische Meer jage der lauliche Süd.
Und für solcherlei Dienst sollst du mir, braune Cypassis,
  Heut als süßesten Preis deine Umarmungen weihn.
Undankbare, du willst nicht? Du sprichst von neuen
    Gefahren?
  Einen der Herren zum Freund sich zu erwerben genügt!
Weigerst du Törin dich doch, so verrat ich das früher
    Geschehne,
  Gegen die eigene Schuld tret ich als Kläger dann auf.
Wo ich, Cypassis, mit dir und wie oft ich zusammen
    gewesen,
  Sag ich der Herrin, und wie und auf wievielerlei Art.

9

Oh, Cupido, der nie du genug für mich dich ereifert,
  Der du in meinem Gemüt immer dich träge gezeigt,
Was doch verwundest du mich, der als Soldat dein Panier ich
  Nimmer verließ? Dein Pfeil trifft mich im eignen
    Gezelt.
Muß denn den Freund durchbohren dein Schuß und die
    Fackel versengen?
  Den zu besiegen, der kämpft, das ist ein größerer
    Ruhm.
Hat der hämonische Held nicht ihn, den sein Eisen
    verwundet,
  Wieder durchbohrt und dadurch ärztliche Hilfe
    gebracht?
Fliehendes Wild nur verfolgt, das gefangene schonet der
    Weidmann,
  Jaget nach dem nur, was weit ferner ihm liegt als sein
    Fund.

Ich, dein ergebner Gefolgsmann, muß leiden von deinen
  Geschossen.
 Gegen den Feind, der sich wehrt, zaudert die lässige
  Hand.
Und was hilft's, wenn am nackten Gebein sich die hakige
  Waffe
 Abstumpft? Nacktes Gebein ließ mir die Liebe zurück.
Männer so viel und Mädchen so viel, die von Liebe noch
  frei sind,
 Gibt es, da magst du mit Ruhm deine Triumphe
  begehn.
Hätte nicht Romas Kraft mit dem Erdkreis selbst sich
  gemessen,
 Mit Strohhütten noch jetzt wären die Straßen besetzt.
Acker erhält zum Besitz der Soldat, von Kriegen ermüdet,
 Und von der Rennbahn frei, geht in die Wälder das
  Roß.
Ruhig gestreckt in der Werft verbirgt das gelandete Schiff
  sich,
 Und mit sicherm Rapier tauschet der Fechter sein
  Schwert.
Ich auch, der ich so oft zu Feld für die Liebe gezogen,
 Sollte verlassen in Ruh leben! – es wär an der Zeit.
Und doch, spräche ein Gott: „Nun leb und entsage der
  Liebe!",
 Dankt ich; die süßeste Qual ist doch auf Erden ein
  Weib.
Hat mich Ekel erfaßt, ist die Glut erloschen im Herzen,
 Treibt wie ein kreisender Sturm mich das gequälte
  Gemüt.
Wie hartmäulig ein Roß in den Abgrund rennt mit dem
  Reiter,
 Der es vergebens zurückzerrt am beschäumten Gebiß,
Wie, wenn der Kiel fast schon das Gestade berührt und
  zum Hafen
 Einläuft, plötzlicher Sturm wieder ihn treibt in das
  Meer:
So treibt oft mich zurück der wechselnde Sturm der
  Begierde,
 Greift zum bekannten Geschoß wieder der purpurne
  Gott.

Schieß nur, Knab; ich stelle mich dir; nackt steh ich und
    wehrlos.
Hier hast Kräfte du; hier fruchtet des Armes Geschick.
Hierher fliegen von selbst, als gehorchten dem Ruf sie,
    die Pfeile;
    Kaum ist des Köchers Verschluß ihnen bekannter als
        ich.
Oh, wie beklag ich *den* Mann, der im Bett zu ruhen die
    ganze
    Nacht aushält und den Schlaf rechnet als größten
        Gewinn.
Tor, was ist denn der Schlaf als das Bild des erstarrenden
    Todes?
    Zeit zur Ruhe genug gibt dir noch einst das Geschick.
Mag mich mit trügrischem Wort auch täuschen die falsche
    Geliebte,
    Wird mir die Hoffnung schon große Genüsse verleihn.
Mag sie schmeicheln mir bald, bald Streit und Hader
    beginnen,
    Oft erfüllen mein Flehn, oft mir verweigern den
        Wunsch.
Mars heißt launisch; er ward es durch dich, Cupido, den
    Stiefsohn,
    Und dein Beispiel ahmt jetzt auch beim Kämpfen er
        nach.
Flüchtig bist du und windiger noch als die eigenen Flügel;
    Mit zweideutiger Treu gibst und verweigerst du Gunst.
Wenn mein Bitten jedoch du erhörst und die liebliche
    Mutter,
    Wirst im Herzen du mir ewiglich gründen dein Reich.
Füge dem Reich hinzu die schweifenden Scharen der
    Mädchen,
    Von zwei Völkern alsdann wirst du gar huldvoll
        verehrt.

10

Du, ich erinnre mich wohl, Graecinus, du warst es, der
    sagte,
    Nimmer vermöcht ein Mann zweie zu lieben zugleich.

Durch dich bin ich getäuscht; durch dich fahrlässig
   entwaffnet,
   Bin ich in zweie zugleich schmählich nun selber
      verliebt.
Beide sind schön von Gestalt; nach Bildung eifern sie
   beide;
   Nicht ist zu sagen so leicht, welche der andern voraus.
Jene ist schöner als die, doch die auch schöner als jene.
   Diese gefällt mir mehr, doch auch die andere mehr.
Und wie die schwankende Jacht ein Spiel zwieträchtiger
   Winde,
   Hält in der Mitte mich so beiderlei Liebe geteilt.
Was, Erycina, verdoppelst du mir ohn Ende die Schmerzen?
   War *ein* Mädchen mir nicht völlig zur Sorge genug?
Fügst du Blätter dem Baum, fügst Sterne den Scharen des
   Himmels,
   Fügst du der Tiefe des Meers etwa noch Wasser hinzu?
Und doch! besser ist dies, als von Liebe verlassen zu
   liegen.
   Meinem verhaßtesten Feind wünsch ich, daß züchtig er
      lebt,
Meinem verhaßtesten Feind, daß er schlaf auf einsamem
   Lager,
   Daß er die Glieder bequem streck in der Mitte des
      Pfühls.
Mich mag wilde Begier aufjagen aus lässigem Schlummer
   Und mein Bett mich nie fühlen als einzige Last.
Möge mich, ohne daß einer es hindert, mein Mädchen
   verderben,
   Wenn sie *allein* es vermag; zwei, wenn die eine nicht
      reicht.
Ich bin genug für zwei, mein Wuchs ist schlank, doch
   nicht kraftlos;
   Nerven und Sehnen sind stark, nur das Gewicht ist
      gering.
Liebesgenuß ernährt mit erneuerten Kräften die Seiten,
   Und noch ließ mein Dienst nimmer ein Mädchen im
      Stich.
Oft, wenn die Nachtzeit ich verbracht in üppigem Treiben,
   War ich am Morgen doch noch brauchbar und kräftig
      von Leib.

Glücklich, wen Venus' Wechselgenuß aufreibt und
 vernichtet.
 Gäben die Götter, daß mir wäre dies Ende bestimmt!
Trage dem Feindesgeschoß der Soldat entgegen die offne
 Brust, und erkauf er mit Blut willig unsterblichen Ruhm.
Suche der Geizhals Schätze; das Meer, das er müde
 gepflügt hat,
 Trink er im Schiffbruch noch mit dem verlogenen
 Mund.
Doch mir sei es vergönnt, von Venus' Spielen ermattet,
 Aufzugeben den Geist mitten im Liebesgenuß;
Und ein Freund, der weinend mir folgt bei meiner
 Bestattung,
 Sage: „Das war ein Tod, der für dein Leben gepaßt!"

11

Jenen verderblichen Weg durch die staunenden Wogen
 des Meeres
 Lehrte die Fichte zuerst, Pelions Gipfel entstammt,
Die auf verwegener Fahrt durch zusammenschlagende
 Felsen
 Den mit dem Goldenen Vlies prangenden Widder
 entführt.
Hätte, daß keiner die Fläche der Flut aufrührte mit Rudern,
 „Argo" doch scheiternd des Meers bittere Wogen
 geschlürft!
Sieh, es entflieht dem gemeinsamen Bett und unsern
 Penaten
 Meine Corinna und zieht aus auf den tückischen Pfad.
Ach ich Armer, wie fürcht ich für dich den Ost- und den
 Westwind,
 Boreas' eisiges Wehn und den versengenden Süd!
Städte nicht siehst du dort; nicht wirst du Wälder
 bewundern,
 Eine Gestalt nur zeigt rings das betrügrische Meer.
Auch nicht buntes Gestein, nicht zierliche Muscheln
 erblickst du
 Hoch auf der Flut; dies Spiel kennt nur der durstige
 Strand.

Hier in den Sand nur drückt, ihr Mädchen, die marmornen Füße,
   Hier nur ist sicher die See; finster der übrige Weg.
Laßt durch andere euch von dem Kampf der Stürme berichten,
   Und wie Scylla die Flut, wie sie Charybdis bedrängt,
Wie, von Wogen umtobt, hoch ragen Kerauniasfelsen,
   Wo sich die Syrt in der Bucht – große wie kleine – versteckt.
Andre berichten euch dies: mögt ihr, was jeder berichtet,
   Glauben; dem Glaubenden droht nicht von Orkanen Gefahr.
Nach dem Gestad hin blickst du zu spät, wenn das Tau man gelöst hat
   Und ins unendliche Meer fliegt der gebogene Kiel,
Wenn vor dem zürnenden Wind erbebt der geängstigte Seemann
   Und so nahe den Tod sieht, wie das Wasser er sieht.
Dann, wenn Triton gar aufhetzt die erschütterten Wogen,
   Wie wird aus dem Gesicht gänzlich die Farbe dir fliehn!
Dann zum Zwillingsgestirn, den erbarmenden Söhnen der Leda,
   Flehst du und rufst: „O beglückt, wer auf dem Lande nun weilt!"
Sicherer ist's, man wärmt sein Bett und liest in Gedichten
   Oder es rauscht durch das Spiel thrakischer Saiten die Hand.
Und doch, wenn auch mein Wort die geflügelten Stürme vereiteln,
   Mag Galatea dir gnädig beschützen dein Schiff!
Ja, euch geb ich die Schuld, geht solch ein Mädchen zugrunde,
   Ihr Nereïden und du, Vater des göttlichen Chors.
Geh und denke an mich; komm heim mit günstigem Winde;
   Dann mit stärkerem Hauch schwelle dein Segel die Luft.
Lenke zu unserem Strand dann das Meer, erhabener Nereus,
   Hierher wehe der Wind, treibe die Wasser die Flut.
Flehe du selbst, daß Zephyr allein dir schwelle die Segel,
   Richte das blähende Tuch selbst mit der Hand nach dem Wind.

Ich erblicke zuerst vom Strand das befreundete Fahrzeug,
  Und laut ruf ich: „Es bringt unsere Götter zurück!",
Nehm auf die Schultern dich hoch und küsse dich, wie
    ich dich treffe,
  Und für die Rückkehr wird dankbar das Opfer gebracht.
Aus dem gefügigen Sand wird rasch ein Polster gebildet,
  Und statt des Tisches genügt irgendein Hügel am
    Strand.
Da wirst vieles du mir bei Lyaeus' Bechern erzählen,
  Wie beinahe dein Schiff mitten im Meere versank,
Wie, da zu mir du geeilt, du nicht vor den Schrecken der
    Nachtzeit,
  Nicht vor des stürmenden Süds heftigen Stößen gebebt.
Alles erscheint mir wahr, und wär's in der Tat nur
    erdichtet;
  Warum sollt ich denn nicht schmeicheln dem eigenen
    Wunsch?
Bringe *den* Tag mir Lucifer dann so strahlend vom hohen
    Himmel, wie je er erschien, schleunigst auf eilendem
    Roß.

12

Schlingt um die Schläf euch mir, siegkündende Zweige
    des Lorbeers:
  Sieger bin ich: an die Brust halt ich Corinna gedrückt,
Sie, die der Mann, die verschlossene Tür und der Pförtner
    – so viele
  Feinde – geschützt, daß mit List nimmer sie würde
    geraubt.
Solch ein Sieg vor allem ist wert des höchsten Triumphes,
  Wo, wie groß sie auch ist, Blut an der Beute nicht klebt.
Nicht ein niedriger Wall, nicht mit winzigen Gräben ein
    Städtchen,
  Hier ist erobert ein Weib – ich war der Führer im Kampf.
Als einst Pergama fiel als Gewinn zehnjährigen Krieges,
  Welch ein Teil an dem Ruhm kam den Atriden da zu?
Doch *mein* Lob ist für sich und hat nichts zu tun mit
    Soldaten,
  Und mit meinem Verdienst schmücket kein anderer sich.

Feldherr selbst und Soldat, hab ich dies Ziel mir
   erstritten,
 Selbst war Fußknecht ich, Reiter und Fähnrich ich
   selbst.
Auch kein Zufall ward vom Geschick mir gemischt in den
   Kriegsruhm.
 Komm denn, Triumph! du Triumph, den ich mir selber
   erfocht.
Neu ist der Kriegsgrund nicht. Wenn nicht Tyndarus'
   Tochter geraubt ward,
 Wäre mit Asien noch friedlich Europa vereint.
Auch die Lapithen des Walds hat zum Kampf mit den
   Doppelgestalten
 Einst beim schäumenden Wein schmählich entzündet
   ein Weib.
Wieder ein Weib hat die Troer vermocht, daß von neuem
   zum Schwert sie
 Griffen; so wurde dein Reich, edler Latinus, verheert.
War's nicht ein Weib, das nach Rom, als die Stadt erst
   eben erbaut war,
 Führte die Schwäher hinein? gab die verderbliche
   Wehr?
Hab ich doch Stiere gesehn im Kampf um die schneeige
   Färse;
 Als Zuschauerin stand selbst sie und reizte die Wut.
Gleich so vielen hat mich – doch mich unblutig – Cupido
 Zu seinen Fahnen gepreßt, mit sich entführt in den
   Krieg.

13

Mit verwegenem Sinn versuchte Corinna des Leibes
 Last zu zerstören; und krank liegt sie in Todesgefahr.
Zwar, da geheim vor mir das gefährliche Werk sie
   betrieben,
 Sollt ich ihr zürnen; doch weicht vor dem Entsetzen
   der Zorn.
Hatte von mir sie gewiß doch empfangen; so wenigstens
   glaub ich;
 Denn für Wirklichkeit gilt oft mir, was *möglich* nur ist.

Die Paraetonium du und die fruchtbaren Aun von
    Canopus,
  Die du das Palmengefild Pharos' und Memphis'
    bewohnst
Und wo der reißende Nil in breiterem Bette, durch sieben
  Mündungen flutend, sich mischt mit dem Gewässer des
    Meers,
Isis, beim Sistrum fleh ich, beim heiligen Haupt des
    Anubis –
  Mag dem Osiris so ewig gefallen dein Dienst;
Mag um dein Weihegeschenk sich langsam winden die
    Schlange,
  Stiergott Apis mit dir wandeln im prangenden Zug –,
Hierher wende den Blick, in der einen erbarme dich
    zweier;
  Du wirst der Herrin mein schenken das Leben, *sie* mir.
Oft hat im Dienst für dich sie gesessen an festlichen
    Tagen,
  Da, wo dein Lorbeergezweig netzet der gallische
    Schwarm.
Und du, die du ja sonst dich der kreißenden Frauen
    erbarmest,
  Wenn zu lange den Leib spannt die verborgene Last –
Komm in Gnaden herbei und erhöre mein Flehn, Ilithyia!
  Ja sie verdienet es wohl, daß du dein Amt an ihr übst.
Weihrauch spend ich dann selber, geschmückt, auf
    umdampftem Altare,
  Auch das gelobte Geschenk leg ich zu Füßen dir selbst.
Und ich schreibe darauf: „Für Corinnas Rettung, von
    Naso."
  Mögst du der Inschrift Raum und dem Geschenke
    verleihn.
Doch du – wenn es sich ziemt, bei so großer Befürchtung
    zu warnen –,
  Laß es dir ewig genug sein an der ersten Gefahr!

14

Was doch hilft es, daß frei vom Kriegsdienst feiern die
  Mädchen
Und mit dem Schilde nicht mehr folgen der tobenden
  Schar,
Wenn auch ohne den Krieg durch die eigenen Waffen sie
  leiden
Und die verblendete Hand rüsten zu ihrem Verderb?
Die zuerst es begann, sich die keimende Frucht zu
  entreißen,
Hätt bei der blutigen Tat wahrlich zu sterben verdient.
Also allein daß den Leib man nicht zeih entstellender
  Runzeln,
Rüstest den Kampfplatz du zu dem entsetzlichen Werk?
Hätte derselbe Brauch der Vorzeit Müttern gefallen,
  Wäre das Menschengeschlecht lange vertilgt durch die
  Schuld,
Und man bedürfte von neuem des Manns, der – unseres
  Stammes
Ursprung – würfe Gestein in die entvölkerte Welt.
Wo war der Mann, der des Priamus Macht brach, hätte
  des Meeres
Göttin zu tragen die Last, bis sie erfüllet, verschmäht?
Hättest die Zwillinge du im schwellenden Leibe getötet,
Ilia, gab es nie Gründer der herrschenden Stadt.
Hätt an Aeneas sich die schwangere Venus versündigt,
Blieb' des Cäsarengeschlechts ewig die Erde beraubt.
Du auch, die du so schön zur Welt kamst, wärest
  vernichtet,
Hätte die Mutter mit dir, so wie *du* tatest, getan.
Ich auch selbst, dem besser es war, durch Liebe zu sterben,
Hätte das Licht nicht gesehn, gab mir die Mutter den
  Tod.
Raubst du die Traube noch grün von üppig beladener
  Rebe?
Reißt du mit grausamer Hand sauer die Früchte vom
  Baum?
Fällt doch von selbst, was reift. Laß, was da entstanden ist,
  wachsen!
Für den geringen Verzug ist ja das *Leben* der Preis.

Was durchwühlt ihr den eigenen Leib mit spitzigen
    Waffen?
Gebt entsetzliches Gift Kindern noch vor der Geburt?
Wie ihr die Kolcherin schmäht, daß der Knäblein Blut sie
    vergossen,
Und um Itys weint, weil ihn die Mutter erwürgt!
Grausam waren sie beide; doch rächten aus
    schmerzlichem Grund auch
Beide sich an dem Gemahl durch das gemeinsame Blut.
Wo ist der Tereus, sagt, und wo der Iason, der *euch* treibt,
    Daß mit bekümmerter Hand ihr euch den Körper
    durchbohrt?
Das hat die Tigerin nimmer getan in Armeniens
    Bergschlucht,
Selbst auch die Löwin hat nimmer die Jungen erwürgt!
Aber die zärtlichen Mädchen, sie tun's – doch trifft sie
    die Strafe:
Oft, wer vernichtet die Frucht, tötet sich selber
    dadurch;
Tötet sich selbst und liegt mit gelöstem Haar auf dem
    Holzstoß,
Und wer immer sie sieht, ruft: „Ihr geschah nach
    Verdienst!"
Doch, mag dieses mein Wort in den Lüften des Äthers
    verhallen,
Sei es, wenn ahnend ich sprach, ohne Gewicht und
    Erfolg!
Gnädige Götter, verleiht, daß sie straflos einmal
    gesündigt;
Sei es genug, daß sie büße beim zweiten Vergehn!

15

Ring, der den Finger du bald umgibst des reizenden
    Mädchens,
Dessen alleiniger Wert Liebe des Gebenden ist,
Geh als ein freundlich Geschenk, und möge mit frohem
    Gemüte
Sie dich empfangen und gleich über den Finger dich
    ziehn.

Mögst du ihr passen so gut, wie wir zueinander auch
  passen,
 Und um den Finger dein Kreis schließen genau und
  bequem.
Glücklicher Ring, dich wird nun bald handhaben die
  Herrin;
 Ach ich Armer, bereits neid ich dem eignen Geschenk.
Oh, daß plötzlich ich mich verwandeln könnt in die Gabe
 Mit der Ääerin Kunst wie der karpathische Greis.
Käm es ihr dann in den Sinn, zu berühren die
  schwellenden Brüste,
 Hätte sie unters Gewand grade die Linke gesteckt,
Fiel' ich vom Finger herab, wie eng und fest ich auch
  säße,
 Schlüpft ihr mit seltener Kunst los in den Busen hinab.
Dann auch, damit zum Versiegeln der heimlichen
  Briefchen ich taugte
 Und nicht am trockenen Stein hinge das klebrige
  Wachs,
Rührt ich vorher den befeuchteten Mund des lieblichen
  Mädchens;
 Aber die Briefe, die mich kränkten, versiegelt ich nie.
Gäbst zur Verwahrung du mich in ein Kästchen, so würd
  ich nicht abgehn
 Und mit engerem Kreis fest dir den Finger umziehn.
Nicht zur Unzier würd ich dir auch, mein Leben,
  gereichen
 Und mein Gewicht auch nicht drücken die zärtliche
  Hand.
Trage mich, wenn dich umrauscht des Bades lauwarmer
  Regen:
 Gern ertrag ich es, dringt unter den Stein auch die Flut.
Aber ich fürcht, erblick ich dich nackt, so schwell ich vor
  Wollust,
 Und wiewohl nur ein Ring, werd ich mich zeigen als
  Mann.
Welch ein vergeblicher Wunsch! Geh hin denn, kleines
  Geschenk du,
 Sag ihr, ich sende zugleich ewige Treue mit dir.

16

In der Peligner Gebiet sulmonischem Drittel verweil ich;
    Klein ist das Land, doch gesund; rings von Gewässern umsäumt.
Ob mit näherem Strahl auch die Sonne zerspaltet den Boden
    Und der ikarische Hund funkelt mit tückischem Stern,
Sind die pelignischen Aun von blinkenden Wogen durchrieselt,
    Und auf dem lockeren Grund grünet das üppige Gras.
Reich ist die Flur an Ceres' Frucht, viel reicher an Trauben,
    Pallas' Beere gedeiht schön auf dem leichteren Land.
Bäche durchgleiten das Gras, das sich beugt und wieder emporhebt,
    Um dem befeuchteten Grund schattigen Rasen zu leihn.
Aber mein Feuer ist fort! – das war ein Fehler im Ausdruck:
    Die mir die Gluten erregt, fehlt mir; die Gluten sind da.
Würd ich zum Himmel erhöht inmitten von Kastor und Pollux,
    Möcht ich nicht ohne dich teilhaben am Himmelsgezelt.
Mögen die rastlos liegen, bedrückt von lastender Erde,
    Welche zuerst geteilt in lange Straßen die Welt.
Oder sie mußten dem Mann zur Begleitung geben ein Mädchen,
    Wenn lange Straßen durchaus sollten durchschneiden die Welt.
Dann, wenn auch schaudernd vor Frost ich die stürmischen Alpen erklömme,
    Zöge die Herrin nur mit, wäre der Weg mir bequem.
Zöge die Herrin mit, so durchdräng ich die libyschen Syrten,
    Freudig dem tobenden Süd gäbe die Segel ich preis.
Euch, Untiere, die ihr den Schoß umbellet der Jungfrau,
    Fürchtet ich nicht noch die Bucht, dort, wo Malea sich krümmt,
Noch die den Schlund sich füllt mit gescheiterten Schiffen, Charybdis,
    Die ausgießet die Flut und sie von neuem verschlingt.

Wenn dann die Sturmgewalt Neptuns uns dennoch besieget
Und uns die Woge die gern helfenden Götter entführt,
Schling um den Nacken du mir nur getrost die schneeigen
    Arme;
Leicht mit gelenkigem Leib trag ich die liebliche Last.
Oft, um bei Hero zu sein, durchschwamm der Jüngling
    die Wogen,
Hätt es zuletzt auch getan; doch es war dunkel der Weg.
Ohne dich aber, ob rings um mich mit Reben die Äcker
Reich sich schmücken, die Flur schwellende Ströme
    durchziehn
Und in Gräben die rinnende Flut ableitet der Landmann,
Kühlender Wind das Haar säuselnder Bäume bewegt,
Ist es mir nicht, als atm ich in heilsamer Luft der Peligner,
Nicht wie im Heimatland auf dem ererbten Besitz:
Nein, wie bei Skythen, kilikischen Horden und grünlichen
    Briten
Und wo Prometheus' Blut rötet den starrenden Fels.
Liebt doch die Ulme die Reb, und die Rebe verläßt nicht
    den Ulmbaum:
Weshalb werde so oft *ich* von der Herrin getrennt?
Und doch schworst du so fest, mir Begleiterin ewig zu
    bleiben,
Bei deinem Augenpaar – meinem Gestirn – und bei
    mir!
Leichter als fallendes Laub ist ein Wort von Mädchen
    gegeben,
Wird von Wogen und Wind dahin und dorthin
    verstreut.
Doch, wenn noch etwas Sorge du trägst für mich, den
    Verlaßnen,
Auf und mache zur Tat endlich, was längst du
    versprachst.
Schirre die flüchtigen Pferdchen sogleich an den
    niedlichen Wagen,
Schwing in sausendem Trab selbst um die Mähnen den
    Zaum.
Senkt auf dem Weg, wo sie naht, euch nieder, ihr
    schwellenden Hügel,
Seid ihr, Pfad' in des Tals Windungen, glatt und
    bequem!

17

Achtet es einer für Schmach, als Knecht zu dienen dem Mädchen,
 Würde sein Urteil mich schuldig erkennen der Schmach.
Treffe mich immer denn Schmach, wenn nur sie, die Kytheras umwogten
 Strand und Paphos beherrscht, mäßiger künftig mich quält.
Wäre die Herrin dann, der zur Beute ich fiel, nur noch gütig,
 Da ich nun einmal bestimmt, Beute der Schönen zu sein.
Schönheit erhöhet den Mut; Corinna ist grausam aus Schönheit;
 Wch mir Armem, warum kennt sie sich selber so gut?
Wisse, vom Bild, das der Spiegel ihr zeigt, entnimmt sie den Hochmut,
 Und nie sieht sie hinein, bis sie zuvor sich geputzt.
Aber, verleiht dein Gesicht dir auch allmächtige Herrschsucht –
 O wie geschaffen es ist, mir zu berücken den Blick! –,
Mußt deswegen du nicht, verglichen mit dir, mich verachten,
 Da zu Geringerem auch sich das Erhabene schickt.
Auch die Nymphe Kalypso, so heißt's, hat zum sterblichen Manne
 Liebe gefühlt, ja sie hielt ihn, der sich weigerte, fest.
Ja man erzählt, daß die Göttin des Meers sich dem phthiischen König
 Und Egeria sich Numa, dem Weisen, ergab,
Venus gar dem Vulcan, obwohl, wenn dieser vom Amboß
 Kommt, er schief mit dem Fuß schreitet und widerlich hinkt.
Ungleich auch ist gefügt dies Lied, und passend doch reiht sich
 An den heroischen Vers immer das kürzere Maß.
Drum nimm du auch mich an, mein Licht. Sprich aus die Bedingung;
 Gib vom erhabenen Pfühl, wie dir gebührt, dein Gesetz.

Wahrlich, nicht bring ich dir Schimpf noch Last, die du
  lieber entfernt sähst:
Unsere Liebe bedarf auch der Verheimlichung nicht.
Zwar nicht großen Besitz, doch biet ich erfreuende Lieder;
  Und gar manche, wie gern würde durch mich sie
  berühmt!
Kenn ich doch eine, die selbst verbreitet, sie sei die
  Corinna:
Und was gäbe sie nicht, könnte sie wirklich es sein?
Doch Eurotas' kühlende Flut und der pappelumkränzte
  Padus, sie fließen vereint nie in demselbigen Bett.
So wirst du, nur du, in meinen Gesängen gefeiert;
  Du nur leihest den Stoff meinem erfindenden Geist.

18

Während du, Macer, dein Lied ausführst bis zum Zorn
  des Achilles,
Waffen zuerst dem Bund leihst, der zum Krieg sich
  verschwor,
Streck ich, Macer, mich träg im müßigen Schatten der
  Venus;
Amor, der zärtliche, bricht mir zum Erhabnen die Kraft.
Oft schon hab ich zum Mädchen gesagt: „Entferne dich
  endlich!"
Und gleich hat sie sich mir schmeichelnd gesetzt auf
  den Schoß.
Oft auch sagt ich: „Ich schäme mich recht!" – dann hielt
  sie die Tränen
Kaum und rief: „Weh mir! Schämst du dich, daß du
  mich liebst?"
Und sie umschlang mir den Hals so hold mit den Armen
  und schenkte –
Und das ist mein Verderb! – Küsse zu Tausenden mir.
Siegreich zieht sie den Geist mir ab von Waffen und
  Kämpfen,
Daß ich von häuslicher Tat sing und vom eigenen Krieg.
Aber das Zepter ergriff ich, und eine Tragödie reifte,
  Sorglich gepflegt; für das Werk schien ich erträglich
  geschickt.

Amor lachte des schleppenden Kleids, der gemalten
  Kothurne,
  Und wie vom häuslichen Herd plötzlich zum Zepter ich
  griff.
Und auch dem entzog mich der strengen Gebieterin
  Allmacht,
  Amor feiert den Sieg über den Dichterkothurn.
Was mir nun bleibt, das treib ich: „Die Kunst der
  zärtlichen Liebe" –
  Wehe, wie werd ich mit dem, was ich sie lehrte,
  gequält!
Oder ich schreibe, was einst Penelope ihrem Ulixes
  Meldete, oder wie du, Phyllis, verlassen, geweint,
Was man an Paris geschrieben, an Makareus und an den
  bösen
  Iason, an Hippolyts Vater und dich, Hippolyt,
Und was, das Schwert in der Hand, die unglückselige
  Dido,
  Was des äolischen Spiels Meisterin, Sappho, gesagt.
Wie mein Sabinus so bald von des Weltalls Enden zurück
  ist,
  Wie er die Antwort schon bringt vom entferntesten
  Ort!
Ihres Ulixes Siegel erkennt die keusche Gemahlin,
  Phaedra liest mit Begier, was ihr Hippolytus schreibt.
Auch Aeneas, der Held, antwortet der armen Elissa;
  Hier ist für Phyllis ein Brief – wenn er am Leben sie
  trifft.
An Hypsipyle kommt von Iason ein trauriges Schreiben.
  Sappho, wiedergeliebt, weihte dem Phoebus ihr Spiel.
Macer, auch du, soweit es erlaubt dem Sänger der Waffen,
  Läßt inmitten des Kriegs Amor, den goldnen, nicht aus.
Paris ist hier und die trügrische Frau – das berühmte
  Verbrechen –,
  Laodamia, die froh folgte dem toten Gemahl.
Kenn ich dich recht, so besingst du den Krieg nicht lieber
  als diese,
  Und vom Lager des Mars schweifst in das meine du
  gern.

19

Liegt dir, Tor, nicht daran, dein Mädchen für dich zu bewahren,
   Nun so bewahr es für mich, daß die Begierde mir wächst.
Was uns erlaubt ist, stößt uns zurück; das Verbotene reizt uns.
   Der ist von Eisen, der liebt, wo ihm der andre nicht wehrt.
Hoffnung muß und Furcht uns gleich in der Liebe bewegen
   Und die Erfüllung erst nahn nach versagtem Gehör.
Was ist das Glück mir wert, das nie mich würdigt der Täuschung!
   Was mich zu keinerlei Zeit peinigt, das lieb ich auch nicht.
Wohl erspähte die Schwäche bei mir die verschlagne Corinna,
   Kannte das Mittel, wodurch schlau sie mich köderte, wohl.
Oh, wie erlog sie so oft Kopfschmerz, wenn sie völlig gesund war,
   Schickte mich, wenn auch mein Fuß zögernd sich sträubte, nach Haus.
Oft erheuchelte Schuld sie sogar, und soweit bei der Unschuld
   Irgend es möglich, schien wirklich sie schuldig zu sein.
Hatte sie so mich gereizt und erweckt die schlummernden Flammen,
   Fügte gefällig sie sich wieder und freundlich dem Wunsch.
Wie sie mit schmeichelnder Art und zärtlichen Worten mir nahte!
   Himmlische Götter! wie oft hat sie und *wie* mich geküßt!
Auch du, die du mir erst vor kurzem die Augen berückt hast,
   Fürchte nur öfters Verrat, schlag mein Begehren mir ab;
Laß auf die Schwelle gestreckt mich oft vor den Pfosten der Türe
   Liegen und lange den Frost dulden und Reif in der Nacht.

So wird dauern die Lieb und wird mit den Jahren sich
    mehren;
  Das ergötzt mich; das gibt kräftige Nahrung dem Geist.
Liebe, die gar zu bequem und reichlich, erreget uns Ekel,
  Gleich wie zu süßliche Kost wird bald dem Magen zur
    Last.
Hätte man Danaë nicht im ehernen Turme verschlossen,
  Hätt auch Danaë Zeus nimmer zur Mutter gemacht.
Io, mit Hörnern entstellt und bewacht von der neidischen
    Juno,
  Wurde gerade darum lieber dem Zeus als vorher.
Wer, was erlaubt und bequem ist, erstrebt, der rupfe vom
    Baum sich
  Blätter zum Mahl, und den Trunk schöpf er aus
    offenem Fluß.
Will lang herrschen ein Weib, so muß sie den Liebenden
    täuschen.
  Wehe! daß mir nur der Rat selber nicht werde zur
    Qual!
Doch mag kommen, was will; Nachgiebigkeit schadet mir
    immer:
  Was mich verfolgt, flieh ich, und ich verfolge, was
    flieht.
Doch du, der du zu sicher dich glaubst des reizenden
    Mädchens,
  Fange nur an, und die Tür schließ bei beginnender
    Nacht;
Fange zu forschen nur an, wer so oft ganz leis an der
    Schwelle
  Klopft, was das Hundegebell meint in der
    schweigenden Nacht,
Was für Briefe die Magd so geschäftig trägt und
    zurückbringt
  Und was die Frau so oft schläft in gesondertem
    Bett.
Solche Besorgnis laß am Mark bisweilen dir nagen,
  Und gib Raum und Stoff, Bester, für unsern Betrug.
Wahrlich, Sand heißt das am einsamen Strande sich
    stehlen,
  Wenn man des törichten Manns Gattin zum Liebchen
    sich nimmt.

Und schon sag ich's vorher, wenn du nicht dein Weib zu bewachen
   Anfängst, fängt auch sie an, nicht die meine zu sein.
Viel ertrug ich und lange; doch hofft ich noch immer, du würdest
   Gut sie bewachen, daß ich schön dich betröge sodann.
Zäh bist du und erträgst, was ein Mann nie sollte ertragen.
   Doch mit der Liebe, die man frei mir gestattet, ist's aus.
Ich Unglücklicher, nie wird mir verweigert der Zutritt?
   Ohne Gefahr soll ich immer verbringen die Nacht?
Nichts auch fürchten und immer den Schlaf hinziehn ohne Seufzen?
   Du tust *nichts,* daß ich dir wünschte von Herzen den Tod?
Sag, was soll ich mit ihm, dem gefälligen Kuppler von Ehmann,
   Da sein Fehler mir doch jedes Vergnügen verdirbt?
Andere suche dir aus, die an solcher Geduld sich erfreuen!
   Wenn du mich zum Rival willst, so verbiete mir es.

Drittes Buch

1

Alt – jahrhundertelang von der fällenden Axt nicht
    getroffen –
  Ragt ein Wald. Ein Gott, scheint es, bewohnet den Ort.
Mitten ein heiliger Quell, umwölbt von hangendem
    Tuffstein,
  Und süß tönt ringsum klagender Vögel Gesang.
Hier lustwandelt ich einst in des Hains umschattendem
    Dickicht,
  Sinnend, zu welcherlei Stoff wende sich passend mein
    Lied.
Da kamst du, Elegie, im duftenden Lockengeflechte,
  Irr ich nicht, schien *ein* Fuß, Göttin, dir länger zu sein.
Hold die Gestalt, durchsichtig das Kleid und schmachtend
    die Mienen!
  Selbst durch den Fehler am Fuß wurde der Reiz nur
    erhöht.
Und die Tragödie kam, mit mächtigen Schritten, gewaltsam,
  Düster die Stirne, das Haar tief, und mit schleppendem
    Kleid.
Weitausladend bewegt ein Königszepter die Linke,
  Hoch umschlingt des Kothurns lydische Fessel den Fuß.
Und sie begann: „Wann wirst ein Ende du machen der
    Liebe?
  Dichter, du hängst zu zäh immer am eigenen Stoff.
Schon wird dein schmähliches Tun erzählt bei
    Zechergelagen,
  Wird am Kreuzweg schon rings durch die Straßen
    erzählt.
Oft schon zeigt man, geht er vorbei, auf den Dichter mit
    Fingern,
  Ruft: der, der dort ist's, welchen Cupido versengt.

Merkst du nicht, daß ganz Rom dich schon als Fabel
  herumträgt,
  Da ganz schamlos du selber berichtest dein Tun?
Zeit wär's, daß dich der Schlag des ernsteren Thyrsos
  bewegte!
  Schreite – du ruhtest genug! – endlich zu größerem
  Werk.
Niedergedrückt wird dein Geist vom Stoff, sing männliche
  Taten,
  Und du wirst sagen: ‚*Die* Bahn ist wie geschaffen für
  mich!'
Schuf dir tändelnd die Muse Gesang für zärtliche
  Mädchen,
  Hast du in Weisen, die ihr ziemten, die Jugend
  verbracht,
Muß *ich*, Roms Tragödie, jetzt durch dich mich zum
  Ruhme
  Schwingen empor, *mein* Gebot künftig erfüllen dein
  Geist."
Also *sie*, und auf bunten Kothurn sich stützend, bewegt'
  sie
  Dreimal, viermal das Haupt, düster von Locken
  umwallt.
Aber die andere lachte dazu mit schelmischen Augen;
  Irr ich nicht, war ihr die Hand rechts mit der Myrte
  geschmückt.
„Stolze Tragödie", sprach sie, „was dringst mit gewichtigen
  Worten
  Du auf mich ein? Entsagst nie du gewichtigem Ernst?
Und doch ließest du jetzt dich ein auf die wechselnden
  Maße,
  Um zu kämpfen mit mir, nahmst du die Verse von mir.
Niemals würd ich mein Lied mit erhabnen Gedichten
  vergleichen:
  Niedrigen Türen zu hoch raget der Königspalast.
Leicht bin ich selbst und leicht ist er, dem ich diene,
  Cupido;
  Und kein Wunder, daß ich stärker nicht bin als mein
  Stoff.
Bäurisch ist ohne mich nur die Mutter des maßlosen Amor,
  Und als Kupplerin drum schließ ich der Göttin mich an.

Sie, die du nimmer vermagst mit hartem Kothurn zu erschließen,
  Meinem schmeichelnden Wort öffnet die Türe sich leicht.
Größere Macht auch verdien ich als du, da ich vieles ertrage,
  Was dein stolzerer Blick nimmer erträglich sich denkt.
Durch mich hat Corinna gelernt, den Wächter zu täuschen,
  Und wie des festesten Tors Treue zum Wanken man bringt,
Und zu entgleiten dem Bett, umhüllt mit losem Gewande,
  Ohne den mindesten Laut nachts zu bewegen den Fuß.
Oh, wie oft hab ich an der grausamen Türe gehangen,
  Ließ mich geduldig dort lesen vom gaffenden Schwarm.
Ja, ich erinnere mich, wie einst, bis der grimmige Wächter
  Fort war, ich in der Magd Busen verborgen mich hielt;
Und nun gar, da du mich zum Geburtstag schickst, wie Corinna
  Mich zerbrach und, o Schimpf! grausam ins Wasser mich warf!
Ich auch nährte zuerst dir den fruchtbaren Samen des Geistes:
  Daß jetzt jene um dich wirbt, das verdankst du nur mir."
Also schloß sie; ich sprach: „Ich beschwör euch Göttinnen beide,
  Mag mein schüchternes Wort finden doch ruhig Gehör.
Du schmückst mich mit des Zepters Gewalt und dem hohen Kothurne;
  Schon, wie du nur mich berührst, tönet erhaben mein Mund.
Doch *du*, dauernden Ruhm verleihest du unserer Liebe:
  Gnädig zum längeren Vers füge den kürzeren drum.
Du, Tragödie, laß dem Sänger nur wenige Zeit noch:
  Dann bist du ewig mein Werk; kurz ist, was jene verlangt."
Und sie erhörte den Wunsch; nun eile dich, Büchlein der Liebe,
  Weil es noch Zeit; auf dem Fuß folgt dir ein größeres Werk.

2

Nicht als ein Kenner bin ich hier von edelsten Rossen
 (Zwar für das Roß, dem du wünschest den Sieg, bin
 auch ich),
Nein, ich kam nur, mit dir zu plaudern, zu dir mich zu
 setzen,
 Daß du erfährst, wie du Liebe bei andern entflammst.
Du schaust hin nach der Bahn, ich nach *dir*; laß beid uns
 betrachten,
 Was uns gefällt, laß uns weiden die Blicke daran.
Glücklich der Lenker der Rosse, für den du, Holde, Partei
 nimmst,
 Also er ist der Mann, den du erfreuest mit Gunst!
Würde das mir zuteil, so flög aus den heiligen Schranken
 Selbst ich auf hohem Gespann tapferen Mutes dahin.
Jetzt den Zügel verhängt und jetzt anpeitschend die Rosse,
 Streift ich mit innerem Rad scharf an dem Ziele vorbei.
Doch, wenn ich *dich* erblickte, so hielt ich mitten im Lauf
 an.
 Und aus der staunenden Hand glitte der flatternde
 Zaum.
Oh, wie Pelops fast vom pisäischen Speere gefällt ward,
 Als er nach deinem Gesicht, Hippodamia, geschaut!
Und doch hat er zuletzt noch gesiegt durch die Gunst der
 Geliebten;
 Siegte doch jeder von uns durch der Gebieterin Gunst!
Wie? Du fliehest? Umsonst! die Linie da hält uns
 zusammen;
 Das ist der Vorteil, den bietet des Circus Gesetz.
Doch du, wer du auch bist, da zur Rechten, verschone das
 Mädchen!
 Komm mit der Seit ihr nicht nahe; du tust ihr ja weh!
Aber auch du, hinter uns, zieh hübsch zusammen die
 Füße!
 Pfui! mit dem knochigen Knie drücke den Rücken ihr
 nicht!
Aber es sinkt zu tief dein Gewand; es liegt auf dem
 Boden:
 Nimm es zusammen! – doch nein! selber schon heb ich
 es auf.

Neidisches Kleid, wie verdecktest du doch so zierliche
 Schenkel!
 Und daß besser *du* siehst! ... Wahrlich ein neidisches
 Kleid!
Hatte die flüchtige Atalante doch Schenkel wie diese,
 Die Milanion auch gerne gestützt mit der Hand.
Schenkel wie die sieht man auf dem Bild der geschürzten
 Diana,
 Wenn sie das kräftige Wild – kräftiger selber – verfolgt.
Eh ich sie sah, entflammten sie mich; was, wenn ich sie
 sehe,
 Da in die Gluten du Glut, Wasser gegossen ins Meer?
Schließ ich doch sicher aus *dem*, wie das andre mir müsse
 gefallen,
 Was so heimlich sich birgt unter dem zarten Gewand!
Willst du inzwischen jedoch, daß freundlich kühlende
 Lüfte
 Dich umwehn? Schon ist, siehe, mein Fächer zur Hand!
Oder entstammt meinem Herzen die Glut, nicht der
 äußeren Hitze?
 Dörrt die gefangene Brust weibliche Liebesgewalt?
Auf dein weißes Gewand fliegt Staub dir, während ich
 spreche.
 Willst du, garstiger Staub, fort von dem schneeigen Leib!
Aber da kommt ja der Zug. Andächtigen Mundes und
 Herzens
 Klatschet ihm Beifall! Jetzt kommt er, der goldene Zug.
Vornan, seht, wie Victoria zieht mit entfalteten
 Schwingen.
 Komm, o Göttin, und leih mir in der Liebe den Sieg!
Beifall klatscht dem Neptun, die zu sehr ihr trauet den
 Wogen!
 Ich will nichts von dem Meer! Mir ist die Erde genug.
Klatsche dem Mars Beifall, Soldat! Ich hasse die Waffen.
 Friede behagt mir; mir ward Liebe durch Frieden zuteil.
Sei Weissagern Apoll, sei Phoebe den Jagenden günstig,
 Wende des Künstlers Hand dir, o Minerva, sich zu!
Stehe das Landvolk auf vor Ceres und Bacchus, dem
 zarten!
 Kastor und Pollux, seid Reitern und Faustkämpfern
 hold!

Ich will, schmeichelnde Venus, nur dich und die bogengewalt'gen
  Knaben beklatschen; o sei meinem Beginnen du hold!
Lenke der neuen Gebieterin Herz, sie lasse sich lieben.
  Siehe, sie winkt; es gibt günstige Zeichen ihr Wink.
Was mir die Göttin versprach, versprich – ich flehe – du selber;
  Mög es mir Venus verzeihn, größer als Venus bist du.
Hier bei allen den Zeugen, ich schwör's bei der Himmlischen Festzug,
  Daß ich auf ewig nur dich will zur Gebieterin weihn...
Aber dir hängen die Füße; du kannst, wenn das dich erleichtert,
  Zwischen den Gitterverschlag stecken zur Stütze den Fuß.
Schon ist der Circus geräumt; schon hat aus den Schranken der Spiele
  Größtes der Prätor – die vierspännigen Rosse – gesandt.
Wem du die Gunst schenkst, seh ich, und wen du begünstigst, der siegt auch.
  Selbst auch der Rosse Gespann scheint zu verstehn, was du willst.
Weh mir Armem! Er schwenkt um das Ziel in geräumigem Kreise,
  Und mit beschleunigtem Rad drängt sich der nächste vorbei.
Was, Unglücklicher, tust du? Verdirbst du des Mädchens Gelübde?
  Zieh mit kräftiger Hand, hörst du, die Zügel nach links!
Feig ist *der* Mensch und verschwendet die Gunst; doch ruft ihn zurück noch,
  Römer, und gebt das Signal rings mit geschwungnem Gewand!
Sieh, man ruft ihn zurück! Doch daß die geschwungene Toga
  Dir nicht verwirre das Haar, leg an den Busen dich mir.
Und schon öffnen aufs neu mit entriegeltem Tor sich die Schranken;
  In buntfarbigem Zug sprengen die Rosse hervor.

Wenigstens jetzt auf offener Bahn enteile zum Siege!
  Mach, daß mein Flehn sich erfüllt und der Gebieterin
    Flehn!
Ja, der Gebieterin Flehn ist erfüllt; noch bleibet das meine:
  Er hat die Palm in der Hand; mein ist die Palme noch
    nicht.
Und sie lacht' und versprach mir etwas mit bedeutsamen
    Blicken;
  Das ist genug; den Rest zahlst du woanders mir nach.

3

Geh nur, und glaub an Götter! Sie schwor und brach mir
    die Treue,
  Und ihr Gesicht bleibt ganz, wie es gewesen zuvor.
Gradesolang wie ihr Haar sie umwallt', eh falsch sie
    geschworen,
  Gradesolang ist es noch, seit sie die Götter verletzt.
Weiß war die Haut, das Weiß von rosiger Röte
    durchschimmert:
  Und noch leuchtet wie Schnee rosig umstrahlt das
    Gesicht.
Klein war ihr Fuß: klein blieb die Gestalt des niedlichen
    Fußes;
  Schlank und anmutvoll *war* sie und *ist* sie noch jetzt.
Wie war ihr Auge belebt: wie ein Stern noch funkeln die
    Augen,
  Ach, und wie oft Meineid grade bei ihnen sie schwor!
Ja, mich dünkt, es gestatten für ewig die Götter den
    Mädchen,
  Falsch zu schwören; es ist selber die Schönheit ein Gott.
Jüngst, ich erinnre mich wohl, schwor hoch sie bei ihren
    und meinen
  Augen, und siehe, hernach taten die meinen mir weh.
Sagt, ihr Götter, wenn *sie* euch straflos durfte betrügen,
  Weshalb mußte denn *ich* leiden für fremdes Vergehn?
Was für Schmach hat euch einst des Kepheus Tochter
    bereitet,
  Die, weil die *Mutter* zu schön war, ihr dem Tode
    geweiht!

Ist's nicht genug, daß ich ohne Gewicht zu Zeugen euch anrief
  Und daß sie straflos mich höhnt und die *Götter* in mir?
Soll, daß durch *meine* Bestrafung sie sühne den eigenen Meineid,
  Ich, der Betrogene, noch fallen für *sie,* die betrog?
Inhaltslos – nur ein Name ist Gott, ein eiteles Schreckbild,
  Das mit törichter Furcht gläubige Völker bewegt;
Oder ist wirklich ein Gott, so ist er verliebt in die Mädchen,
  Läßt sie in allem nach Wunsch schalten und walten allein.
Uns nur droht, mit dem Schicksalsschwert umgürtet, der Kriegsgott,
  Nach uns schleudert den Speer Pallas, die nimmer erlag;
Auf uns zielt, gekrümmt, der schmiegsame Bogen Apollos,
  Auf uns schwingt den Blitz Jovis erhabene Hand.
Aber die Schönen wird nimmer ein Gott, auch beleidigt, verletzen;
  Sie, die vor ihm sich nie fürchteten, fürchtet er selbst.
Und nun sollte man fromm noch Weihrauch streun auf Altären?
  Wahrlich ein höherer Mut ziemet dem männlichen Geist.
Jupiter schleudert den Blitz auf die eigenen Burgen und Haine,
  Vor meineidigen Fraun hält er zurück das Geschoß.
Ja, so viele verdienten's: und sieh, es verbrannte die arme Semele. Weil sie dem Gott huldigte, ward sie bestraft.
Hätte dem Liebenden sie, als er nahte, sich heimlich entzogen,
  Hätte den Vater auch nicht Bacchus zur Mutter gehabt.
Doch, was klag ich? Was häuf ich Schimpf auf den ganzen Olympus?
  Haben die Götter doch auch Augen und Herzen wie wir.
Wär ich selber ein Gott, ich sähe die eigene Gottheit
  Mit meineidigem Mund ruhig verhöhnt von den Fraun.
Eidlich erhärtet ich selbst, wahr seien die Eide der Mädchen,
  Und nie hieß' es von mir, daß ich ein grämlicher Gott.

Doch du mäßige dich im Gebrauch des Göttergeschenkes,
  Oder zum mindesten laß, Mädchen, mein Auge verschont.

4

Grausamer Mann, nichts nützt es, daß du mit Wachen das holde
  Mädchen umstellst; die Fraun schützt nur ihr eigener Sinn.
Die ist keusch, die auch, wenn die Furcht man beseitigt, noch keusch ist.
  Wer nicht, weil er nicht kann, sündigt, der sündigt gewiß.
Wenn du den Leib auch bewahrst, so bricht ihr Geist doch die Ehe,
  Und *der,* wenn er nicht will, wird nicht durch Wächter beschützt.
Selbst nicht den Körper bewahrst du, und wenn du auch alles verschlössest.
  Schließest du allen die Tür, bleibt der Verführer doch drin.
Weniger sündigt, wer sündigen darf; es macht die Erlaubnis
  Selbst, daß der üppigen Lust Samen sich lässiger regt.
Hör auf mich! Laß ab, durch Verbot zur Sünde zu reizen;
  Durch nachgiebigen Sinn setzest du besser es durch.
Jüngst erst sah ich ein Roß, das gegen die Zügel sich sträubte,
  Mit hartnäckigem Maul rennen dahin wie der Blitz.
Aber es stand, sobald es bemerkt, daß die Zügel man nachließ,
  Schlaff auf der Mähne, die hoch flatterte, ruhte der Zaum.
Nach dem Verbotenen streben wir stets und begehren Versagtes,
  Wie nach verweigertem Trunk lechzend der Kranke sich sehnt.
Hundert der Augen bedeckten die Stirn und hundert den Nacken
  Argus'; und doch wie oft täuschte sie Amor allein.

Danaë, die in ein festes Gemach von Stein und von Eisen
   Man als Jungfrau schloß, ging doch als Mutter heraus.
Aber Penelope blieb, die doch nie von Wächtern umstellt
   war,
   Unter der Jünglinge Schar, die sie umfreiten, stets rein.
Was man bewahrt, das erstreben wir mehr; es lockt die
   Besorgnis
   Selber den Dieb; nicht leicht liebt man, was keiner uns
   wehrt.
Nicht die Gestalt reizt andre so sehr als die Liebe des
   Gatten.
   Etwas Besondres, was dich feßle, vermuten sie hier.
Gut wird sie nicht durch die Hut des Manns, nur die
   Sünde wird süßer,
   Und von größerem Wert scheinet die Furcht als der
   Leib.
Wie du dich ärgerst, es freut die verweigerte Lust doch
   am meisten,
   Und es entzückt ein Weib, wenn sie: „Ich fürchte mich"
   sagt.
Sträflich auch ist's, ein Mädchen von freier Geburt zu
   bewachen;
   Mag man durch solcherlei Furcht zwingen, die fremden
   Geschlechts.
Also, damit ein Wächter sich rühmt: *„Ich* bracht es
   zuwege",
   Willst du, daß keusch dein Weib bleibe – zum Ruhme
   des Knechts?
Allzu bäurisch ist der, der verletzt sich fühlt durch der
   Gattin
   Ehbruch; wahrlich, er kennt wenig die Sitten der Stadt,
Wo der mavortische Stamm nicht ohne Verbrechen
   gezeugt ist,
   Remus, der Ilia Sohn, Romulus, Ilias Sohn.
Wenn nur ein züchtiges Weib dir gefiel, was nahmst du
   ein schönes?
   Denn auf keinerlei Art läßt sich vereinigen das.
Bist du gescheit, gib nach der Gebieterin, laß von den
   strengen
   Mienen, und halte so starr nicht an den Rechten des
   Manns.

Bringt dir Freunde die Frau – und sie bringt dir manche –,
  so zeige
  Nett dich. Geringes Bemühn schafft dir bedeutende
  Gunst.
Zutritt hast du dann stets zu der Jünglinge frohen
  Gelagen
  Und wirst vieles zu Haus sehen, was *du* nicht
  geschenkt.

5

„Nachtzeit war's, und es schloß mir der Schlaf die
  ermatteten Augen,
  Da erfüllten den Geist solche Gesichte mit Furcht:
Unter besonnter Höh stand, dicht mit schattigen Eichen
  Ragend, ein Wald; sein Gezweig hegte der Vögelein
  Schar.
Unter ihm dehnt' sich ein Plan, umgrünt vom üppigsten
  Rasen,
  Welchen das perlende Naß murmelnder Quellen
  benetzt.
Unter des Walds Laubdach sucht ich zu entfliehen den
  Gluten;
  Doch mich verfolgte die Glut selbst zu den Schatten
  des Walds.
Siehe, da stand, im Grase, das bunt mit Blumen gemischt
  war,
  Weidend, von blendendstem Weiß mir vor den Augen
  ein Rind.
Blendender war es als Schnee, der erst vor kurzem gefallen
  Und sich zu Wasser noch nicht löst' durch die Länge
  der Zeit;
Blendender noch als die Milch, die, weiß von zischendem
  Schaume,
  Eben die Euter des Schafs, kaum noch getrocknet,
  verließ.
Und ein Stier war Begleiter der Kuh, ein glücklich
  Vermählter,
  Der mit der Gattin sich froh streckt' auf dem rasigen
  Grund.

Während er liegt und gemach am schon verschlungenen
  Gras käut
    Und das genossene Mahl wieder aufs neue genießt,
Schien es, als ob ihm der Schlaf allmählich die Kraft, sich
  zu halten,
    Nahm, und er streckt' in das Gras matt das gehörnete
    Haupt.
Dann, auf flüchtigen Schwingen herab aus den Lüften sich
  senkend,
    Kam eine Krähe und saß schwatzend auf grünendem
    Grund.
Dreimal bohrte der schneeigen Kuh mutwillig den Schnabel
    Sie in die Brust und flog fort mit hell glänzendem Haar.
Jene verließ dann den Ort und den Stier nach längerem
  Zögern;
    Aber es haftet' der Kuh schwärzlich ein Fleck an der
    Brust.
Da sie von fern nun sah im Grase weidende Stiere
    (Denn es weideten fern Stiere im üppigen Gras),
Lief sie eilend dahin und mischte sich unter die Herden,
    Auf fruchtbarerem Grund suchte sie Kräuter für sich.
Doch du sage mir nun, der du nächtliche Träume zu
  deuten
    Weißt, wenn Wahres darin liegt, was verheißt das
    Gesicht?"
Also ich; und es sprach der Deuter der nächtlichen
  Träume,
    Als er jegliches Wort einzeln erwogen im Geist:
„Erstlich die Glut, der du zu entfliehn in den
  schwankenden Schatten
    Suchtest, doch schlecht nur entflohst: *Liebe* bedeutet sie
    dir.
Dann ist die Kuh dein Mädchen; es paßt auf das Mädchen
    die Farbe:
    Du, ihr Mann, bist der Stier, als der Gefährte der Kuh.
Daß ihr die Krähe die Brust durchbohrt' mit spitzigem
  Schnabel,
    Deut ich: der Herrin Sinn lenket ein kupplerisch Weib.
Wie nach längerem Zögern die Kuh vom Stiere sich
  trennte,
    Wirst verlassen auch du frieren auf einsamem Pfühl.

Aber die Wunde und vorn auf der Brust die
  schwärzlichen Flecken
  Künden, des Treubruchs Schmach habe die Brust ihr
  befleckt."
Also sprach der Erklärer. Mir floh das Blut aus erstarrtem
  Antlitz, und dunkle Nacht stieg vor dem Blick mir empor.

6

Strom, des schlammige Ufer mit Schilf umwachsen, ich eile
  Zu der Gebieterin mein. Hemm auf ein Weilchen die
  Flut.
Brücken sind nirgend zu sehen, noch schwankt an
  hinübergespanntem
  Tau ein bauchiger Kahn ohne des Ruderers Schlag.
Klein nur warst du, ich weiß es noch wohl; nicht scheut
  ich mich damals,
  Dich zu durchwaten, mir ging kaum an die Knöchel die
  Flut.
Jetzt aus geschmolzenem Schnee, vom nahen Gebirge
  dich stürzend,
  Wälzest im schmutzigen Schlund schlammige Wasser
  du fort.
Was nun hilft mir die Eile? Was hilft's, daß ich spärliche
  Ruhe
  Nur mir gegönnt, daß die Nacht ich mit dem Tage
  verband,
Wenn ich nun stehn hier muß, wenn durch keinerlei
  Kunst es gelinget,
  Auf jenseitigen Strand sicher zu setzen den Fuß?
Hätt ich die Schwingen doch jetzt des danaeïschen
  Helden,
  Als er das Haupt entführt, gräßlich von Schlangen
  umzischt!
Hätt ich den Wagen doch jetzt, von welchem die Saaten
  der Ceres
  Sanken zuerst in der Flur nimmer beackerten Schoß!
Doch von erlogenem Wundergebild vorzeitlicher Seher
  Red ich, das nimmer die Welt sah und auch künftig
  nicht sieht.

Du vielmehr, o Strom, den geräumigen Ufern entflutet,
  Gleit in dein Bett zurück! Ewig auch währe dein Lauf!
Unerträglichen Schimpf würd, reißender Fluß, es dir bringen,
  Hieß es hernach, daß du mich hieltest, den Liebenden, auf.
Jeglicher Fluß ja müßt in der Liebe den Jünglingen beistehn;
  Denn, was Verliebtsein heißt, haben die Flüsse gespürt.
Inachus folgt' erbleichend vordem der bithynischen Nymphe
  Melië, sagt man, und tief glüht' er in eisiger Furt.
Trojas Burg war noch zwei Lustren hindurch nicht belagert,
  Als Neaera dir, Xanthos, die Augen berückt.
Hat den Alphëus, vom Reiz verlockt der arkadischen Jungfrau,
  Nicht zum entlegenen Land stetige Liebe gedrängt?
Du, Penëus, auch hast die Verlobte des Xuthos, Krëusa,
  Einst im phthiotischen Land, also erzählt man, versteckt.
Soll vom Asopos ich reden? Ihn hielt die martische Thebe
  Fest umgarnt, die fünf Töchter ihm später gebar.
Fragt, Achelōus, ich dich, wo einst du die Hörner gelassen,
  Würdest du jammern: sie brach Herkules' zürnende Hand!
Kalydon nicht, nicht ganz Ätolien lag ihm am Herzen,
  Deïanira, sie lag so ihm am Herzen allein.
Selbst auch der Nil, der reich durch sieben Mündungen hinfließt,
  Der der gewaltigen Flut Heimat so sicher versteckt,
Hat nicht die Glut, zu der Asopos' Tochter, Euanthe,
  Ihn entflammt, in des Stroms Wirbeln zu löschen vermocht.
Daß er auf trockenem Grund Salmoneus' Tochter umarme,
  Hieß Enipeus den Fluß weichen; er wich dem Geheiß.
Dich auch laß ich nicht aus, der du an des argolischen Tibur
  Obstbaumhainen vorbeistürzest durch hohes Geklipp;

Ilia liebtest du einst, obwohl, verwildert von Ansehn,
  Sie mit den Nägeln das Haar sich und die Wangen zerfetzt.
Jene, des Oheims Schuld und Mars' Vergehen bejammernd,
  Irrte mit nacktem Fuß durch das verlaßne Gefild.
Anio sah sie, der stürmische Gott, von der reißenden Wog aus,
  Und dumpftönend erscholl tief aus den Fluten sein Wort:
„Du, des Laomedon Sproß, des idäischen Fürsten", so rief er,
  „Ilia, was voll Angst irrst du umher an dem Strand?
Wo hast den Schmuck du gelassen? Was treibst du einsam umher dich?
  Warum fesselt dir nicht schimmernd die Binde das Haar?
Warum weinst und verdirbst du die tränenbefeuchteten Augen,
  Schlägst dir die offene Brust heftig mit rasender Hand?
Wahrlich, Felsen hat der und Stahl und Eisen im Herzen,
  Den ein holdes Gesicht, schwimmend in Zähren, nicht rührt.
Ilia, laß von der Furcht! Dir öffnet mein königlich Schloß sich;
  Dich ehrt jeglicher Fluß; Ilia, laß von der Furcht!
Hundert der Nymphen und mehr, sie horchen auf deine Befehle;
  Hundert der Nymphen und mehr weilen in meinem Gebiet.
Nur verachte mich nicht, ich bitte dich, troïscher Sprößling:
  Reichere Gabe wird dir, als ich versprochen, zuteil."
Sprach's; und sie senkte den Blick der bescheidenen Augen zu Boden;
  Schauer von Tränen aufs neu netzten die liebliche Brust.
Dreimal wollte sie fliehn; stand dreimal still an der Tiefe,
  Da ihr der Schrecken die Kraft, rasch zu enteilen, geraubt.
Endlich zerraufte sie sich das Haar mit feindlichen Fingern,
  Und mit bebendem Mund jammerte schmählich sie so:

„Wäre gesammelt doch schon mein Gebein zum Grabe
   der Väter,
   Da man als Jungfrau mich konnte noch tragen zur
   Gruft.
Ich, Vestalin noch jüngst, ich mußte den bräutlichen
   Fackeln
   Nahen – o Schmach! –, da nun Ilions Herd mich
   verstößt!
Zaudr ich noch? Soll mich mit Fingern das Volk als
   Entehrte bezeichnen?
   Fort mit dem Antlitz, das doch schimpfliche Scham nur
   entstellt!"
Also ruft sie, bedeckt mit dem Kleid die geschwollenen
   Augen,
   Und in die reißende Flut stürzt die Verlorne hinab.
Aber ihr streckte der schmiegsame Fluß, so sagt man, die
   Arme
   Unter den Busen und teilt mit ihr das ehliche Bett.
Man sollte glauben, auch du erglühtest für irgendein
   Mädchen.
   Euer Vergehen versteckt freilich in Wald sich und
   Hain.
Während ich spreche, da sieh, hebt weiter und breiter die
   Flut sich,
   Und das geräumige Bett faßt nicht den wogenden
   Schwall.
Rasender, sprich, was willst du von mir? Was hemmst du
   der Liebe
   Wechselgenuß? Was fällst du mir so plump in den
   Weg?
Wärst du mit Fug und Recht noch ein Fluß, ein adlig
   Gewässer,
   Würde dein Name mit Ruhm rings noch auf Erden
   genannt!
Aber dein Nam ist nichts; du läufst zusammen aus
   kleinen
   Rinnseln; nicht Quellen einmal hast du, kein sicheres
   Haus.
Statt der Quellen ernährt dich geschmolzener Schnee nur
   und Regen;
   Winter, der träge Gesell, speichert die Schätze dir auf.

Schmutzig entweder erbraust zur Neujahrszeit dein
    Gefälle,
  Oder bestäubt kriechst du langsam durch glühenden
    Sand.
Könnte der Wanderer dann aus dir, der verschmachtende,
    schöpfen?
  Sprach *ein* dankbarer Mund: „Fließe beständig, o Fluß!"?
Schaden nur bringst du dem Vieh, mehr Schaden noch
    bringst du den Äckern;
  Doch *der* Schaden betrübt andre, der meinige mich.
Und *ihm* hab ich – ich Tor! – erzählt von der Liebe der
    Flüsse,
  So unwürdigem Ohr – schändlich! – die Namen
    genannt!
Hier vor dem ersten und besten, wie konnt ich dich,
    Achelōus,
  Flußgott Inachus, dich, dich nur erwähnen, o Nil?
Doch dir wünsch ich, wie du's verdienst, unlauterer
    Gießbach,
  Daß dich die Sonne versengt, ja, auch der Winter dich
    dörrt!

7

Aber ist es nicht schön, nicht schmuck und zierlich, das
    Mädchen?
  Nicht auch schon lange das Ziel sehnlicher Wünsche
    bei mir?
Dennoch hielt ich sie, schändlich schwach, erfolglos im
    Arme,
  Und auf dem trägen Pfühl lag ich zur Schande und Last,
Konnte, wie sehr ich es wünscht und es gleichfalls
    wünschte das Mädchen,
  Nicht mich der Hilfe erfreun meines entkräfteten Glieds.
Zwar um den Hals mir schlang sie die elfenbeinernen
    Arme,
  Arme, weißer als Schnee auf der sithonischen Flur,
Drückte den Mund mir ein, der rang mit der lüsternen
    Zunge,
  Schob das begierige Bein selber mir unter das Bein,

Sagte mir Schmeichelein und nannte mich ihren Gebieter
  Und was außerdem noch üblich für Worte da sind.
Meine Glieder jedoch, wie berührt vom eisigen Schierling,
  Ließen ermattet im Stich, was sie erst vor noch gehabt.
Fühllos lag ich, ein Klotz, ein Bild, unbrauchbare Masse,
  Zweifelhaft ist's, ob Mensch oder ein Schatten ich war.
Was steht mir für ein Alter bevor, wenn ja eins bevorsteht,
  Wenn die Jugend schon selbst nicht ihre Pflichten erfüllt!
Schande doch über die Jahre, daß mich die Freundin empfunden,
  Mich, den Jüngling, den Mann, weder als Jüngling noch Mann!
So, der heiligen Flamme zu nahn, steht die ewige Jungfrau
  Und auch die Schwester *so* auf, von dem Bruder gescheut.
Zweimal doch ward Chlide, die blonde, und Pitho, die hübsche,
  Dreimal jüngst, dreimal Libas bedient auch von mir.
Daß neunmaliger Dienst in knapper Nacht von Corinna
  Zugemutet mir ward, weiß ich noch – und ich bestand.
Ist mein Körper denn siech, von thessalischem Gifte verpestet?
  Haben mir Armem das Kräuter und Sprüche getan?
Hat in punisches Wachs mir gebannt den Namen die Hexe
  Und in die Leber hinein spitzige Nadeln gebohrt?
Saat, vom Spruche versehrt, erstirbt zu nichtigen Halmen,
  Wie, vom Spruche versehrt, Adern versiegen des Quells.
Trauben entsinken dem Stock und Eicheln der Eiche durch Zauber,
  Und das Obst fällt ab ohne Berührung vom Baum.
Können die Nerven nicht auch stumpf werden durch magische Künste?
  Davon ohne Gefühl ist mir die Lende vielleicht.
Hinzu kam noch die Scham, sie machte die Sache nicht besser:
  Mein Gebrechen nur ward mehr noch gesteigert durch sie.

Und so wie ich nur hab gesehn und berühret das
   Mädchen,
   So auch grade berührt wird sie vom eigenen Hemd!
Nestor könnte, berührt von ihr, zum Jünglinge werden
   Und Tithonos an Kraft trotzen der Jahre Gewicht.
Diese ward mir zuteil – doch fand sie in mir keinen
   Mann vor.
   Was soll jetzt mein Wunsch noch von dem Himmel
   erflehn?
Ja, ich glaube, es hat die großen Götter gereut auch
   Das gebotne Geschenk, das ich so schimpflich
   gebraucht.
Aufgenommen zu werden ins Bett ja wünscht ich: ich
   ward es;
   Küsse zu geben: ich tat's; nahe zu sein ihr: ich war's.
Was hilft Fülle des Glücks, ein Reich mir ohne Benutzung,
   Was dem Reichen ein Schatz, der ihn aus Geiz nicht
   gebraucht?
Also schmachtet inmitten der Flut des Geheimen Verräter
   Und hat Früchte, die nie er zu berühren vermag.
Aber wer steht wohl morgens so auf von dem zärtlichen
   Mädchen,
   Daß sie nahen sogleich heiliger Stätte sich kann?
Aber nicht zärtliche Küsse vielleicht, nicht hat sie die
   besten
   Auf mich verwendet, gereizt mich nicht mit aller Gewalt?
Harten Demant und hartes Gestein und störrige Eichen
   Hätte mit ihrem Gekos sie zu bewegen vermocht!
Wert zu bewegen doch wenigstens war sie Lebend'ge und
   Männer;
   Weder lebendig war ich noch gar ein Mann wie
   vordem.
Phemios sänge umsonst vor tauben Ohren; dem armen
   Thamyras nützte es nichts, schöne Gemälde zu sehn.
Aber was hab ich im Geist mir nicht erdacht für Genüsse,
   Was für Arten der Lust nicht mir ersonnen, versucht!
Doch es hing, als wäre es abgestorben und welker
   Als eine gestrige Ros, immer das Glied mir herab,
Das jetzt, siehe, so strotzt zur Unzeit, frisch und gesund
   ist,
   Arbeit jetzt verlangt und den gehörigen Dienst.

Liege denn, schlimmster Teil du von mir, ja liege
 beschämt da,
 Gleichwie getäuscht mich hat deine Verheißung vorher.
Du betrügst den Besitzer; durch dich entwaffnet
 betroffen,
 Hab ich bei schwerem Verlust tiefe Beschämung erlebt.
Hand hat selbst mein Mädchen an ihn zu legen
 verschmäht nicht,
 Hat mit sanfter Gewalt nicht ihn zu reizen verschmäht.
Aber nachdem sie erkennt, daß keinerlei Kunst ihn zum
 Steigen
 Bringt und uneingedenk seiner darnieder er liegt,
Spricht sie: „Was foppst du mich denn? Wer hat dich,
 Verwirrter, geheißen,
 Meinem Lager zu nahn, wenn dich die Liebe nicht
 lockt?
Eine Zauberin muß entweder, durchbohrend die Wolle,
 Bannen dich, oder du kommst matt schon von anderm
 Genuß."
Rasch entsprang sie dem Bett, umhüllt vom entgürteten
 Hemde:
 O wie reizend, den Fuß nackt sie so schwingen zu
 sehn!
Daß nicht merkten die Mägde, daß unberührt sie
 geblieben,
 Nahm sie Wasser und barg unter dem Wasser die
 Schmach.

8

Und nun soll noch ein Mensch die edlen Künste verehren
 Oder noch glauben, es sei wirksam ein zärtlich
 Gedicht?
Vormals hielt man den Geist in höherem Wert als das
 Gold selbst,
 Jetzt gilt *der* allein, der nichts besitzt, als Barbar.
Wenn der Gebieterin auch mein Gedicht vortrefflich
 gefallen,
 Läßt das Gedicht sie zwar, aber mich selbst nicht
 hinein.

Wenn sie mich wacker gelobt, so schließt dem Gelobten
  die Tür sie,
 Ich geistreicher Poet irre verspottet umher.
Siehe, den Reichen, der jüngst durch Wunden Vermögen
  erworben,
 Zieht sie mir vor, den Herrn Ritter, gemästet mit Blut.
Und *den* kannst du, mein Herz, mit den reizenden Armen
  umschlingen?
 Kannst von *dem* umarmt ruhen im Bette, mein Herz?
Weißt du denn nicht, es pflegt' ein Helm sein Haupt zu
  bedecken;
 Und an der Hüfte, die dir dienet, da klirrte das Schwert.
Über der Linken, die spät sich jetzt und nicht passend mit
  Gold schmückt,
 Trug er den Schild: und Blut hatte die Rechte bespritzt.
Die einst Menschen erschlug, die Hand kannst du jetzt
  berühren?
 Weh! Ist die Sanftmut ganz dir aus dem Busen entflohn?
Siehe die Narben nur an, die Spuren der früheren
  Schlachten!
 Was er nur irgend besitzt, hat mit dem Leib er verdient.
Möglich, daß er dir sagt, wieviel er Menschen erwürgt hat.
 Kannst, Habsüchtige, du nahen der Hand, die das tat?
Und *ich*, den Musen geweiht und Phoebus' lauterer
  Priester,
 Muß an der störrigen Tür singen vergebens mein Lied?
Lernt, wenn ihr klug seid, nicht, was zwecklos selbst ich
  erlernte!
 Tobenden Schlachtreihn folgt, folget des Lagers Gewühl!
Ordnet den vordersten Zug, statt Worte in Verse zu
  ordnen!
 Darin könntest auch du etwas noch lernen, Homer!
Jupiter, da er erfuhr, daß nichts so mächtig als Gold sei,
 Gab sich der Jungfrau selbst für die Verführung als
  Preis.
Da noch kein Geld da war, war hart der Vater, sie selber
 Keusch, war die Tür von Erz, starrte von Eisen der
  Turm.
Aber als in das Geschenk sich schlau der Verführer
  verwandelt,
 Bot sie den Schoß ihm und gab, was er zu geben gebot.

Ja, als der greise Saturn in den himmlischen Reichen regierte,
  Deckte die Erde noch tief alle die Schätze mit Nacht:
Erz und Silber und Gold und des Eisens Gewicht, sie entrückt' es
  Tief zu den Manen; es gab nirgends auf Erden Metall.
Doch viel Besseres gab sie: die Feldfrucht ohne das Pflugschar,
  Obst und Honig, im Stamm rissiger Eichen bewahrt.
Niemand furchte mit kräftigem Pflug die Rinde des Bodens,
  Kein Feldmesser noch zog Grenzen die Fluren entlang,
Niemand tauchte das Ruder ins Meer und rührte die Wog auf;
  Äußerstes Ende des Wegs war für die Menschen der Strand.
Menschennatur, wie warst du erfinderisch gegen dich selber!
  Allzu begabt nur warst du zu dem eignen Verderb.
Welcher Gewinn, daß mit Mauer und Turm man umringte die Städte,
  Daß man zum Streite die Hand noch mit der Waffe versah?
Was hat das Meer dir getan? Dir durfte die Erde genügen.
  Willst du den Himmel nicht auch stürmen, das dritte Gebiet?
Ja auch den Himmel, so weit du kannst, erklimmst du: Quirinus,
  Liber, Alcides und jetzt Caesar sind Götter bereits.
Statt des Getreides entreißt man gediegenes Gold nun der Erde,
  Und es besitzt der Soldat Schätze, gewonnen durch Blut.
Armen verschließt der Senat sich, Besitz gibt Ämter und Ehren:
  Ehrsame Richter bestallt, würdige Ritter – Besitz.
Nehmet denn alles nur hin; mag euch der Markt und das Marsfeld
  Dienen; ihr andern bestimmt Frieden und blutigen Krieg.
Nur versteigert mir nicht, Habgierige, meine Geliebte,
  Denn es genügt mir, wenn ihr etwas dem Armen nur laßt.

Doch jetzt, kommt sie auch gleich Sabinums grämlichen
    Frauen,
  Wird sie von jedem, der viel bietet, als Sklavin
    beherrscht.
Mir ist der Wächter im Weg; gilt's *mir*, so fürchtet den
    Mann sie;
  Könnt ich nur zahlen, sogleich räumten mir beide das
    Haus.
Oh, ist irgend ein Gott der Rächer verachteter Liebe,
  Wandl er in Staub den Besitz, den sie so schmählich
    erwarb!

9

Wenn um Memnon die Mutter, die Mutter geweint um
    Achilles,
  Wenn ein Trauergeschick mächtige Göttinnen rührt,
Löse dann weinend dein Haar, Elegie, nicht achtend des
    Schmuckes.
  Ach, heut wird zu sehr, leider, dein Name bewährt.
Er, dein Ruhm, der gesungen dein Lied, der Seher
    Tibullus,
  Brennt, ein entseeleter Leib, jetzt auf dem Leichengerüst.
Siehe, wie Venus' Sohn mit zerbrochenem Bogen und
    leerem
  Köcher ihm folgt; kein Licht flammt von der Fackel ihm
    mehr.
Sieh, wie mit hangendem Fittich, ein Bild des Jammers, er
    schreitet
  Und sich die offene Brust schlägt mit gewaltsamer
    Hand.
Feucht ist von rinnenden Tränen das Haar, das den Hals
    ihm umflattert,
  Zuckendes Schluchzen ertönt laut aus dem bebenden
    Mund.
So erschien er vordem bei der Leiche des Bruders Aeneas,
  Als aus deinem Gemach, schöner Iulus, er schritt.
Venus auch ist von Tibullus' Tod nicht minder
    erschüttert,
  Als da des Jünglings Leib wütend der Eber zerfleischt.

Heilige Seher doch heißt man uns, Pflegsöhne der Götter!
  Einige legen sogar göttliches Wesen uns bei!
Ja, zudringlich entweihet der Tod, was da heilig auf
    Erden,
  Und auf jegliches Ding legt er die finstere Hand.
Half dem Ismarier wohl, dem Orpheus, Vater und Mutter?
  Half es ihm, daß sein Gesang staunende Tiere gebannt?
Linos auch mußte der Vater beklagen, und „Ailinon!"
    hallte
  Laut durch die Berge sein Lied, wie auch die Leier sich
    wehrt.
Nimm den Mäonier dann, aus dem wie aus ewigem Borne
  Sich mit piërischem Naß netzen die Sänger den Mund;
Ihn auch sandte das letzte Geschick zum dunkeln
    Avernus;
  Nur die Gesäng entfliehn ewig der gierigen Glut.
Dauernd bestehet das Werk der Sänger: die Mühen um
    Troja
  Und das Gewebe, das stets nächtlich die Schlaue
    zertrennt.
So wird Nemesis man und Delia lange noch nennen,
  Sie, die jüngst ihn entflammt, sie, die zuerst er geliebt.
Was nun hilft euch der heilige Brauch, das ägyptische
    Sistrum,
  Was, daß ihr einsam geruht auf dem verlassenen Pfühl?
Da das böse Geschick uns die Besten entrafft, so –
    verzeiht mir –
  Werd ich zu zweifeln gedrängt, ob es auch Götter noch
    gibt.
Lebe du fromm, doch stirbst du. Verehrst du die Götter:
    vom Tempel
  Reißt dich der Tod mit Gewalt fort zu der Wölbung der
    Gruft.
Baust du auf schönen Gesang: da liegt – o siehe –
    Tibullus:
  Was von ihm übrig, füllt kaum noch den winzigen
    Krug.
Heiliger Seher, auch dich entraffte der flammende
    Holzstoß?
  Und nicht scheut' sich die Glut, dir zu verzehren die
    Brust?

Hätte doch ebensogut sie die goldenen Tempel der hohen
   Götter verbrannt, da sie *so* frevelnder Tat sich erfrecht.
Die auf Eryx' Waldhöhn thront, sie wandte den Blick ab:
   Einige sagen, daß sie selber die Tränen nicht hielt.
Doch war besser es so, als daß das phäakische Land ihn
   In unwürdigen Grund legte, wo niemand ihn kennt.
Hier war die Mutter denn doch, die zuletzt des Sterbenden feuchte
   Augen verschloß und dem Staub brachte das letzte Geschenk.
Hier war die Schwester; den Schmerz mit der jammernden Mutter zu teilen,
   Kam sie, die Locken zerzaust und mit verworrenem Haar.
Nemesis auch war da und die frühre Geliebte: sie küßten
   Mit dir vereint ihn; er war so nicht verlassen im Tod.
Delia sprach im Scheiden: „Mein war die beglücktere Liebe,
   Denn solange du mich liebtest, hast du auch gelebt."
Nemesis antwortet' ihr: „Was kann *mein* Verlust dich bekümmern?
   Mich ja faßt' er im Tod noch mit ermattender Hand!"
Aber wenn mehr von uns als Namen und Schatten zurückbleibt,
   Wird in Elysiums Tal sicherlich weilen Tibull.
Dort, dein jugendlich Haupt mit Efeu umschlungen, empfange
   Du ihn, gelehrter Catull, Calvus, dein Teurer, mit dir;
Du auch, wenn des Verrats am Freund man fälschlich dich zeihet,
   Gallus, mit Leben und Blut allzu verschwenderisch du.
Diesen gesellt sich dein Schatten. Wenn wirklich ein Schatten des Leibes
   Bleibt, hast der Seligen Zahl, sanfter Tibull, du vermehrt.
Mag dein friedlich Gebein still ruhen in sicherer Urne,
   Werde die Erde der Gruft nimmer der Asche zur Last.

10

Wiederum naht sich die Zeit für Ceres' jährliche Feier,
  Und auf verlassenem Pfühl ruhet das Mädchen allein.
Ceres, du blonde, das seidene Haar mit Ähren umwunden,
  Weshalb muß mich dein Fest stören in meinem Genuß?
Als Wohltäterin preisen dich rings, o Göttin, die Völker:
  Keine so wenig wie du neidet der Sterblichen Glück.
Struppig und wild war der Bauer vordem; er dörrte sein Korn nicht,
  Und kein Mensch auf der Welt wußte von Tennen ein Wort;
Nur der Eichbaum – das erste Orakel – schenkte die Eichel;
  Diese nun war mit der Flur zarteren Kräutern die Kost.
Ceres zuerst hat gelehrt, wie die Saat anschwillt in den Äckern,
  Hat mit der Sichel das Korn, wenn es sich färbte, gemäht;
Zwang die Stiere zuerst, den Hals in die Joche zu fügen,
  Drang mit des hakigen Pflugs Zahn in den ewigen Grund.
Wer kann glauben, daß *sie* sich ergötzt an der Liebenden Tränen,
  Daß man durch Qualen sie recht ehrt und durch einsamen Schlaf?
Ist sie doch auch, wiewohl fruchtbringende Felder sie liebet,
  Bäurisch nicht: ihr Herz ist mit der Liebe vertraut.
Kreter, ihr könnt es bezeugen! Nicht alles erlügen die Kreter;
  Kreta, dein Land ist stolz, daß es ernährte den Zeus.
Dort trank er, der die Höhen der Welt, der sternenbesäten,
  Lenkt, als winziges Kind Milch mit dem lieblichen Mund.
Solch ein Zeuge hat Wert. Der Zögling preiset den Zeugen;
  Auch zu bekannt ist die Schuld: Ceres wird selbst sie gestehn.

Als Iasion einst am kretäischen Ida mit sichrer
  Hand durchbohrte das Wild, hat ihn die Göttin gesehn;
Hat ihn gesehn, und ihr innerstes Mark fing Feuer und
  Flammen.
  Hierhin und dorthin zog wechselnd die Lieb und die
    Scham.
Aber die Liebe besiegte die Scham. Es dorrten die
  Furchen,
  Und mit dem kleinsten Ertrag kehrten die Saaten
    zurück.
Hatte mit wackerem Wurf der Karst zerschlagen das
  Brachfeld,
  Hatte der hakige Pflug tüchtig gebrochen den Grund,
War dann die Saat gleichmäßig gestreut in die breiten
  Gefilde:
  Wurde des Landmanns Flehn dennoch am Ende
    getäuscht.
Denn es weilte die Göttin der Flur in den ragenden
  Wäldern,
  Ährengewinde nicht mehr schmückten ihr wallendes
    Haar.
Kreta allein war reich durch die Frucht des gesegneten
  Jahres,
  Wo nur die Göttin ging, fand auch der Schnitter zu tun.
Ida schimmerte selbst in den Waldungen weiß von
  Getreide,
  Und es mähten im Forst grimmige Eber das Korn.
Minos, der Staatenbegründer, er wünschte sich ähnliche
  Jahre,
  Wünschte der Ceres darum dauernde Liebe zugleich.
Wie hätt auch dich, blonde Göttin, einsames Lager
  betrübet!
  Zu so einsamem Bett zwinget dein Opfer mich jetzt.
Muß ich traurig denn sein, da die Tochter du
  wiedergefunden,
  Und als Königin, der einzig nur Juno nicht weicht?
Liebe, Gesang und Wein ist die Losung festlicher Tage.
  Das sind Geschenke, wie man herrschenden Göttern sie
    weiht.

11

Vieles ertrug ich und lang, doch reißt zuletzt die Geduld
  mir.
  Schimpfliche Lieb, entweich aus der ermüdeten Brust!
Endlich hab ich mich selber befreit und die Ketten zerrissen,
  Schäme der Knechtschaft mich, der ich mich sonst nicht
  geschämt,
Setz als Sieger den Fuß auf die niedergeworfene Liebe,
  Hebe das eigene Haupt stolzer und höher empor.
Setz es durch und sei hart! Der Schmerz wird am Ende
  dir nützen.
  Bitterer Saft hat oft Leidenden Hilfe gebracht.
Wie hab ich's jemals vermocht, daß, so oft von der Türe
  gewiesen,
  Ich, ein Freier, den Leib streckt auf der Schwelle von
  Stein,
Daß für den ersten und besten, den du in Umarmungen
  wärmtest,
  Schildwacht ich stand wie ein Sklav vor dem
  verschlossenen Haus?
Sah ich doch selbst den Galan, wie er müd und matt aus
  der Tür ging,
  Wie er erschöpft und schlaff Schenkel und Hüfte dann
  trug.
Doch, was schlimmer noch ist, ich wurde von ihm auch
  gesehen.
  Schmach zu erdulden wie die, wünsch ich dem
  bittersten Feind.
Sprich, wann hab *ich* dir *nicht* an der Seite geduldig
  gehangen?
  War ich dein Wächter, dein Mann, war dein Begleiter
  ich nicht?
Ja, du gefielst dem Volk umher durch meine Begleitung,
  Und gar mancher hat dich, weil *ich* dich liebte, geliebt.
Soll ich noch sagen, wie schändlich du logst mit
  betrüglicher Zunge,
  Mir zum Verderb Meineid gegen die Götter begingst,
Schweigende Winke so oft mit den Jünglingen tauschtest
  bei Tische,
  Wie du in Zeichen und Blick heimliche Worte verbargst?

Krank einst war sie gemeldet; ich lief in Hast, wie
  besessen,
  Kam, und für meinen Rival sicherlich war sie nicht
  krank.
Dieses und mehr noch hielt ich aus, was jetzt ich
  verschweige.
  Suche nach anderen jetzt, die es ertragen für mich!
Schon ist mein Schiff am Heck bekränzt mit gelobten
  Gewinden,
  Und gleichgültig von fern hört es die tobende See.
Schmeichelnde Worte, die einst von Gewicht – jetzt sind
  sie verschwendet!
  Laß sie! Nicht bin ich *der* Tor, der ich gewesen
  zuvor. –
Mein leichtsinniges Herz ziehn nach verschiedenen Seiten
  Haß und Liebe; doch siegt, fürcht ich, die Liebe zuletzt.
Wenn ich's vermag, so haß ich; wenn nicht, so *muß* ich ja
  lieben;
  Liebt auch der Stier nicht sein Joch, trägt er doch, was
  ihm verhaßt.
Flieh ich die Nichtswürdigkeit, so ruft zurück mich die
  Schönheit,
  Ob ich der Sitten Verderb scheue, doch lieb ich den
  Leib.
Also *ohne* dich nicht noch *mit* dir vermag ich zu leben;
  Und so scheint es, ich weiß selber nicht, was ich denn
  will.
Weniger schön entweder – wenn nicht, so wünscht ich
  dich minder
  Schlecht, da so schöne Gestalt häßlichen Sitten nicht
  paßt.
Haß verdient dein Tun; dein Gesicht, es flehet um Liebe;
  Weh mir Armem, sie ist stärker als all ihr Vergehn!
Schon mich! – ich flehe beim Recht des gemeinsamen
  Bettes, bei allen
  Göttern, die dir so oft sie zu betrügen erlaubt,
Bei dem Gesichte, das ich als erhabenste Gottheit verehre,
  Bei den Augen, mein Lieb, die mir die meinen geraubt.
Wie du auch bist, stets bleibest du mein. Nur magst du
  entscheiden:
  Willst du, daß ich dir frei huldige – oder aus Zwang?

Doch ich werde geschickt nach dem Wind zu segeln
  versuchen,
 Daß, ob ich lieben auch nicht *will*, du zum Wollen mich
  zwingst.

12

Was für ein Tag war das, an dem zu traurigen Zeichen
 Für den Liebenden stets schwarzes Gevögel gekrächzt?
Was für ein Unglücksstern trat meinem Schicksal
  entgegen?
 Wer aus der Himmlischen Schar mag mich bedrohen
  mit Krieg?
Sie, noch die Meinige jüngst, die allein zu besitzen ich
  dachte,
 Wird mit vielen zugleich, fürcht ich, zu teilen bald sein.
Täusch ich mich? Oder ist durch mein Lied so bekannt sie
  geworden?
 Ja, so ist es! Ich gab preis sie durch meinen Gesang.
Und mit Recht. Was pries ich die Schönheit auch in den
  Gassen?
 Durch meine eigene Schuld hab ich sie käuflich gemacht.
Ich war Kuppler für sie; ich führte die Liebenden zu ihr,
 Und mit der eigenen Hand hab ich geöffnet die Tür.
Ob ein Gedicht auch nützt? – Mir haben sie immer
  geschadet.
 Sie nur haben den Neid gegen mein Glück mir erregt.
Stoff bot ja Theben und Troja genug und die Taten des
  Caesar;
 Aber den Geist hat mir einzig Corinna geweckt.
Hätten doch meinem Gesang nicht hold sich erwiesen die
  Musen,
 Hätte dem Werk beim Beginn gleich sich entzogen
  Apoll!
Aber man pflegt doch sonst nicht die Dichter als Zeugen
  zu hören.
 Hätte man nur auf mein Wort solches Gewicht nicht
  gelegt!
Wir sind schuld, daß Scylla das kostbare Haar ihrem Vater
 Ausriß, daß ihr den Leib wütende Meute umbellt.

Fittiche haben dem Fuß wir geliehn und Schlangen dem
    Haupthaar,
  Und der abantische Held spornt ein geflügeltes Roß.
Wir auch streckten den Tityos aus auf gewaltigem Raume,
  Gaben ein dreifach Haupt – schlangenumzüngelt –
    dem Hund,
Ließen mit tausend Armen Enceladus schleudern die Felsen,
  Doppelgestaltige Fraun Männern berücken das Ohr,
Haben des Aeolus Wind in des Ithakers Schläuchen
    verschlossen;
  Tantalus büßt den Verrat dürstend inmitten des Stroms.
Niobe haben zum Fels wir gemacht, zur Bärin die Jungfrau;
  Kekrops' Vogel beklagt Itys, ihr thrakisches Kind.
Jupiter wandelt sich bald in Gold und bald auch in Vögel,
  Bald mit der Jungfrau Last schwimmt durch die Flut er
    als Stier.
Soll ich von Proteus noch und der Saat der thebanischen
    Zähne,
  Soll von den Stieren ich noch reden, die Flammen
    gespien?
Wie, Roßlenker, um dich einst Bernstein weinten die
    Schwestern?
  Wie aus Schiffen sogar Göttinnen wurden des Meers?
Wie sich der Tag abwandte bei Atreus' grausigem Mahle
  Und wie der starrende Fels folgte der Leier Getön?
Ins Unendliche geht die erschaffende Freiheit der Sänger;
  Nicht mit geschichtlicher Treu fesseln sie ängstlich ihr
    Wort.
Darum mußtet ihr glauben, daß ich auch fälschlich die
    Schöne
  Pries. Eure Leichtgläubigkeit bringt mir jetzt herben
    Verlust.

13

Im obstreichen Faliskergebiet ist mein Weibchen geboren,
  Darum zog ich zur Burg, die du, Camillus, besiegt.
Junos züchtiges Fest ward grade beschickt von den
    Priestern:
  Spiel und Menschengewühl, Opfer von heimischer Kuh.

Wohl ist der Müh es wert, die heiligen Bräuche zu schauen,
  Schlingt auch beschwerlich der Weg sich an den Bergen empor.
Siehe, da ragt ein Hain, umdunkelt vom dichtesten Laube,
  Uralt; wenn du ihn siehst, glaubst du die Gottheit darin.
Und Andächtige nahn mit Gebet und verheißenem Weihrauch
  Einem Altar, den schlicht früheste Zeiten gebaut.
Von hier – Flötenmusik voran mit festlichen Weisen –
  Gehet der jährliche Zug; teppichbelegt ist der Weg.
Unter dem Jubel des Volks ziehn auf die schneeigen Kühe,
  Die des Faliskergefilds heimischer Rasen genährt,
Dann mit drohender Stirn – noch nicht zu fürchten – die Kälber,
  Ferner des niederen Stalls kleineres Opfer, das Schwein.
Endlich, das Horn um die Schläfe gekrümmt, der Führer der Herde:
  Nur die Zieg allein wird von der Göttin gehaßt.
Denn durch ihren Verrat entdeckt in der ragenden Waldung,
  Ließ sie, so sagt man, ab von der begonnenen Flucht.
Nach der Verräterin werfen noch jetzt mit Spießen die Knaben.
  Wer sie verwundet, dem wird selbst sie verliehen als Preis.
Jünglinge fegen mit schleppendem Kleid und schüchterne Mädchen
  Stets den geräumigen Pfad, eh ihn die Göttin betritt.
Edelgestein und Gold umwindet die Haare der Jungfrau,
  Über die goldenen Schuh wallet das prächtige Kleid.
Und in weißem Gewand nach grajischer Sitte der Ahnherrn
  Tragen das Weihegerät sie auf dem Scheitel daher.
Andachtsstill ist das Volk, wenn die Göttin im goldenen Festzug
  Hinter den Frauen, die ihr priesterlich dienen, sich naht.
Ganz argivischer Art ist der Zug. Nach dem Mord Agamemnons
  War Halaesus, Verrat fürchtend, der Heimat entflohn,

Und nachdem auf der Flucht er Länder und Meere
  durchirret,
 Baut' er mit glücklicher Hand endlich die ragende Burg.
Er hat seine Falisker gelehrt die junonische Feier.
 Sei heilbringend sie mir stets und dem heimischen
  Volk.

14

Nicht, daß du niemals sündigst, verlang ich – da bist du
  zu reizend,
 Nur daß ich Elender nicht immer erfahren es muß.
Auch mein Tadel – er will dich nicht zur Züchtigkeit
  zwingen,
 Bitten nur will er, daß du dich zu verstellen versuchst.
Niemals sündigt die Frau, die zu leugnen vermag, daß sie
  sündigt,
 Nur wenn die Schuld sie gesteht, wird sie berüchtigt
  dadurch.
Ist es nicht Wahnsinn, bei Tag zu gestehn, was der
  Schleier der Nacht deckt,
 Und, was man heimlich getan, offen zu sagen hernach?
Treibt doch die Buhlerin selbst, wenn dem ersten und
  besten Quiriten
 Sie sich ergibt, erst das Volk fort und verriegelt die Tür.
Und du gibst dein eignes Vergehn dem schlimmsten
  Gerücht preis?
 Und bei der eigenen Schuld trittst du als Klägerin auf?
Komm zu besserm Verstand, tu wenigstens ähnlich den
  Keuschen,
 Daß du, bist du's auch nicht, mir doch als züchtig
  erscheinst.
Was du tust, das tue, nur leugne mir, daß du es tatest;
 Sittsam bescheidenen Worts schäme dich öffentlich
  nie.
Auch ist ein Ort, der üppiges Tun erfordert: in jeder
  Wollust übe dich dort; Scham sei verbannet von ihm.
Wenn du ihn aber verläßt, dann bleibe künftig die
  Wollust
 Völlig verbannt, in dem Bett laß dein Vergehen zurück.

Dort ist es gar kein Vergehn, das Hemd von den
Schultern zu streifen,
 Und des Schenkels Last trage dein Schenkel dort gern.
Dort mag zwischen den purpurnen Lippen die Zunge er
bergen,
 Tausend Formen der Lust bilde Gott Amor dort aus;
Weder die Stimmen noch zärtliche Worte sollen dort
schweigen,
 Laß selbst erzittern das Bett unter dem lüsternen Spiel:
Aber zugleich mit dem Kleid mußt auch unschuldige
Mienen
 Du antun, und die Scham leugne wollüstiges Tun.
Täusche das Volk und täusche mich selbst; laß ohne mein
Wissen
 Mich leichtgläubigen Sinns meiner Betörung mich
freun.
Weshalb seh ich so oft, daß du Briefchen empfängst und
entsendest?
 Weshalb ist dein Bett hinten und vorne zerdrückt?
Weshalb ist dein Haar dir mehr als vom Schlafen
verworren?
 Weshalb seh ich am Hals Spuren des lüsternen Zahns?
Einzig nur fehlt, daß du deine Vergehn vor den Augen
mir aufführst.
 Willst du nicht schonen den Ruf, schone dann
wenigstens mich.
Wenn du die Schuld mir bekennst, so vergeht mir
Besinnung und Atem,
 Und ein frostiger Schweiß rieselt die Glieder hinab.
Dann, dann lieb ich, dann haß ich umsonst, was zur Liebe
mich zwinget,
 Dann – doch mit dir nur vereint – stürb ich am
liebsten sogleich.
Forschen auch will ich nach nichts noch, was du
verheimlichen möchtest,
 Ausspähn. Wie ein Geschenk nehm ich die Täuschung
von dir.
Ja, wenn ich wirklich einmal inmitten der Schuld dich
ertappte,
 Wenn ich dein schimpfliches Tun sähe mit eignem
Gesicht:

Müßtest du doch, was bestimmt ich sah, mit Bestimmtheit
  verleugnen,
  Und mein Auge wird gern glauben dem Wort, das du
    sprichst.
Ihm, der besiegt sein *will*, ist leicht zu entringen die
  Palme,
  Wenn nur die Zunge beherzt immer: „Ich tat es nicht!"
    sagt.
Da es so leicht dir wird, mit nur vier Worten zu siegen,
  Siege – wo nicht mit Recht, doch durch des Richtenden
    Gunst.

15

Suche nach anderen Sängern, du Mutter der zarten
  Eroten;
  Denn an das äußerste Ziel rührt mein elegisches Lied.
Ich, der Sohn der pelignischen Flur, verfaßte die Lieder,
  Und mein tändelndes Spiel hat mir nicht Schande
    gebracht.
Ist's von Belang: ich erbte den Stand von den Ahnen der
  Vorzeit;
  Nicht im Strudel des Kriegs ward ich zum Ritter
    gemacht.
Mantua ist auf Vergilius stolz, auf Catullus Verona,
  Und mich nennt man als Ruhm einst des
    Pelignergeschlechts,
Welches der Freiheitsdrang zu ehrlichen Waffen
  getrieben,
  Als der Verbündeten Macht Roma mit Schrecken
    erfüllt.
Und wenn ein Fremdling einst des quellenumrieselten
  Sulmo
  Mauer erblickt, die nur wenige Hufen umfaßt,
Wird er sagen: O du, die einst du erzeugtest den großen
  Dichter, wie klein du auch bist, wahrlich, ich nenne
    dich groß!
Holdester Knab und du, amathusische Mutter des holden
  Knaben, aus meinem Gebiet reißt nun das goldne
    Panier!

Denn mit gewichtigem Stab mahnt mich der gehörnte
  Lyaeus,
Daß ich in weiterer Bahn jage mit hohem Gespann.
Lebt denn wohl, Elegien, ihr friedlichen Kinder der
  heitern
  Muse! Wenn längst ich dahin, bleibt ihr ein dauerndes
  Werk.

Die Liebeskunst

Erstes Buch

Wer sich aus unserem Volk in der Kunst zu lieben nicht
  auskennt,
 Lese dies Buch, werde klug, liebe als Könner sodann.
Kunst hat den eilenden Kiel mit Ruder und Segel beflügelt,
 Kunst das behende Gespann: Amor auch lenkt man
  durch Kunst.
Wie mit geschmeidigem Zaum die Pferde Automedon
  lenkte,
 Wie auf hämonischem Schiff Tiphys das Steuer geführt,
Hat mich Venus zum Künstler gesetzt für den zärtlichen
  Amor:
 Amors Tiphys nennt man, Amors Automedon mich!
Freilich der Gott ist wild, wird oft sich gegen mich
  sträuben,
 Aber sein Alter ist noch lenksam: er ist noch ein Kind.
Lehrte doch Phillyras Sohn den Achill als Knaben die
  Zither,
 Und mit gefälliger Kunst zähmt' er das wilde Gemüt.
Er, der so oft noch die Feinde geschreckt und die
  Bundesgenossen,
 War vor dem alternden Greis – also erzählt man – in
  Furcht,
Bot auf des Lehrers Geheiß die Hände, die Hektor noch
  fühlen
 Sollte, gehorsam dem Wort, dar für den strafenden Schlag.
Amors Lehrer bin ich, wie Chiron es war für Achilles:
 Beide Knaben sind wild, Göttinnen beide entstammt.
Aber es läßt sich der Nacken des Stiers mit dem Pfluge
  belasten,
 Und auch das stolzeste Roß knirscht mit dem Zahn ins
  Gebiß:

Amor ergibt sich mir auch, wiewohl in der Brust mit dem
   Bogen
  Er mich verwundet, wiewohl sprühende Fackeln er
   schwingt.
Aber je grimmiger mich Cupido traf und versengte,
  Desto geschickter bin ich, Rächer der Wunden zu sein.
Nimmer erheuchl ich, von dir, o Phoebus, die Kunst zu
   besitzen,
  Nicht von den Vögeln der Luft bin ich ermahnt und
   belehrt,
Nie auch hab ich Klio gesehn und die Schwestern der Klio,
  Gleich ihm, der in dem Tal Askras die Herden bewacht.
Eignes Erlebnis treibt mich. Gehorcht dem erfahrenen
   Seher!
  Wahres nur sing ich: o steh, Mutter Cupidos, mir bei!
Haupt umwallende Binde sei fern, Kennzeichen der
   Keuschheit,
  Und du langer Besatz, der du die Füße verhüllst.
Sicheren Liebesgenuß und gestatteten Raub nur besing
   ich;
  Nirgend in meinem Gedicht wird ein Verbrechen
   gelehrt.

Erstlich suche zu finden, *was* du zum Lieben erwählest,
  Trittst du in Amors Heer ein als ein neuer Rekrut.
Dann ist das zweite Geschäft, die Erwählete dir zu
   gewinnen,
  Aber das dritte, daß lang daure der zärtliche Bund.
Dies ist der Spielraum, dies ist die Bahn, die dem Wagen
   gesteckt ist,
  Dieses das Ziel, das ich nah streife mit eilendem Rad.

Noch ist es Zeit, du kannst mit lockerem Zügel noch
   schweifen,
  Wähle sie aus, der du sagst: Du nur gefällst mir allein!
Doch nicht fällt sie von selbst dir herab aus dem luftigen
   Himmel:
  Suchen mit eigenem Blick mußt du ein passendes Kind.
Weiß doch der Jäger genau, wo dem Hirsch man spannet
   die Netze,
  Weiß, wo der Keiler bricht und sich im Waldtal verbirgt.

Wohl ist dem Vogler bekannt das Gesträuch, und der
   Mann mit der Angel
  Weiß, in welcherlei Flut wimmeln die Fische zumeist.
Du auch, wenn du ein Mädchen für dauernde Liebe dir
   suchest,
  Lerne zuvor, wo stets Mädchen in Menge du triffst.
Um sie zu suchen, brauchst du nicht Segel im Winde zu
   setzen,
  Kein langwieriger Weg mühet dich, eh du sie triffst.
Hole Andromeda nur von den schwärzlichen Indern sich
   Perseus,
  Mag ein grajisches Weib rauben der phrygische Mann!
Rom wird allein so viele, so reizende Mädchen dir bieten,
  Daß du meinst, was die Welt jemals besessen, sei hier.
Soviel Saat um Gargara wächst und Wein um Methymna,
  Soviel Fische das Meer, Vögel die Waldung verbirgt,
Soviel Sterne der Himmel – so viel zählt Roma an Mädchen:
  Ihres Aeneas' Stadt bleibet die Mutter getreu.
Lockt dich das früheste Alter, das noch im Wachsen
   begriffen:
  Wirkliche Mädchen genug stellen dem Blicke sich dar.
Suchst du ein jugendlich Weib? Es gefallen dir Junge zu
   tausend,
  Und du vergißt in dem Schwarm, welche du selbst dir
   gewünscht.
Oder gefällt dir vielleicht das gereifte, das weisere Alter?
  Nun, dann bietet fürwahr sich noch ein vollerer Kreis.
Wandle gelassen nur hin in Pompeius' schattiger Halle,
  Wenn des herkulischen Leun Zeichen die Sonne betritt,
Oder wo jüngst zu des Sohnes Geschenk ihr Geschenk
   noch die Mutter
  Fügte: der kostbare Bau pranget mit fremdem Gestein.
Meide den Porticus nicht, den, geschmückt mit alten
   Gemälden,
  Zu der Erbauerin Ruhm Livische Halle man nennt,
Noch ihn, wo die Beliden den unglückseligen Vettern
  Tod drohn: Danaos steht wild mit gezogenem Schwert.
Auch entgeh es dir nicht, wenn Venus klagt um Adonis
  Und wenn des siebenten Tags Feier der Jude begeht.
Suche der leinenumwalleten Kuh memphitischen Tempel,
  Die manch eine zu dem macht, was sie Jupiter war.

Passend ist selbst auch der Markt – wer sollt es glauben?
   – für Amor;
  Ja, auf dem Forum sogar wurde so mancher entflammt.
Dort, wo der Nymphenbrunnen beim Marmortempel der
   Venus
  Weit durch die Lüfte die Flut spritzt mit des Druckes
   Gewalt,
An dem Orte wird oft von Amor gefangen der Anwalt,
  Und der anderen riet, weiß für sich selber nicht Rat.
An dem Orte verläßt die Beredsamkeit öfters den Redner;
  Neu ist der Fall: für sich selbst muß er nun stehn im
   Prozeß.
Venus aber verlacht ihn vom Tempel, der dort in der
   Nähe,
  Und der noch eben Patron, wünscht sich, Klient nun zu
   sein.

Doch du zieh auf die Jagd vor allem im Rund des
   Theaters,
  Reicher an Beut ist der Ort, als du dir selber erfleht.
Dort findst du eine zum Lieben für dich und zu
   tändelnden Spielen,
  Die für den Augenblick taugt – die du gern immer
   behältst.
So wie ein wimmelnder Zug Ameisen hinauf- und
   hinabläuft,
  Wenn sie die Körner im Mund tragen zusammen zum
   Mahl,
Oder die Biene im heimischen Wald und auf duftenden
   Wiesen
  Rings um Blumen und hochragenden Thymian schwärmt:
Also strömen zur Feier des Spiels die geputztesten Frauen,
  Daß mein Urteil oft sich durch die Menge verwirrt.
Sie, die zum Sehn herkommen, sie kommen, gesehen zu
   werden:
  Ja, ein verderblicher Ort ist's für die züchtige Scham.
Romulus, du hast zuerst Unruhe gebracht in die Spiele,
  Als der Sabinerin Raub ledige Männer ergötzt.
Damals beschirmten noch nicht Sonnensegel ein
   Marmortheater,
  War mit Safran noch nicht rötlich die Bühne besprengt.

Einfach stellte Gesträuch man auf, das Palatiums Bergwald
   Lieferte: kunstlos war fertig die Szene des Spiels.
Stufen, aus Rasen gemacht, erkor zum Sitze das Volk sich;
   Kränze vom nächsten Gebüsch deckten das struppige Haar.
Und so schaun sie zurück, und jeglicher sucht sich das Mädchen,
   Das ihm gefällt; es bewegt manches Gefühl ihm die Brust.
Als nun zur rohen Musik des etruskischen Pfeifers der Mime
   Dreimal im Takt mit dem Fuß stampft den geebneten Grund,
Mitten im Beifallssturm (auch dem Beifall fehlte die Kunst noch)
   Gab der König zum Raub rasch den ersehnten Befehl.
Jählings springen sie auf; das Geschrei sagt, was sie empfinden,
   Und an die Jungfraun legt jeder die gierige Hand.
Da, wie die Tauben im schüchternen Schwarm vor dem Adler entfliehen,
   Wie vor dem Anblick des Wolfs flüchtet das ganz junge Lamm:
Also zitterten sie vor den wild anstürmenden Männern,
   Und in jedem Gesicht wechselt die Farbe sofort.
Denn zwar gleich ist die Furcht, doch die Zeichen der Furcht sind verschieden:
   Diese zerrauft ihr Haar, jene verstummt und erstarrt.
Die sitzt traurig und still, die ruft vergebens die Mutter;
   Die ist entsetzt, die klagt, jene verharret, die flieht.
Fort nun werden die Mädchen geführt als ergötzliche Beute,
   Und zum Schmucke gereicht manchem Gesichte die Furcht.
Sträubte sich eine zu sehr und wehrte sich ihres Begleiters,
   Dann trug selbst sie der Mann hoch an der klopfenden Brust,
Sprach: „Was verdirbst du durch Weinen die lieblichen Augen? Was deiner
   Mutter dein Vater ist, das werde ich, Mädchen, dir sein."

Romulus, du verstandest allein, Soldaten zu lohnen,
  Wenn du mich also belohnst, werd ich noch heute Soldat.
Allerdings ist seit jener Festlichkeit unser Theater
  Für schöne Mädchen ein Ort, wo die Gefahr ihnen droht.

Nicht entgehe dir auch das Kampfspiel edelster Rosse;
  Mancherlei Vorteil gewährt's, füllt sich der Circus mit Volk.
Nicht mit den Fingern geheimes Gespräch zu führen ist nötig,
  Nicht erst mußt du des Winks stumme Bedeutung erspähn.
Setze dich hier, es verhindert kein Mensch, dicht neben die Herrin.
  Seit an Seite geschmiegt, rück ihr so nahe du kannst.
Wolltest du nicht, du mußt! Erfreulich eng sind die Sitze,
  Gut, daß des Ortes Gesetz sie zu berühren dich zwingt.
Hier nun suche mit ihr ein trautes Gespräch zu beginnen:
  Was man öffentlich spricht, biete zuerst dir den Stoff.
Forsche mit Eifer zunächst, wes Rosse das sind, die da kommen,
  Und, wer immer es sei, klatsche, wenn *sie* ihn beklatscht.
Wenn nun der Festzug naht mit der Jünglinge munterm Geschwader,
  Applaudiere zumeist Venus, der Herrscherin, du.
Und wenn dann, wie es öfters geschieht, auf den Busen des Mädchens
  Staub fällt, schüttle besorgt du mit den Fingern ihn ab.
Ist kein Staub auch da, dann schüttle, als ob er es wäre;
  Jeglichen Vorwand nimm, daß du nur dienstbar dich zeigst.
Sitzt ihr Gewand zu tief und sinkt es herab auf den Boden,
  Falt es zusammen und nimm eifrig es auf aus dem Schmutz.
Gleich als Preis für den Dienst – nicht wird es das Mädchen verhindern –
  Wird dein Auge das Glück haben, die Beine zu sehn.

Dann sieh ferner dich um, daß er, der hinter euch sitzet,
  Mit zudringlichem Knie nicht in den Rücken ihr drückt.
Kleines gewinnt ein leichtes Gemüt. Es nützte schon manchem,
  Daß er mit freundlicher Hand legte das Polster zurecht,
Daß mit zierlichem Fächer er Kühlung wehte dem Mädchen,
  Daß er die Fußbank schob unter den niedlichen Fuß.
Solche Gelegenheit bietet beginnender Liebe der Circus
  Oder des gaffenden Markts grausenverkündender Sand.
Auf dem Sande hat oft Aphrodites Knabe gefochten,
  Und der die Wunden geschaut, fühlte die Wund in der Brust.
Da er noch spricht und die Hand ihr berührt, um den Zettel sie bittet
  Und zur Wette das Pfand setzt, wer den Gegner besiegt:
Seufzt er verwundet und fühlt den geflügelten Pfeil in dem Herzen,
  Und in dem Schauspiel wird selbst er ein handelnder Teil.

Denke, wie Caesar vor kurzem das Spiel von der Seeschlacht uns zeigte:
  Schiffe aus Kekrops' Stadt, persische auch nahmen teil:
Jünglinge kamen herbei, es kamen die Mädchen von beiden
  Meeren; der Weltkreis war damals vereint in der Stadt.
Wer hat hier in dem Schwarm nicht etwas zum Lieben gefunden?
  Ach, wie manchen hat hier Lieb aus der Fremde gequält!

Caesar rüstet sich jetzt, was noch dem bezwungenen Erdkreis
  Fehlt, zu erwerben; es wird unser der östliche Strand.
Parther, du büßt jetzt den Tod der zwei Crassus, des Sohns und des Vaters,
  Freut euch, ihr Adler, die uns schmählich geraubt der Barbar!

Hier ist der Rächer! Er tritt als Feldherr gleich in den
    Heerdienst,
  Führt, noch ein Knabe, den Krieg, der doch kein
    Knabengeschäft.
Zählt mir das Alter der Götter nicht ängstlich nach dem
    Geburtstag:
  Caesars Geschlecht erwirbt männliche Kraft vor der
    Zeit.
Über die Jahre hinaus schwingt rasch ein männlicher Geist
    sich,
  Duldet die schädliche Rast träger Verzögerung nicht.
Hat der Tirynthier doch zwei Schlangen erdrückt in den
    Händen:
  Schon in der Wieg als Kind zeigt' er sich würdig des
    Zeus.
Du, ein Knabe noch jetzt, wie groß warst, Bacchus, du
    damals,
  Als sich Indien dir, Schwinger des Thyrsos, gebeugt!
Knabe, du ziehest ins Feld mit der Macht und dem Mute
    des Vaters.
  Mit diesem Mut, dieser Macht kehrst du als Sieger
    zurück.
Solch ein Erstlingswerk verlangt der erhabene Name:
  Jetzt noch der Jünglinge Fürst, und der der Greise
    dereinst!
Da du die Brüder noch hast, so räche die Kränkung der
    Brüder;
  Da dein Vater noch lebt, wahre dem Vater sein Recht.
Dir hat der Vater des Volks, dein Vater, die Waffen
    geliehen,
  Und er zürnt, daß der Feind räuberisch schmälert sein
    Reich.
Du führst heilige Waffen, doch er kämpft mit frevelnden
    Pfeilen;
  Recht und Frömmigkeit ziehn so deinem Heere voran.
Schon ist der Parther besiegt durch das Recht; es besieg
    ihn das Schwert auch.
  Möge zu Latiums Macht fügen den Osten mein Fürst.
Gebt, Vater Mars, und du, Vater Caesar, dem Zug euren
    Segen:
  Du, der ein Gott du bist, du, der du künftig es wirst.

Ich prophezeie: du siegst; ich weih ein Lied als Gelübde,
   Und mit gewaltigem Ton sollst du besungen dann sein.
Du wirst stehn und mit meinen Worten die Truppen begeistern,
   Möge mein Wort neben dir dann nicht unwürdig bestehn!
Wie Roms Krieger die Brust, wie die Parther den Rücken nur zeigten,
   Sing ich, wie Feindesgeschoß schwirrte vom fliehenden Roß.
Der, um zu siegen, du fliehst, was bleibt dir, wenn du besiegt bist?
   Parther, dir droht schon jetzt Mars mit verderblichem Wink.
Also der Tag kommt einst, wo du, o Schönster auf Erden,
   Ziehst goldstrahlend mit vier schneeigen Rossen daher;
Vor dir gehen die Fürsten, den Hals mit Ketten belastet,
   Daß sie ihr Heil nicht mehr suchen, wie sonst, in der Flucht.
Fröhlich schauen die Jünglinge zu und die Scharen der Mädchen,
   Und es erfreuet das Herz allen der festliche Tag.
Wenn aus der Schar dich eine dann fragt nach der Könige Namen
   Und nach dem Ort, dem Gebirg oder dem Bilde des Stroms:
Antwort gib ihr auf alles, nicht bloß auf das, was sie fragte.
   Weißt du auch selber es nicht, tu doch, als wüßtest du es.
„Dies ist der Euphrat; sieh, sein Haupt ist bekränzt mit dem Schilfrohr.
   Dort ist der Tigris; es wallt bläulich vom Scheitel sein Haar.
Das sind Armenier! Dies ist Persis, Danaës Sprößling.
   Dies ist die Stadt, die vordem stand im Achämenertal.
Der und der ist der Fürst" – hier magst du Namen denn nennen,
   Richtige, wenn du sie weißt; passende, weißt du sie nicht.

Zutritt bieten dir auch Gastmähler mit winkenden
    Tischen:
  Außer dem Wein ist dort andres zu suchen für dich.
Oft hat der purpurne Amor mit leichten Händen die
    Kräfte
  Bacchus', des trunkenen Gotts, den man grad auftrug,
    besiegt.
Wenn vom Weine bespritzt Cupidos Fittiche triefen,
  Bleibt er fest auf dem Platz, den er sich einmal gewählt.
Freilich der Gott, rasch schüttelt er ab das benetzte
    Gefieder:
  Aber es ist schon schlimm, sprüht dich die Liebe nur an.
Wein beflügelt den Geist und macht ihn geneigt zur
    Entflammung,
  Und beim vollen Pokal schwinden die Sorgen dahin.
Lachen erhebt sich dann; dann wachsen dem Armen die
    Kräfte:
  Kummer und Schmerz und der Stirn runzlige Falten
    entfliehn.
Dann erschließt sich das Herz – wie selten in unseren
    Zeiten! –
  Voller Aufrichtigkeit; List, sie vertreibet der Gott.
Hier ward oft der Jünglinge Herz von den Mädchen
    erbeutet;
  Venus, zum Weine gesellt, wurde zur Glut in der Glut.
Aber verlaß dich nicht zu sehr auf die trügrische Lampe.
  Wenn man Schönheit prüft, schadet die Nacht und der
    Wein.
Paris schaute die Göttinnen auch bei Tag und im Freien,
  Als er zu Venus sprach: „Venus hat beide besiegt!"
Flecken verstecken sich nachts, und jeglichen Fehler
    verzeiht man;
  Jegliches Weib beinah hält man für schön um *die* Zeit.
Frage nach Edelgestein, nach purpurfarbener Wolle,
  Frage nach Wuchs und Gesicht, willst du nicht irren,
    den Tag.

Soll ich dir passende Orte zur Jagd, wo Fraun sich
    versammeln,
  Noch aufzählen? Es sind mehr als der Sand an dem
    Meer.

Nenn ich dir Baiae noch und die schönen Ufer bei Baiae
   Und die Gewässer, die heiß dampfen von schwefliger Glut?
Mancher, der schon von dort mit verwundetem Herzen zurückkam,
   Sprach: „So gesund, wie man sagt, waren die Bäder nun nicht!"

Dort, in der Nähe der Stadt, ist der Hain und der Tempel Dianas,
   Wo mit dem Schwert ein Reich sich der Verbrecher erkämpft.
Mag sie auch Jungfrau sein, mag Amors Geschoß ihr verhaßt sein,
   Gab sie doch Wunden und gibt noch sie dem Volke genug.

Soweit lehret Thalia, mit ungleich rollenden Rädern
   Fahrend, wo Netze man spannt, wo die Geliebte man sucht.
Jetzt aber schick ich mich an, dir zu sagen, durch welcherlei Künste
   Du die Erkorene fängst. Dies ist das wichtigste Werk.
Wer ihr und wo ihr auch seid, merkt auf mit gelehrigem Sinne,
   Männer, und leihet geneigt meinem Versprechen Gehör.

Fasse zuerst im Geist das Vertrauen, du könnest sie alle
   Fangen; dann fängst du sie auch, wenn du die Fallen nur stellst.
Eher ja schweigen die Vögel im Lenz, im Sommer die Grillen,
   Und vor dem Häslein flieht eher des Maenalus Hund,
Ehe ein Weib sich sträubt, wenn der Jüngling schmeichelnd ihr nachstellt.
   Sie auch, von welcher du nicht dachtest, sie wolle – sie will.
Und wie dem Mann der geheime Genuß, so gefällt er dem Mädchen:
   Schlecht nur verstellt sich der Mann; jene verbirgt, was sie wünscht.

Würden wir Männer nur einig, niemals zuerst sie zu bitten,
  Sicher, wir siegten: die Frau bäte von selber zuerst.
Brüllt auf grünenden Aun doch die Kuh entgegen dem Stiere,
  Zum starkhufigen Hengst wiehert die Stute zuerst.
Ruhiger ist bei uns und nicht so heiß die Begierde,
  Und ein gemessenes Ziel ist in der männlichen Glut.
Soll ich erzählen, wie Byblis, von sträflicher Liebe zum Bruder
  Brennend, einst mit dem Strang tapfer den Frevel bestraft?
Myrrha liebte den Vater, doch nicht, wie sich ziemt für die Tochter.
  Jetzt noch birgt sie der hart drückenden Rinde Versteck.
Und mit den Tränen, die noch vom duftenden Baume sie träufelt,
  Salben wir uns, und nach ihr werden die Tropfen benannt.

Unten im schattigen Tal, an des Ida bewaldetem Hange,
  Graste des Rindergeschlechts Krone, ein schneeiger Stier.
Zwischen den Hörnern nur war er mit Schwarz ein wenig gezeichnet;
  Dies war der einzige Fleck – sonst aber glänzt' er wie Milch.
Alle die Färsen auf Knossos' Aun und Cydonias Triften
  Hätten der köstlichen Last gerne den Rücken geliehn.
Aber Pasiphaë faßt das Gelüst, mit dem Stiere zu buhlen;
  Neidisch verfolgt sie seitdem stattliche Kühe mit Haß.
Was ich sing, ist bekannt, und das hundertstädtige Kreta,
  Heißt es auch sonst mit Recht lügnerisch, leugnet es nicht.
Und sie mähte das frischeste Gras und die zartesten Kräuter
  Selbst für den Stier – mit der Hand, die solchen Dienst nicht gewöhnt,
Zog mit den Herden zur Trift; nicht dachte sie sorgend des eignen
  Gatten, und Minos war völlig verdrängt durch den Stier.

Wozu schmückst du, Pasiphaë, dich mit köstlichen
  Kleidern?
  Nichts von all dieser Pracht merkt dein gehörnter
    Galan.
Oder was soll dir der Spiegel, da du in die Berge zum
    Vieh ziehst?
  Und was schmückst du so oft, Törin, und glättest dein
    Haar?
Traue dem Spiegel: er sagt, daß du nun und nimmer ein
    Rind bist.
  Oh, wie wünschtest du selbst Hörner zu tragen am
    Haupt!
Wenn dir Minos gefällt, dann such nicht andre Geliebte;
  Willst du täuschen den Mann, täusche durch Männer
    den Mann!
Und aus dem Ehegemach zu Wäldern und Bergen
    entflieht sie,
  Wie die Bacchantin gehetzt von dem aonischen Gott.
Oh, wie den Kühen so oft mit neidischen Blicken sie
    zurief:
  „Ha! und warum gefallt meinem Geliebten denn ihr!
Sieh, wie jene vor ihm durch die sprossenden Kräuter
    einherspringt!
  Glaub ich doch gar, du meinst, Törin, es stehe dir gut."
Sprach's und hieß sie sofort hervor aus der wimmelnden
    Herde
  Ziehn und ins drückende Joch spannen, die nichts doch
    verbrach.
Oder sie ließ am Altar als erheucheltes Opfer sie fallen,
  Und der Rivalin Herz hielt sie erfreut in der Hand.
Ja, wie oft versöhnt sie die Götter, indem sie Rivalinnen
    opfert,
  Ruft dann, das Herz in der Hand: „Geht nun, gefallet
    ihm doch!"
Wie sie Europa bald, bald Io zu werden sich wünschte;
  Diese war selber ein Rind, jene, sie ritt auf dem Rind.
Aber der Führer der Herde (die Holzkuh täuschte ihn
    endlich)
  Schwängerte sie; es verriet seinen Erzeuger der Sohn.
Hätte die Kreterin einst des Thyestes Liebe verschmähet
  (Oh, wie schwer für ein Weib, einen zu lieben allein),

Hätte nicht mitten im Lauf den Wagen Phoebus gewendet
 Und das Gespann rückwärts wieder gen Morgen
   gelenkt.
Nisus' Tochter entriß dem Erzeuger die purpurnen Haare:
 [Nun verfolgt er als Feind andere Vögel und sie.
Circes Gebräu verwandelt die andere Scylla zum Untier:]
 Hüften und Scham umziehn wütende Hunde noch jetzt.
Der zu Lande dem Mars, dem Neptun entfloh auf den
   Wogen,
 Atreus' Sohn, er fiel gräßlich als Opfer der Frau.
Wer hat Ephyres Brand nicht beweint und die Flammen
   Krëusas
 Oder die Mutter, die selbst blutig die Kinder erwürgt?
Phoenix, Amyntors Sohn, er weinte mit blindem Gesichte.
 Dich, Hippolyt, zerriß schrecklich das scheue Gespann.
Und du, Phineus, beraubst unschuldige Söhne der
   Augen?
 Auf dein eigenes Haupt fällt noch die Strafe zurück!
All diese Taten, sie sind durch Weiberbegierde veranlaßt,
 Welcher an Glut und Wut nimmer die unsrige gleicht.
Darum zweifle mir nie, du könnest nicht alle gewinnen.
 Kaum aus der größten Zahl schlägt es dir eine nur ab.
Doch ob sie nein, ob ja sie dir sagen: es freut sie die
   Bitte.
 Täuschtest du wirklich dich auch: ohne Gefahr ist der
   Korb.
Doch, wie sollst du dich täuschen, da neuer Genuß so
   erwünscht ist
 Und da Fremdes den Sinn mehr als das Eigene reizt?
Sind fruchtbarer doch stets auf fremdem Gefilde die
   Saaten,
 Trägt doch des Nachbarn Vieh voller die Euter daher.

Doch erst sorge dafür, daß der Magd des zu ködernden
   Mädchens
 Du dich vertraust. Sie macht leichter zur Herrin den
   Weg.
Die wähle dir, die im Rat der Gebieterin stehet am
   höchsten,
 Die um den heimlichen Scherz weiß, doch zu
   schweigen versteht.

Such mit Versprechungen sie, mit Bitten und Flehn zu bestechen:
  Was du begehrest, erhältst leicht du, wenn *sie* es nur will.
Sie erspäht dir die Zeit – auch Ärzte beachten die Zeit ja –,
  Wo der Gebieterin Sinn leicht sich den Wünschen ergibt.
Leicht ergibt sich der Sinn, wenn in fröhlichster Stimmung er üppig,
  Wie im fruchtbaren Land sprossende Saat, sich erhebt.
Wenn sich freuet das Herz, wenn es nicht von Kummer bedrückt wird,
  Öffnet es sich; dann dringt Venus, die Schmeichlerin, ein.
Ilion ward, da es Kummer noch trug, mit den Waffen verteidigt
  Und ließ jubelnd das Roß ein, das die Krieger gebar.
Nah ihr auch dann, wenn sie sich durch eine Rivalin gekränkt fühlt;
  Tu dein Möglichstes dann, daß die Gekränkte du rächst.
Aber die Dienerin muß, wenn sie ihr frühmorgens das Haar kämmt,
  Sie anreizen und muß Segel dem Ruderer leihn,
Muß aufseufzend für sich mit leisem Gemurmel dann sagen:
  „Dacht ich es doch; du vergiltst Gleiches mit Gleichem ihm nie."
Dann erzählt sie von dir; dann fügt sie berückende Worte
  Noch hinzu und schwört, daß du vor Liebe vergehst.
Spute dich, ehe der Wind sich legt und das Segel herabsinkt;
  Gleich dem zerbrechlichen Eis schmilzt durch Verzögrung der Zorn.
Fragst du, ob es auch nutzt, an der Zofe sich selbst zu vergreifen?
  Solch ein Versuch scheint mir immer von großer Gefahr.
Manche wird eifriger nach dem Genuß, doch träger die andre;
  Für die Gebieterin wirbt diese dich, jene für sich.
Zweifelhaft ist der Erfolg, dies ist ein Fall für ein Wagnis;
  Doch mein eigener Rat ist, daß du besser es läßt.

Nicht Abgründe hinab, nicht führ ich zu felsigen Gipfeln,
  Und kein Jüngling soll fallen, der mir sich vertraut.
Wenn dir das Mädchen jedoch, das die Briefe dir bringt und zurückträgt,
  Auch an Gestalt, nicht bloß wegen des Eifers gefällt,
Sichre zuerst dir der Herrin Besitz; mag jene dann folgen.
  Fange den Liebesgenuß nie mit der Dienerin an.
Und dies präge dir ein, wenn du etwas noch gibst auf Belehrung,
  Wenn nicht der reißende Wind jagt in die Fluten mein Wort:
Fang entweder nichts an mit der Dienerin, oder vollend es!
  Nimmer verrät sie dich, nimmt erst am Vergehen sie teil.
Nie ist's gut, wenn ein Vogel mit Leim an den Schwingen sich losreißt,
  Schlimm, wenn das lockere Netz wütend der Eber durchbricht.
Halte den Fisch nur fest, wenn er erst von der Angel verletzt ist;
  Gib der Verführten den Rest, stehe nicht ab, bis du siegst.
(Dann verrät sie dich nicht, da ihr schuldig des gleichen Vergehens,
  Was ihre Herrin treibt, wird sie dir melden genau.)
Aber verschweig es mit Fleiß. Wenn du schweigst, so wird die Spionin
  Von der Geliebten dir stets bringen genauen Bericht.

Wer da meint, daß nur sie, die das Feld mühselig bebauen,
  Oder der Schiffer die Zeit müsse beachten, der irrt.
Ceres' Früchte vertraust nicht immer der täuschenden Flur du,
  Nicht das gebogene Schiff immer der grünlichen Flut,
Noch ist immer die Jagd auf zärtliche Mädchen gefahrlos;
  Oft wird, läßt man sich Zeit, um so besser sie sein.
Ist der Geburtstag nah, ist nahe der Erste des Monats,
  Wo im Laufe des Jahrs Venus sich reiht an den Mars,
Oder der Tag, wo nicht wie vorher mit Puppen der Circus
  Prangt, vielmehr mit dem Glanz fürstlicher Schätze sich schmückt:

Dann verschiebe dein Werk; dann stürmt es, dann drohn
  die Plejaden,
  Dann in die Fluten des Meers senkt sich das Böcklein
    hinab.
Dann laß lieber es sein; wer dann sich den Wogen
  vertrauet,
  Hat vom zerschmetterten Floß kaum noch die Trümmer
    erfaßt:
Aber beginne getrost an dem Unglückstag, wo der Römer
  Wunden mit blutigem Rot Allias Fluten gefärbt,
Oder am siebenten Tag, der nicht zu Geschäften sich
  eignet,
  Den als stehendes Fest Syriens Jude begeht.
Doch mit besonderer Scheu denk an der Geliebten
  Geburtstag;
  Jeglicher Tag sei schwarz, wo man Geschenke verlangt.
Meidest du sorglich ihn auch, setzt sie es doch durch;
  denn ein Weib hat
  Immer ein Künstchen bereit, wie sie den Liebhaber
    rupft.
Beim kaufsüchtigen Mädchen erscheint ein entgürteter
  Krämer.
  Während du dasitzt, kramt munter die Waren er aus.
Und sie bittet dich, sie zu besehn, dich als Kenner zu
  zeigen,
  Küßt dich alsdann und zuletzt bittet sie: „Kauf doch
    davon!"
Schwört, sie werde damit manch Jahr hindurch sich
  begnügen,
  Jetzt nur brauche sie es, jetzt sei zum Kaufen die
    Zeit.
Gibst du vor, du habest kein Geld bei dir zum Bezahlen,
  Fordert sie Schriftliches: du fluchst, daß du schreiben
    gelernt.
Wie, wenn Geburtstagskuchen sie bäckt, um Geschenke
  zu fordern,
  Und, wenn's nötig, sogar täglich geboren will sein?
Wenn von Verlusten sie lügt, höchst niedergeschlagen mit
  Tränen
  Heuchelt, ihr sei aus dem Ohr kürzlich gefallen ein
    Stein?

Allerlei wollen sie leihn, doch niemals wiedererstatten;
  Du hast den Schaden, und doch dankt man den
    Schaden dir nicht.
Nicht erschöpft ich des Dirnengezüchts raubgierige Kniffe,
  Und wenn, zehn Menschen zugleich Zunge mir liehen
    und Mund.

Wachs, in geglätteten Täfelchen, laß die Furt dir erproben,
  Wachs als Boten vorangehen dem eigenen Wunsch.
Mag es Schmeichelgetön und verliebt sich stellende Worte
  Zu ihr tragen und nicht geizen mit Bitten und Flehn.
Bitten bewegten Achill, daß er Hektor dem Priamus
    schenkte,
  Und ein bittendes Wort sänftigt den zornigen Gott.
Gib ihr Versprechungen auch. Was können
    Versprechungen schaden?
  An Versprechungen ist jeder so reich, wie er will.
Hoffnung, einmal geglaubt, hält vor auf längere Zeiten;
  Freilich, die Göttin ist falsch, aber sie bringt dir
    Gewinn.
Hast du ihr etwas geschenkt, ist ein Grund da, dich zu
    verlassen.
  Was du ihr gabst, hat sie weg, und zu verlieren ist
    nichts;
Doch, was du nicht ihr geschenkt, scheint stets ein
    künftig Geschenk ihr,
  So wie unfruchtbares Land oft den Besitzer betrügt,
Wie ohn Ende der Spieler verliert – um *nicht* zu verlieren,
  Und wie der Würfel die Hand immer von neuem
    verlockt.
Das ist die Kunst, da liegt's! Den Genuß erst, dann die
    Geschenke!
  Gab sie dir, gibt sie dir stets, daß sie vergebens nicht
    gab.
Also gehe der Brief, mit schmeichelnden Worten
    geschrieben,
  Und erforsche den Geist, prüfe die Wege zuvor.
Ward Cydippe doch auch durch die Schrift auf dem Apfel
    gefangen
  Und, nichtsahnend, berückt durch das gelesene Wort.

Lernt, ihr Jünglinge Roms, ich rat es, die edelen Künste
 Nicht allein, daß ihr einst zage Klienten beschützt:
So wie das Volk, der erlesne Senat und der würdige
   Richter
 Wird durch der Rede Gewalt doch auch ein Mädchen
   besiegt.
Aber verstecke die Kraft, zeig nicht gleich offen den
   Redner;
 Halte dein Ausdruck stets lästiger Phrase sich fern.
Wer, der nicht kopflos ganz, deklamiert vor der holden
   Geliebten?
 Wurde Geschriebnes doch oft Grund zu entschiedenem
   Haß.
Glaubhaft klinge dein Wort und gleich der gewöhnlichen
   Rede,
 Wenn schon schmeichelnd: es muß scheinen, als
   sprächst du mit ihr.
Wenn sie den Brief nicht nimmt, ihn ungelesen
   zurückschickt,
 Hoffe, daß künftig sie ihn liest, und beharre dabei.
Zeit läßt störrige Farren dem Pflug allmählich sich fügen,
 Macht dem geschmeidigen Zaum folgsam das stolzeste
   Roß.
Selbst ein eiserner Ring nutzt sich ab im steten
   Gebrauche,
 Und an der Erde zerreibt sich der gebogene Pflug.
Was ist härter als Fels, was ist so weich wie die Welle?
 Weiches Gewässer durchhöhlt dennoch das harte
   Gestein.
Harre nur aus, du wirst Penelope selbst noch besiegen;
 Spät fiel Pergama zwar, aber es fiel doch zuletzt.
Las sie den Brief und versagt sie die Antwort, zwinge sie
   ja nicht:
 Laß von neuem sie nur lesen dein schmeichelndes
   Wort.
Die sich zum Lesen entschließt, die bekommt auch Lust
   zum Erwidern.
 Schritt um Schritt geht das seinen gemessenen Gang.
Möglich, daß sie zuerst dir einen verdrießlichen Brief
   schreibt,
 Der dich ersucht, sie hinfort nicht zu belästigen mehr.

Aber sie fürchtet, du tust, was sie bittet; sie wünscht, daß
  du fortfährst.
Fahre nur fort, und dir wird, was du ersehntest, zuteil.

Läßt sie, lässig gelagert auf Polstern, inzwischen sich
  tragen,
Nahe mit heimlichem Schritt dich ihrer Sänfte sodann.
Und daß kein zudringliches Ohr auffange die Rede,
Hülle in möglichst schlau täuschende Winke sie ein.
Wenn sie mit müßigem Fuß im geräumigen Porticus
  schlendert,
Mußt auch dort du mit ihr lässig verbringen die Zeit,
Bald ihr schreiten voran, bald hinter dem Rücken ihr
  folgen
Und auch bald langsam gehn, bald mit beschleunigtem
  Schritt.
Nun geh einige Säulen entfernt, jetzt wiederum schließe,
Seit an Seite geschmiegt, dreist der Geliebten dich an.
Laß auch ohne dich nicht sie geschmückt im Rund des
  Theaters
Sitzen; dein Schauspiel bringt selbst auf den Schultern
  sie mit.
Nach ihr schaue zurück; nur *sie* darfst dort du bewundern,
Rede mit Augen und Braun, rede mit Winken zu ihr.
Beifall klatsche du stets, wenn der Mime ein tanzendes
  Mädchen
Darstellt. Klatsche auch dem, welcher den Liebenden
  spielt.
Steh, wenn sie aufsteht, auf, und sitze, solange auch sie
  sitzt;
Nach der Gebieterin Wink mußt du vergeuden die Zeit.

Doch nicht fall es dir ein, mit Eisen die Haare zu
  brennen;
Kratzender Bimsstein nicht reibe die Schenkel dir glatt.
Dies laß jene nur tun, die mit heulenden Jammergesängen
Dindymas Mutter im Takt phrygischer Weisen
  beschrein.
Männern geziemt nachlässiger Schmuck. Die Kreterin
  wurde
Theseus' Raub, dem nie Nadeln geordnet das Haar.

Phaedra verliebte sich in Hippolyt, der wenig geputzt ging,
Und für Adonis, des Walds Sohn, hat die Göttin geschwärmt.
Reinlich sei – so gefällt er – der Leib, doch gebräunt auf dem Marsfeld;
Passend und fleckenlos, sitze die Toga dir gut.
Nie sei die Zunge belegt noch die Zähne bezogen mit Zahnstein,
Und im vertretenen Schuh schlappe dein Fuß nicht herum.
Struppig sei nicht das Haar und auch nicht entstellend geschoren,
Laß von kundiger Hand Haare dir schneiden und Bart.
Dulde nicht Schmutz an den Nägeln und laß zu lang sie nicht wachsen.
Niemals starre ein Haar dir aus der Nase hervor.
Üblen Geruch des Mundes mußt du stets sorgsam vermeiden,
Denk auch des Sprichworts: „Es liegt unter der Achsel der Bock!"
Aber das sonstige überlasse den loseren Mädchen,
Oder wenn schändlich ein Mann andere Männer umwirbt.

Siehe, Lyaeus ruft. Sein Seher ja bin ich; er schützet Liebende auch, ist der Glut hold, die ihn selber entflammt.
Sinnlos irrte die Gnosierin einst am fremden Gestade,
Wo an dem winzigen Strand Dias die Woge sich bricht;
Eben erwacht, wie sie war, umwallt vom entgürteten Kleide,
Barfuß, frei um das Haupt flattert das goldene Haar,
Rief sie am tauben Gewässer des Meers den grausamen Theseus;
Tränen, daran sie nicht schuld, netzten ihr zartes Gesicht.
Und sie rief und weinte zugleich; es zierte sie beides,
Nicht durch die Tränen entstellt wurde das schöne Gesicht.
Und jetzt schlug sie die zarteste Brust aufs neu mit den Händen:
„Ja, er entfloh treulos!" rief sie, „was wird nun aus mir?

Ach, was wird nun aus mir?" – Da klangen die Zymbeln am ganzen
 Ufer: mit donnerndem Ton schlug an die Pauken die Hand.
Jene, von Schrecken gelähmt, steht stumm, ihr versagen die Worte;
 Ohnmacht erfaßt sie, es flieht ihr aus den Adern das Blut.
Sieh die Mimalloniden! Ihr Haar umflattert den Rücken!
 Siehe der Satyrn Chor, Boten des nahenden Gotts!
Siehe, der trunkene Greis Silen! Kaum sitzt auf dem breiten
 Rücken des Esels er; fest hält er die Mähne gepackt.
Da die Bacchantinnen bald ihm entfliehn, bald neckend ihm nahen,
 Schlägt er, kein Reiter vom Fach, schlägt mit der Rute sein Tier
Und stürzt herab – gerad auf den Kopf – vom geduldigen Langohr!
 Aber die Satyrn schrein: „Stéh doch, o Väterchen, steh!"
Doch der Gott auf dem Wagen, umragt von Traubengewinden,
 Lenkt mit goldenem Zaum selber sein Tigergespann.
Und es verstummt und erbleicht das Mädchen, vergessen ist Theseus,
 Dreimal will sie entfliehn, dreimal auch lähmt sie der Schreck.
Und wie die ledige Ähre, wenn Sturm sie durchweht, so erbebt sie,
 Oder wie schwankendes Rohr zittert im sumpfigen Bruch.
Aber der Gott sprach: „Siehe, hier bin ich, ein treurer Beschützer.
 Banne die Furcht: Du wirst, Gnosierin, Bacchus' Gemahl.
Nimm als Hochzeitsgeschenk den Himmel; als kretische Krone
 Wirst du, ein Himmelsgestirn, lenken den irrenden Kiel."
Sprach's, und von dem Gespann, damit sie die Tiger nicht schreckten,
 Sprang er herab – und es wich unter dem Fuße der Sand –,

Drückte sie innig ans Herz und trug sie – sträuben war
 nutzlos –
Mit sich fort: es vermag alles ein Gott, was er will.
Und „Hymenaeus!", so rief ein Chor, ein anderer: „Euoi!"
Und der geheiligte Pfühl einet den Gott und die Braut.

Darum, wenn vor dir stehen die fröhlichen Gaben des
 Bacchus
Und ein Weib mit dir teilet den gastlichen Pfühl,
Zum nyktelischen Vater alsdann und den nächtlichen
 Weihen
Flehe, daß heute dir nicht steige der Wein in den Kopf.
Manches Geheimnis magst du ihr hier vertraun mit
 verblümter
Rede, wobei sie merkt, daß auf sie selber du zielst.
Magst ein schmeichelndes Wort auch schreiben mit
 wenigem Weine,
Daß auf dem Tische sie liest, wie du als Herrin sie
 ehrst;
Magst in die Augen ihr schaun mit Augen, in denen sich
 Glut malt:
Oft ist im schweigenden Blick Wort und Gespräch zu
 erspähn.
Rasch und zuerst ergreif den Pokal, den sie mit den
 Lippen
Eben berührte, und trink da, wo sie selber genippt.
Und von der Speise, davon sie selbst mit den Fingern
 genommen,
Nimm auch du, und zwar so, daß du die Hand ihr
 berührst.
Strebe auch eifrig danach, dem Gemahl zu gefallen der
 Schönen;
Nützlicher ist es für euch, wenn du zum Freund ihn
 gewinnst.
Laß beim Trinken das erste Los ihn immer erlangen,
Gib ihm selber den Kranz, den für dein Haupt man
 bestimmt.
Ob er dir gleich, ob er unter dir steht, laß ihm immer den
 Vorrang,
Und nicht bedenk es lang: sag ihm ein freundliches
 Wort.

Sicher und gangbar ist's, durch der Freundschaft Namen zu täuschen,
  Sicher und gangbar zwar – aber ein Schelm, wer es tut!
Doch es verwaltet auch oft ein Verwalter mehr, als er sollte.
  Über den Auftrag geht oft die Besorgung hinaus.
Jetzt ein sicheres Maß will ich beim Trinken dir setzen:
  Fuß und Verstand dürfen dir nimmer versagen den Dienst.
Hüte vor allem dich auch, vom Weine erhitzt, dich zu zanken,
  Sei zu wildem Gefecht nimmer die Hand dir bereit.
Fiel Eurytion doch, da dem Weine töricht er nachhing.
  Tisch und Wein – das paßt besser zu heiterem Scherz.
Hast du Stimme, so sing; sind die Arme geschmeidig, so tanze;
  Hast du Gaben noch sonst, um zu gefallen, so tu's.
Wirkliche Trunkenheit zwar ist schädlich, doch nützt die verstellte:
  Schlau mit lallendem Ton stammle die Zunge das Wort,
Daß, wenn du tust und sagst, was kecker etwa als recht ist,
  Immer des Weins Unmaß scheine der wirkliche Grund.
„Auf der Gebieterin Wohl und auf seines, der mit ihr das Bett teilt!"
  Rufe, doch innerlich sprich: „Hole der Geier den Mann!"

Doch ist der Tisch entfernt und gehn nach Hause die Gäste,
  Wirst du Gelegenheit schon finden, im Schwarm ihr zu nahn.
Unter die Menge misch dich, und nah ihr sachte im Gehen,
  Zupf mit dem Finger ihr Kleid, stoß mit dem Fuß an den Fuß.
Dann ist Zeit zum Gespräch, dann, bäurische Schüchternheit, fliehe
  Weit! Wie Fortuna steht Venus dem Wagenden bei.
Deine Beredsamkeit will ich dir nicht durch Regeln umschreiben;
  Machst du den Anfang erst, wirst du von selber beredt.

Spiel den Verliebten und sprich, als seist du im Herzen
    verwundet.
  Daß dies glaublich ihr wird, wirke mit jeglicher Kunst.
Auch ist die Mühe nicht groß: Man müsse sie lieben,
    denkt jede,
  Auch noch der Häßlichsten scheint reizend die eigne
    Gestalt.
Oft schon fiel, wer verliebt sich gestellt, in wirkliche
    Liebe,
  Und was zuerst er zu sein heuchelte, war er zuletzt.
Oh, ihr Mädchen, je freundlicher ihr euch zeiget dem
    Lügner,
  Desto sicherer wird wahr die erheuchelte Glut.
Jetzt nun mußt du mit schmeichelndem Wort das Gemüt
    ihr berücken,
  Wie das Gewässer den Grund hangender Ufer zerwühlt.
Werde nicht müde, der Liebsten Gesicht und Haare zu
    preisen,
  Und wie die Finger so schlank und wie so niedlich der
    Fuß.
Selbst die Züchtigste hört es gern, lobt ihre Gestalt man:
  Jungfraun schmücken sich gern, freuen sich ihrer Figur.
Weshalb sonst schämten sich Juno noch jetzt und Pallas,
    daß einst sie
  Nicht durch den richtenden Spruch siegten im
    phrygischen Wald?
Zeigt doch Junos Pfau sein Gefieder, sobald er gelobt
    wird;
  Siehst du schweigend ihn an, schließt er den prächtigen
    Schweif.
Und auch das Roß ist erfreut im Wettkampf des rasenden
    Laufes,
  Wenn man die Mähne ihm streicht, wenn man den
    Nacken ihm klopft.

Sei im Versprechen nicht scheu; mit Versprechungen
    lockt man die Mädchen.
  Rufe zu Zeugen des Schwurs Götter, so viele du willst.
Jupiter lacht aus der Höh ob des Meineids eines
    Verliebten,
  Läßt vom äolischen Süd wehn in die Lüfte den Schwur.

Jupiter selbst schwur oft beim Styx meineidig der Juno,
Und sein Beispiel spricht wahrlich doch günstig für uns.
Götter sind nützlich für uns: drum laßt an Götter uns glauben;
Auf altehrwürd'gem Altar bringt ihnen Weihrauch und Wein!
Nicht schlafähnliche Ruh, der niemals nahet die Sorge,
Fesselt sie. Lebt ohne Schuld! Stets ist die Gottheit euch nah!
Gebt das Vertraute zurück, bleibt treu den geschloßnen Verträgen,
Haltet das Herz von Betrug rein und von Morde die Hand.
Seid ihr klug, so betrügt straflos allein ihr die Mädchen!
Dieser Betrug steht frei; sonst aber haltet das Wort.
Täuscht, die euch selber getäuscht: ein gottlos Volk ist die Mehrzahl.
Mögen sie drum in das Netz fallen, das selbst sie gestellt.
Einst, so erzählt man, blieb aus der federerquickende Regen
In Ägypten, und neun Jahre war trocken das Land,
Als zu Busiris Thrasius trat und dem König erklärte,
Nur eines Fremden Blut könne versöhnen den Zeus.
Und Busiris sprach: „Du fällst zuerst denn als Opfer,
Du, ein Fremdling, sollst Regen Ägypten verleihn."
Phalaris briet im ehernen Stier des schnöden Perillus
Glieder, sein schändliches Werk weihte der Künstler zuerst.
Recht auch taten sie beid: gerechter kann kein Gesetz sein,
Als daß ein mörderisch Werk bringt seinem Meister den Tod.
Drum, weil mit Recht Meineidige man auch täusche durch Meineid,
Quäle die Frau man so, wie sie es selber gelehrt.

Tränen auch sind von Gewinn; selbst Steine rührst du durch Tränen.
Zeig ihr, wenn du es kannst, Wimpern und Wangen benetzt.

Aber wenn Tränen – sie kommen nicht stets im rechten
  Momente –
Fehlen, benetze die Hand und mit der Hand das
  Gesicht.
Wer, der gescheit ist, mischt zu schmeichelnden Worten
  nicht Küsse?
Gibt sie dir keine, so nimm, was sie dir selber nicht
  gibt!
Möglich, sie sträubt sich zuerst und schilt zudringlich und
  frech dich:
Wie sie sich sträube, sie wünscht selbst ja, sie werde
  besiegt.
Doch es verletze dein Raub nicht plump die
  empfindlichen Lippchen,
Hüte dich wohl, daß sie nicht klage, du küssest sie
  hart.
Wer erst Küsse sich nahm und nun sich das übrige nicht
  nimmt,
Der hat verdient, daß er auch, was ihm gegeben,
  verliert.
Wieviel fehlte denn noch nach dem Kuß zur Fülle der
  Wünsche?
Nein, das nenn ich nicht Scham! Tölpische Blödigkeit
  ist's.
Nenn es Gewalt, wenn du willst, denn Gewalt freut grade
  die Mädchen.
Was sie ergötzt, dazu wollen gezwungen sie sein.
Sie, die durch kecke Gewalt zum Liebesgenuß man
  genötigt,
Freut sich darob: ein Geschenk scheint ihr die
  frevelnde Tat.
Doch wenn sie, die bezwungen sich gab, unberühret
  davonkam:
Heuchelt sie gleich mit dem Blick Freude, betrübt ist
  sie doch.
Phoebe ward mit Gewalt, mit Gewalt Hilaera
  bezwungen.
Und den Geraubten gefiel beiden ihr Räuber sogleich.
Zwar ist die Sage bekannt, doch hört man sie gerne noch
  einmal,
Wie dem Hämonier sich Deïdamia verband.

Schon war der Unglückslohn für den Schönheitssieg auf
   dem Ida
Von der Göttin gezahlt, welche die zwei überwand,
Helena schon zum Schwäher geführt vom fernen Gestade,
   Und in Ilions Burg weilte das grajische Weib.
Alle vereinte der Schwur im Heer des verletzten
   Gemahles:
   Sein, des einzigen, Schmerz galt als die Sache des Volks.
Schmachvoll – aber es zwang ihn die Bitte der Mutter –
   versteckte
   Unter des Frauengewands Schleppen Achill sein
      Geschlecht.
Aeacus' Sproß, was tust du? Ist Wolle zu weben dein Amt
   jetzt?
   Mag durch andere Kunst Pallas dich führen zum Ruhm!
Ziemt dir das Körbchen? Die Hand ist den Schild zu
   schwingen geschaffen.
   Paßt für die Rechte – dereinst Hektors Verderben –
      das Knäul?
Fort mit der Spindel, umspult von des Garns mühseligen
   Fäden!
   Mit *der* Hand sollst du schütteln den pelischen Speer!
In demselben Gemach mit ihm schlief die Tochter des
   Königs.
   Nur zu deutlich erkennt diese den Mann – am Erfolg.
Zwar mit Gewalt nur ward sie besiegt – so muß man es
   glauben –,
   Aber sie sah doch gern, daß die Gewalt sie bezwang.
Oftmals sagte sie: „Bleib!", als Achill sich schickte zur
   Abfahrt;
   Denn statt des Spinnrockens nahm bald er die
      kriegrische Wehr.
Denkst du noch an die Gewalt? Was hältst du mit
   schmeichelnder Stimme,
   Deïdamia, ihn, der an dir frevelte, fest?
Denn, wie sehr man sich schämt, zuerst ein Ding zu
   beginnen,
   Ist es uns doch ganz recht, wenn es ein andrer beginnt.
Oh, *der* Jüngling vertraut zu sehr auf die eigene
   Schönheit,
   Der da wartet, bis ihn bitte das Mädchen zuerst.

Erst muß nahen der Mann, er muß sie mit Worten erflehen;
Sie muß freundlichen Sinns lauschen dem schmeichelnden Flehn.
Bitte sie dreist um Erhörung, sie wünscht nur, daß du sie bittest;
Gib ihr den Anstoß nur, daß sich dein Sehnen erfüllt.
Jupiter lag auf den Knien vor den Heroinen der Vorzeit,
Nie hat ein Mädchen zuerst ihn, den Gewalt'gen, verführt.
Merkst du jedoch, daß dein Flehen sie nur noch mit größerem Hochmut
Aufbläht, dann halt ein; steh vom Begonnenen ab!
Was entflieht, scheint vielen erwünscht, doch verhaßt, was sich aufdrängt:
Dränge sie weniger, und weniger fällst du zur Last.
Hoffnung auf Liebesgenuß auch muß nicht stets der Bewerber
Zeigen; als Freundschaft dringt Liebe versteckt in das Herz.
Oftmals sah ich, wie so die verdrießlichste Schöne getäuscht ward:
Der sich Verehrer genannt, ward der Geliebte zuletzt.

Häßlich erscheint am Schiffer ein zartes Gesicht. Von des Meeres
Wog und des Tagesgestirns Strahlen erschein es gebräunt;
Häßlich beim Landmann auch, der stets mit gebogenem Pfluge
Und mit dem wuchtigen Karst lockert im Freien den Grund.
Du auch, der nach dem Siege du strebst und dem Kranze der Pallas,
Ist dein Körper zu weiß, giltst du mir nimmer für schön.
Bleich sei jeder, der liebt, *die* Farb ist für Liebende passend;
Gut steht sie ihnen – ein Tor, wer an die Wirkung nicht glaubt!
Bleich durchirrte den Wald, für Side schwärmend, Orion;
Bleich war Daphnis, der Hirt, den die Najade verschmäht.

Magerkeit zeig auch an, was du fühlst; nicht halt es für
  schimpflich,
  Wenn du ein Tüchelchen dir legst um das glänzende
    Haar.
Nächte, mit Sorgen durchwacht, sie zehren am Leibe des
  Jünglings,
  Kummer und Schmerz, wie ihn stets innige Liebe
    gebiert.
Daß dein Sehnen dir werde gestillt, errege du Mitleid,
  Daß, wer immer dich sieht, müsse gestehen: „Er liebt!"

Klag ich oder bezeug ich der heiligsten Rechte
    Verwirrung?
  Freundschaft ist nur ein Wort, Treu ist nur eiteler
    Schall.
Weh! nicht sicher ist's mehr, vor dem Freund sein
    Liebchen zu loben.
  Glaubt er dir, wenn du sie lobst, stellet er selber ihr
    nach.
Und doch schändete nicht Patroklos das Bett des Achilles,
  Keusch war Phaedra soviel, wie's an Pirithous lag.
Pylades liebte Hermione nur wie Phoebus die Pallas
  Und wie, Helena, dich Kastor, dein Zwilling, geliebt.
Wenn jetzt einer das hofft, dann hofft er sich Äpfel zu
    pflücken
  Vom Tamariskengestrüpp, Honig zu schöpfen im Fluß.
Nur was schlecht ist, ergötzt. Man frönt nur der eigenen
    Wollust,
  Und auch die ist nur süß, wenn sie den andern verletzt.
Schmähliches Tun! Nicht darf vor dem Feind sich der
    Liebende fürchten:
  Wen du für treu hältst, flieh, dann bist du außer Gefahr.
Nimm dich vor Brüdern in acht, vor Verwandten und
    trauten Gefährten:
  Dies ist die Schar, aus der wirkliche Furcht dir erwächst.

Schon war hier ich am Schluß: doch es sind zu
    verschieden der Mädchen
  Herzen; auf tausenderlei Art sind die tausend erjagt!
Alles gedeihet auch nicht auf demselben Boden: der eine
  Paßt für die Rebe, für Öl dieser und jener für Korn.

So viele Mädchen es gibt auf der Welt, so vielerlei
 Herzen.
 Der ist gescheit, der sich jeder zu fügen versteht
Und wie Proteus sich bald in flüchtige Wellen verwandelt,
 Bald als Löwe, als Baum, bald als ein Eber erscheint.
Hier erlegt man den Fisch mit dem Speer, dort fängt ihn
 die Angel,
 Und hier schleppt man am Seil mühsam das bauschige
 Netz.
Nicht ist dasselbe Verfahren geeignet für jegliches Alter.
 Hirsche, durch Alter gewitzt, sehen die Netze von fern.
Wenn du der Züchtigen frech und verschmitzt der
 Unkundigen vorkommst,
 Traut von vorneherein selber die Arme sich nicht.
Und so kommt es, daß sie, die dem Ehrlichen nicht sich
 vertraute,
 Sich zur Umarmung feilbietet dem schlechteren Mann.

Noch ein Teil bleibt übrig vom Werk; ein Teil ist
 beendigt.
 Drum mag hier mein Schiff werfen die Anker zur Rast.

Zweites Buch

Rufet „ió Paean!" und „ió" noch einmal und „Paean!" –
  Was ich erjagt, das fiel richtig als Beut in mein Netz.
Froh reicht meinem Gedicht der Verliebte die grünende Palme,
  Zieht mich nun Askras Greis und dem Mäonier vor.
So floh Priamus' Sohn mit schimmernden Segeln Amyclaes
  Kriegrischen Strand, wo als Gast er die Gemahlin geraubt.
So fuhr jener dahin auf siegreich prangendem Wagen,
  Der auf fremdem Gespann Hippodamia entführt.
Aber wohin so schnell, o Jüngling? Es segelt dein Schifflein
  Mitten im Meer, und weit, weit ist mein Hafen entfernt.
Nicht ist's genug, daß auf mein Lied dir das Mädchen gefolgt ist;
  Fing ich mit Kunst sie dir ein, halt ich mit Kunst sie dir fest.
Groß ist das Lob des Erwerbs, nicht kleiner das Lob des Erhaltens:
  Dort wirkt Zufall, hier ist es die Kunst, die es macht.
Jetzt, wenn jemals, helft, Kytherea, du Sohn Kythereas
  Und Erato: denn du bist nach der Liebe benannt.
Groß ist mein Ziel: zu lehren die Kunst, den Cupido zu fesseln,
  Der, ein Knäblein, umherschweift auf so weitem Gebiet.
Leicht auch ist er; er hat zwei Schwingen, womit er entflattert,
  Und gar schwierig ist's, diesen zu setzen ein Ziel.
Minos verbaute mit Fleiß dem Gastfreund jeglichen Ausgang,
  Und auf Fittichen fand kühn durch die Luft er die Bahn.

Schon hielt Daedalus' Kunst in Haft den in Frevel empfangnen
    Stier in Menschengestalt, Menschen in Stieresgestalt,
Als er sprach: „Laß enden den Bann, o gerechtester Minos,
    Daß mein väterlich Land berge dereinst mein Gebein.
Da mich ein bittres Geschick umhertrieb und in der Heimat
    Nicht mir zu leben vergönnt, gönne du dort mir ein Grab.
Achtest den Dank du des Greises gering, so entlasse den Knaben;
    Willst den Knaben du nicht schonen, so schone den Greis."
Sprach's, doch ob er auch dies und noch viel anderes sprechen
    Mochte, die Rückkehr ward dennoch von jenem versagt.
Als er das endlich gemerkt, da rief er: „Daedalus, jetzt nun
    Hast eine Aufgabe du, würdig, zu üben den Geist.
Minos ist Herrscher des Meers und Minos Herrscher der Länder,
    Nicht steht Land und Flut offen für unsere Flucht.
Einzig die Luft ist frei; durch die Luft denn wollen wir gehen:
    Sei, erhabener Zeus, unsrem Beginnen du hold.
Nicht zum Sternengezelt will ich vermessen mich schwingen,
    Um zu entfliehen dem Herrn, gibt's keinen anderen Pfad.
Ginge der Weg durch die Styx, durch die Styx auch würden wir schwimmen;
    Ja das Gesetz der Natur will ich verändern in mir."
Not setzt oft in Bewegung den Geist. Wer dachte sich jemals,
    Daß ein menschlicher Fuß könnte durchschreiten die Luft?
Federn, die Ruder der Vögel, legt er in Reihen zusammen,
    Und mit leinenem Band schürzt er das leichte Gerüst.
Unten verbindet er sie mit Wachs, am Feuer geschmolzen:
    Und vollendet bereits war das erfundene Werk.

Lächelnd betastet der Knabe das Wachs und lächelnd die
  Federn,
  Ahnete nicht, daß für ihn waren die Schwingen
  bestimmt.
„Dies ist das Schiff", so sagte der Vater, „auf dem wir zur
  Heimat
  Segeln; auf ihm allein können wir Minos entfliehn.
Wenn er auch alles verschloß, nicht konnt er die Luft uns
  verschließen.
  Und durch die Luft, die uns bleibt, trage mein Werk
  dich dahin.
Aber Boōtes' Gefährten, den schwertumstrahlten Orion,
  Tegeas Jungfrau nicht suche mit spähendem Blick.
Folg auf den Fittichen mir, ich werde die Pfade dir zeigen;
  Folge behutsam mir nach, sicher in meinem Geleit.
Denn wenn der Sonne zu nah wir durch die Lüfte des
  Äthers
  Ziehen, erträgt das Wachs nicht in der Höhe die Glut,
Doch wenn zu nahe dem Meer mit niedrigen Schwingen
  wir flattern,
  Netzen die Wogen der See leicht den beweglichen
  Flaum:
Flieg in der Mitte dahin; doch fürchte, mein Sohn, auch
  die Winde:
  Und wie die Luft dich trägt, stelle die Segel geschickt."
Also ermahnt er den Sohn und paßt ihm sein Werk an
  und lehrt ihn,
  Sich zu bewegen, wie wohl Vögel die Jungen erziehn,
Fügt an die Schultern alsdann sich selber die eigenen
  Flügel,
  Und durch das neue Gebiet schwingt er mit Zagen den
  Leib.
Schon zu fliegen bereit, umarmt und küßt er das Söhnchen,
  Und von den Wangen herab rollen die Tränen dem Greis.
Grade kein Berg, ein Hügel nur war's, doch höher als
  Flachland,
  Wo zur traurigen Flucht beide sich hoben empor.
Daedalus blickt, da die Schwingen er regt, zugleich nach
  des Sohnes
  Schwingen, und langsam stets steuert er hin auf der
  Bahn.

Icarus freut sich bereits ob des neugefundenen Weges;
  Furchtlos saust er dahin, kräftig mit kühnerem Flug.
Manch einer sah sie vielleicht, der gerade die Angel nach Fischen
  Auswarf, und seine Hand ließ vom begonnenen Werk.
Links lag Samos nun schon; schon war auch Naxos entschwunden,
  Paros und Delos, wo gern weilet der klarische Gott,
Rechts der lebinthische Strand und Calymnes schattige Haine
  Und, von Fischen umschwärmt, Astypalaias Geklipp –
Als sorglos, wie die Jugend es treibt, und verwegen der Knabe
  Höher sich schwingt in die Luft und seinen Vater verläßt.
Sieh, da weichen die Bänder; das Wachs schmilzt, wie er dem Gott naht,
  Und die Bewegung der Hand faßt nicht den flüchtigen Wind.
Wie er entsetzt in das Meer vom Scheitel des Himmels hinabschaut,
  Nacht ihm die Blicke verhüllt, Schrecken die Glieder durchbebt!
Schon ist geschmolzen das Wachs, er schüttelt die nackenden Arme,
  Aber er hat in der Angst nichts, sich zu stützen darauf –
Fällt und ruft noch im Fallen: „Ich stürz, o Vater, ich stürze!"
  Während er spricht, schließt ihm grünes Gewässer den Mund.
Aber der Vater – kein Vater nun mehr –, er ruft in Verzweiflung:
  „Icarus, sag, wo du bist, wo du am Himmel entschwebst!
Icarus!" rief er und sah die Federn treiben im Wasser,
  Nun deckt ein Grab das Gebein, heißt nach dem Knaben das Meer.

Minos vermocht in Haft nicht menschliche Flügel zu halten,
  Und den geflügelten Gott schick ich zu fesseln mich an?

Der geht fehl, der sich den hämonischen Künsten
　　vertrauet,
　　Der, was dem Fohlen am Kopf wächst, sich zum Mittel
　　　erwählt.
Nicht medeïsches Kraut wird Leben der Liebe verleihen
　　Noch mit Magiersang marsische Sprüche vermischt.
Circe hätte Ulyß, die Phasierin Iason gefesselt,
　　Hätte Gesang und Spruch Liebe zu bannen die Kraft.
Nicht auch nützen den Fraun bleichmachende
　　Zaubergetränke;
　　Zaubergetränk ist dem Geist schädlich und treibt ihn
　　　zur Wut.

Alles Verbrechen sei fern! Sei, daß man dich liebe, der
　　Liebe
　　Wert; nicht Schönheit allein tut das und holde Gestalt,
Wenn auch Nireus einst vom alten Homerus geliebt ward
　　Und der Najaden Betrug Hylas, den zarten, geraubt.
Daß du die Herrin bewahrst, nicht staunst, dich verlassen
　　zu sehen,
　　Füge der Schönheit des Leibs geistige Gaben hinzu.
Schönheit ist nur ein gebrechliches Gut; wie die Jahre
　　sich mehren,
　　Schwindet sie hin, und es zehrt eigene Dauer sie auf.
Blühen die Veilchen ja nicht noch purpurne Lilien
　　beständig,
　　Und nach der Rose Verlust starret entblättert der Dorn.
Dir auch werden sich bald, o Schönster, die Haare
　　verfärben,
　　Dir auch werden den Leib furchend die Runzeln
　　　durchziehn.
Stärke den Geist deshalb, daß er dauert; verbünd ihn der
　　Schönheit!
　　Denn *er* bleibt dir allein bis zu dem Leichengerüst.
Achte die Sorge nicht klein, daß mit edlen Künsten das
　　Herz du
　　Bildest und daß in zwei Sprachen bewandert du seist.
Schön war Ulixes nicht, er war nur gewandt in der
　　Rede,
　　Und doch hat er des Meers Göttinnen liebend
　　　entflammt.

Oh, wie beklagte sich oft Kalypso, daß er so eile,
  Sagte, die Meerflut sei jetzt nicht geeignet zur Fahrt,
Fragte nach Trojas Geschick ihn immer und immer von neuem,
  Und denselben Bericht gab er in anderer Form.
Selbst als sie standen am Strand, selbst da noch forschte Kalypso,
  Wie durch blutigen Tod fiel der odrysische Fürst.
Er, mit flüchtigem Stab – ein Stab war grade zur Hand ihm –
  Zeichnet ihr, was sie gefragt, rasch in die Dünen des Strands.
„Troja", sprach er, „ist hier!" und zeichnete Mauern im Sande;
  „Dies ist der Simoïs, dies stell als mein Lager dir vor.
Hier ist das Feld" – und er malte ein Feld –, „das blutig mit Dolons
  Mord wir gefärbt, da er nachts schlich nach Achilles' Gespann.
Dort nun stand in Reihn das Gezelt des sithonischen Rhesus.
  Dort fuhr froh ich zurück mit dem geraubten Gespann."
Mehr noch malt' er als das, als plötzlich Pergama, Rhesus'
  Lager und Rhesus selbst schwemmten die Fluten hinweg.
Aber die Göttin sprach: „Du baust auf die Treue der Wogen,
  Während du siehst, wie sie jetzt Namen verschlingen wie *die*?"
Drum magst schüchtern du nur – denn es trügt – auf dein Äußres vertrauen,
  Wer du auch seist, und sieh zu, daß du nicht Körper nur bist!

Wer mit Geschick Nachgiebigkeit zeigt, der berückt die Gemüter:
  Rauheit erzeugt nur Haß, Streit und verderblichen Krieg.
Wird nicht der Habicht gehaßt, da er immer in Waffen sich tummelt,
  Oder der Wolf, der stets zitternde Herden bekriegt?

Aber der Schwalbe, die sanft und fromm, stellt nimmer
   ein Mensch nach,
   Und dem chaonischen Schwarm bauen wir Türme zum
   Sitz.
Fern drum bleibe Gezänk und der Kampf der erbitterten
   Zunge,
   Werde mit zärtlichem Wort Liebe, die sanfte, genährt.
Streitend verfolge der Mann die Gemahlin, die Gattin den
   Gatten,
   Mögen sie's treiben, als ob ewig sie stehn im Prozeß.
Das steht Vermählten nur an: Zank gilt für Frauen als
   Mitgift;
   Nur was gerne sie hört, höre dein Liebchen von dir.
Nicht auf Gesetzes Befehl hat euch ein Lager vereinigt,
   Liebe vertritt bei euch einzig die Stelle des Rechts.
Zärtliches Schmeichelgetön und das Ohr ergötzende
   Worte
   Bring ihr mit, daß sie stets über dein Kommen sich
   freut.
Nicht den Begüterten biet ich mich an als Lehrer der
   Liebe:
   Wer da gibt, der gebraucht nimmer die Regeln der
   Kunst.
Der hat selber Genie, der „Nimm!" sagt, wenn es ihm
   ansteht;
   Ich bin geschlagen – *der* Mann siegt über all meinen
   Geist!
Nur für die Ärmlichen sing ich. Ich selbst war ärmlich
   und liebte.
   Da mir's an Werten gebrach, schenkte ich Worte dafür.
Liebe der Arme mit Vorsicht stets; nie schmähe der Arme:
   Vieles ertrag er auch, was wohl kein Reicher erträgt.
Einst, ich erinnre mich, zaust ich im Zorn der Gebieterin
   Haare:
   Ach! und wieviel an Zeit hat mich gekostet der Zorn!
Daß ich das Kleid ihr zerriß, nicht weiß ich es, glaub es
   auch nimmer,
   Aber sie sagt' es, und ich – mußte bezahlen das Kleid.
Seid ihr gescheit, so vermeidet den Fehler eueres Lehrers,
   Hütet euch wohl vor der Schuld, daß euch mein
   Schaden nicht trifft.

Bringet den Parthern den Krieg, doch der zarten
   Geliebten den Frieden,
   Heiteren Scherz und was sonst Herzen zum Lieben
   erregt.

Wenn sie nicht schmeichelnd genug, nicht freundlich
   erwidert die Liebe,
   Duld und harre nur aus, später wird sanfter sie sein.
Wenn du ihn nachgiebig biegst, so krümmt allmählich der
   Zweig sich:
   Doch wenn Gewalt du gebrauchst, brichst du ihn
   sicher entzwei.
Nur mit Nachgiebigkeit durchschwimmst du den Fluß; du
   besiegst ihn
   Nimmer, sobald du der Flut Strömung entgegen dich
   stemmst.
Nachgiebigkeit nur zähmt numidische Löwen und Tiger.
   Langsam fügt sich der Stier unter den ländlichen Pflug.
Was war wilder im Sinn als Nonakris' Maid Atalanta?
   Und durch des Mannes Verdienst wurde die Trotzige
   zahm.
Wie hat Milanion oft ob des Mädchens schnöder
   Behandlung
   Und um sein böses Geschick unter den Bäumen geweint,
Oft, weil *sie* es befahl, auf dem Rücken getragen das
   Jagdnetz,
   Oft mit blitzendem Speer grimmige Eber durchbohrt!
Ja, ihn traf das Geschoß, das Hylaeus' Bogen entsendet,
   Aber ein andres Geschoß war ihm noch besser bekannt.
Nicht empfehl ich dir nun, daß bewaffnet mänalische
   Wälder
   Du durchstreifst und ein Netz schleppst auf den
   Schultern umher,
Daß du die nackende Brust darbietest beschwingten
   Geschossen;
   Vorsichtig ist meine Kunst, milde daher mein Gesetz.
Gib der nach, die sich wehrt; Nachgiebigkeit führt dich
   zum Siege.
   Führe die Rolle nur aus, die dir dein Mädchen erteilt.
Tadelt sie, tadle du auch; und lobt sie, lobe du gleichfalls.
   Sag, wenn sie ja sagt, ja; nein, wenn sie etwas verneint.

Lächelt sie, lächle du mit; wenn sie weint, so versuche zu
  weinen,
  Richte nach *ihrem* Gesetz Mienen und Blicke du ein.
Schwingt im Spiel mit der Hand sie die elfenbeinernen
  Würfel,
  Wirf so schlecht, wie du kannst; willig bezahle den
  Wurf.
Wenn mit Knöcheln du spielst, so laß, daß *sie* es nicht
  büße,
  Oft den verderblichen Hund gegen dich springen
  hervor.
Zieht ihr den Stein im Spiel, das der Feldschlacht
  Stellungen nachahmt,
  Mach, daß der gläserne Feind deine Soldaten besiegt.
Spanne die Sprossen des schattenden Schirms ihr über
  dem Haupt aus;
  Mach im Gedräng ihr Platz, wenn die Gebieterin naht.
Unter dem Bett hervor, dem gedrechselten, hole die
  Fußbank;
  Zieh die Sandal ihr vom Fuß, oder auch binde sie fest.
Oftmals mußt du ihr auch, ob selbst vor Kälte du
  schauderst,
  Doch an der eigenen Brust wärmen die frierende Hand;
Acht es auch nicht für Schimpf – denn wär's auch
  Schimpf, es gefällt doch –,
  Daß du den Spiegel ihr hältst mit deiner adligen Hand.
Er, der die Untierbrut vertilgt, Zeus' Gattin beschwichtigt,
  Er, der den Himmel verdient, den er getragen zuvor,
Hielt bei ionischen Mädchen danach, so erzählt man, den
  Spinnkorb,
  Strählte das rohe Gewirr wollener Fäden mit Fleiß.
Folgsam war der Gebieterin Wink der tirynthische
  Halbgott:
  Und was jener ertrug, stehst zu ertragen du an?

Wenn sie zum Markt dich befiehlt, stell *vor* der gebotenen
  Stunde
  Stets dich ein, und geh nimmer zu zeitig nach Haus.
Heißt sie irgendwohin dich gehn, sie zu treffen:
  verschiebe
  Alles und lauf; kein Gedräng halte vom Wege dich ab.

Wenn vom Gelage sie spät in der Nacht nach Hause
  zurückkehrt,
 Dann auch, wenn sie's verlangt, sei ihr als Diener zur
  Hand.
Schreibt sie vom Lande dir: „Komm!" - so bedenke, daß
  Amor die Trägen
 Haßt: Ist kein Wagen bereit, mach dich zu Fuß auf den
  Weg!
Halte die drückendste Hitze dich nicht und der dörrende
  Hundsstern
 Oder der Schnee, der weiß Felder und Wege bedeckt!
Liebe ist Kriegsdienst: wer hier träg ist, mag sich entfernen.
 Diese Fahnen sind nicht weichlichen Männern vertraut.
Nacht, Unwetter, beschwerlicher Weg und grimmige
  Schmerzen,
 Jegliche Mühe, sie ist eigen dem zärtlichen Dienst.
Oft gießt Regen auf dich herab aus den wolkigen Höhen,
 Oft auf nacktem Gefild liegst du gebettet und frierst.
Trieb doch der cynthische Gott des Admetus Rinder in
  Pherae
 Einst auf die Weid und lag nachts in den Hürden
  versteckt.
Was sich für Phoebus geschickt, das sollte für dich sich
  nicht schicken?
 Fort mit dem Hochmut, soll dauernde Liebe dir blühn.
Wird dir zu wandeln versagt auf sichern und ebenen
  Wegen,
 Ist mit Riegel und Schloß feindlich die Türe versperrt:
Gleite du jäh hinab am Seil durch die Luken des Daches,
 Oder auf heimlichem Pfad klimme zum Fenster hinan.
Sicher erfreut sie sich dran; sie weiß, daß *sie* dich zum
  Wagnis
 Trieb: als ein sicheres Pfand gilt es der Liebe zu ihr.
Manchmal konntest du wohl, Leander, dein Mädchen
  entbehren,
 Aber du schwammst hindurch, nur daß sie sähe den Mut.

Schäme dich nicht, um der Sklavinnen Gunst, von der
  ersten zur letzten,
 Schäme dich nicht, um des Knechts wichtige Gunst
  dich zu mühn.

Jeglichen grüße zuerst – was verlierst du dadurch? – mit
   dem Namen;
  Wie sich auch sträubte dein Stolz, drücke die dienende
     Hand.
Aber dem Knecht auch gib – der Verlust ist klein –,
   wenn er bittet,
  An Fortunas Tag immer ein kleines Geschenk.
Ferner beschenke die Magd an dem Tag, wo der Gallier
   Heerschar,
  Durch ein Hochzeitskleid listig betrogen, erlag.
Mache zuerst – verlaß dich auf mich – das Gesinde dir
   dienstbar:
  Erstlich den Pförtner und dann ihn, der am Kämmerlein
     wacht.
Nicht ist mein Rat, daß der Herrin du selbst kostbare
   Geschenke
  Bietest; Geringes genügt, ist es nur passend gewählt.
Prangt mit Früchten das Feld, krümmt unter der Last sich
   der Baumzweig,
  Bring im geflochtenen Korb ländliche Gaben dein Sklav!
Sag ihr, sie sein dir vom Gut soeben gesandt aus der
   Vorstadt,
  Wenn du in Wahrheit sie auch kauftest am Heiligen
     Weg.
Mag er Trauben ihr bringen, Kastanien, einst Amaryllis'
  Lieblingsfrucht; doch jetzt liebt Amaryllis sie nicht.
Auch ein Geschenk von Drosseln, ein Kränzlein diene
   zum Zeugnis,
  Daß in der Ferne du selbst an die Gebieterin denkst.
Schmählich, wer *so* vom verwaisten Greis sich die
   Hoffnung auf Erbschaft
  Kauft; Tod ihm, der *so* bringt das Geschenk in Verruf!

Rat ich ferner dir noch, ihr zärtliche Verse zu senden?
  Wehe mir, nicht gar hoch stehet in Ehren ein Vers.
Zwar man lobt ein Gedicht, doch verlangt man große
   Geschenke.
  Ist er nur reich, so gefällt selbst noch der rohste Barbar.
Jetzt ist in Wahrheit die goldene Zeit; jetzt zollt man die
   höchste
  Ehre dem Golde; mit Gold wirbt man um Liebe sogar.

Kämst du, Homer, jetzt selbst, vom Chore der Musen begleitet,
   Und du brächtest nichts mit: trolle dich heim, mein Homer!
Aber es gibt auch jetzt – doch selten – gebildete Mädchen,
   Andre, die gerne dafür gälten, auch ohn es zu sein.
Preise denn beiderlei Art mit Gedichten, und lies sie mit holdem
   Tone, der jedes Gedicht, ist es auch mäßig, empfiehlt.
Diesen und jenen nun gilt ein Gedicht, auf sie selber ersonnen,
   Als ein Ersatz vielleicht – für ein geringes Geschenk.

Was du selber zu tun im Begriff warst, was du für nützlich
   Hältst, laß immer zuerst bitten dein Mädchen darum:
Hast du die Freiheit vielleicht schon einem der Deinen versprochen,
   Um ihr Fürwort noch laß bei der Herrin ihn flehn.
Willst du die Strafe dem Knecht und die grausigen Fesseln erlassen,
   Muß sie dir danken für das, was du von selber getan.
Bleibe der Nutzen für dich; mag *sie* an der Ehre sich freuen.
   Nichts verlierst du dabei, wenn sie die Mächtige spielt.

Ist dir ernstlich darum zu tun, dein Mädchen zu fesseln,
   Mußt du völlig entzückt scheinen von ihrer Gestalt.
Trägt sie Purpurgewand, so preise die Purpurgewänder;
   Trägt sie ein koïsches Kleid, rühme das koïsche Zeug.
Prangt sie in Goldbrokat, so sprich, sie sei teurer als Gold dir;
   Geht sie in zottigem Flausch, lobe den zottigen Flausch.
Naht in der Tunica sie, so rufe: „Du setzt mich in Flammen!"
   Doch daß schüchtern zugleich du vor Erkältung sie warnst!
Trägt sie das Haar im Scheitel und schlicht, so preise den Scheitel,
   Brennt sie sich Locken: Wie schön steht ihr gekräuseltes Haar!

Tanzt sie, bewundre den Arm, und singt sie, bewundre
  die Stimme,
 Herzlich beklage beim Schluß, daß das Vergnügen zu
  kurz.
Ja, die Umarmungen selbst und der Liebe Genuß mit
  Entzücken
 Rühmen ist gut; als Lohn winken die Freuden der
  Nacht.
Wäre sie selbst von wilderem Sinn als die grimme Medusa,
 Wird sie voll Gunst und sanft ihrem Verehrer sich
  nahn.
Nur daß bei solcherlei Wort du nicht als Heuchler
  erscheinest,
 Hüte dich, oder daß gar Lügen dich strafe dein Blick!
Kunst, die versteckt ist, nützt; doch verrät sie sich, bringt
  sie dir Schande,
 Und auf ewige Zeit raubt sie mit Recht das Vertraun.

Oftmals gegen den Herbst, wenn grad am schönsten das
  Jahr ist,
 Wenn von purpurnem Wein schwellend die Traube sich
  färbt,
Bald uns peinigt der Frost und bald erschlaffende Hitze:
 Dann beim Wechsel der Luft fühlt sich der Körper so
  matt.
Mag sie dir bleiben gesund! Doch wenn sie sich krank auf
  das Bett streckt,
 Wenn die verpestete Luft schwer in den Gliedern sie
  spürt,
Dann, dann sollst du Lieb und Treue der Freundin
  bewähren,
 Dann aussäen, was einst reichliche Ernte dir bringt.
Werde verdrießlich nie bei den mürrischen Launen der
  Krankheit,
 Tue mit eigener Hand, was sie zu tun dir erlaubt.
Mag sie es sehn, wie du weinst, und fürchte dich nicht,
  sie zu küssen,
 Und ihr trockener Mund werde von Zähren benetzt.
Oft auch leiste Gelübde – doch laut! – und sieh nach
  Gefallen
 Heitere Träum im Schlaf, die du ihr wiedererzählst.

Hole die Alte herbei, die Bett und Kammer durchräuchre,
  Laß mit zitternder Hand Schwefel und Eier sie weihn.
In dem allem erkennt man die Spur der besorglichen Liebe,
  Dies hat manchem den Weg zum Testamente gebahnt.
Doch Dienstfertigkeit darf zum Verdruß nicht werden der Kranken,
  Emsige Zärtlichkeit selbst hat ein gemessenes Ziel.
Nimm ihr die Speisen nicht fort und reiche vom bitteren Tranke
  Nicht ihr selbst; dein Rival mische den Becher zurecht.

Doch nicht taugt mehr derselbe Wind, mit dem du vom Strande
  Schiffend die Segel gelenkt, mitten im offenen Meer.
Während die Liebe noch schwankt, ist Übung den Kräften vonnöten:
  Hast du sie tüchtig genährt, wird sie gestärkt mit der Zeit.
Der als Stier dich erschreckt, den pflegtest als Kalb du zu streicheln,
  Und der Baum, der dich jetzt schattig umwölbt, war ein Reis.
Winzig entspringt ein Fluß, doch kommt im Lauf er zu Kräften,
  Und wo immer er rinnt, fließen Gewässer ihm zu.
Laß sie an dich sich gewöhnen; es geht nichts über Gewohnheit,
  Bis dies Ziel du erreichst, achte du nichts für zu schwer.
Sehe sie immer nur dich, für dich nur habe sie Ohren,
  Und bei Tag und Nacht biete dein Antlitz ihr dar.
Wenn das Vertrauen dir wächst, sie werde von selbst nach dir fragen,
  Wenn abwesend sie schon nach dem Entfernten sich bangt,
Gönne ihr Rast. Lag das Land einmal brach, gibt es wuchernde Zinsen,
  Dörrender Boden verschlingt gierig das himmlische Naß.
Phyllis war mäßig entbrannt für Demophoon, als er ihr nah war,
  Heftiger glühte sie erst, als er die Segel gehißt.

Sehnsucht quälte Penelopes Herz nach dem klugen
   Ulixes;
   Auch dein holder Gemahl, Laodamia, war fern.
Aber nur kurz zu verweilen ist klug: Zeit lindert die
   Sehnsucht.
   Fernes entschwindet, es zieht andere Lieb in das Herz.
Als Menelaus verreist, nahm Helena, daß sie nicht einsam
   Schliefe, der Gastfreund nachts an die erwärmende
   Brust.
War das denn Wahnsinn nicht, Menelaus? Du gingst auf
   die Reise,
   Unter demselben Dach ließest du Gattin und Freund.
Stellst du den Habicht, du Tor, zum Wächter für
   schüchterne Tauben?
   Unter des Bergwolfs Hut stellst du die Herden im Stall?
Nichts hat Helena hier und nichts ihr Geliebter
   verschuldet;
   Er hat getan, was du selbst tätest, was jedermann tut.
Ort und Zeit gabst du und zwangst sie, die Ehe zu brechen.
   Und was tat denn das Weib anders, als was du ihr
   rietst?
Was auch tun? Der Gemahl war fort – kein Tölpel der
   Gastfreund,
   Und sie fürchtete sich, einsam zu liegen im Bett.
Mag der Atride denn sehn! Dich, Helena, sprech ich von
   Schuld frei,
   Die du des höflichen Gasts gute Gesellschaft genutzt.

Doch so grimmig ist nicht in der Wut der schwärzliche
   Eber,
   Wenn er mit blitzendem Zahn schleudert die Hunde
   umher,
Oder die Löwin, wenn an den Eutern die Jungen ihr
   saugen,
   Oder die Viper, auf die trat aus Versehen der Fuß,
Wie ein Weib entbrennt, wie ihr Blick für die innere Wut
   bürgt,
   Wenn sie im ehlichen Bett findet ein anderes Weib.
Feuer ergreift sie und Stahl, und der Zucht nicht achtend,
   entstürzt sie,
   Wie die Mänade gehetzt von dem aonischen Gott.

So hat die Schuld des Gemahls, die geschändeten Rechte der Gattin
  Einst an der eigenen Frucht Phasis' Barbarin gerächt.
Sieh auch die andere dort der entsetzlichen Mütter, die Schwalbe:
  Wie an der Brust noch jetzt Spuren des Blutes sie trägt.
Dies hat die friedlichste Liebe getrennt, die festeste Liebe.
  Vor *der* Schuld muß sich sorgsam bewahren der Mann.
Nicht daß mein Spruch euch darum zu *einer* Geliebten verdammte,
  Nein, bei den Göttern, das kann selbst nicht verlangen die Frau.
Immer vergnügt euch! Doch deckt das Vergehn mit sittsamer Täuschung,
  Und nie rühmt euch der Schuld, wenn ihr die Schuld auch begingt.
Niemals gib ein Geschenk, das die andere wiedererkenne:
  Treib das Vergehn auch nicht stets zu der nämlichen Zeit.
Und daß nimmer die Frau im bekannten Versteck dich ertappe,
  Gib dein Stelldichein nicht an dem nämlichen Ort.
Ferner, sooft du schreibst, mußt erst du genau dir die Täflein
  Ansehn; mehr, als du schriebst, lesen sich manche heraus.
Kränkst du die Liebe, so greift sie zur Wehr, und zurück auf dich selber
  Wirft sie den Pfeil, daß du selbst klagst, was sie klagte zuerst.
Als der Atride sich noch mit *einer* begnügte, war diese
  Züchtig; des Mannes Vergehn machte zur Sünderin sie.
Doch sie hörte, daß selbst mit dem Lorbeerzweig und den Binden
  Chryses bei ihrem Gemahl nichts für die Tochter vermocht,
Hörte, wie du, Lyrnesierin, dann, dem Achilles genommen,
  Weintest, wie schmählicher Zwist zog in die Länge den Krieg.

Alles das hörte sie nur, jetzt *sah* sie Priamus' Tochter:
  Von der Gefangenen war schimpflich gefangen der Held.
Da erst nahm sie Thyestes' Sohn in ihr Herz und ihr Bett auf,
  Und an dem schuldigen Mann rächt' Tyndars Tochter sich nun.
Was du erfolgreich versteckt, wenn hernach es doch an das Licht kommt,
  Mag es denn kommen ans Licht, leugne beharrlich es ab!
Sei nicht fügsamer dann und freundlicher, als du zu sein pflegst;
  Dies sind Zeichen zumeist, daß man der Schuld sich bewußt.
Doch nie schon deine Kraft! Nur eines bringt Frieden, Versöhnung:
  Liebesumarmung; damit leugne gehabten Genuß.

Einige schlagen nun vor, man solle die schädliche Pflanze
  Saturei essen, das ist meines Erachtens ein Gift.
Pfeffer auch mischen sie wohl mit dem Samen der brennenden Nessel;
  Gelbliches Bertramkraut reiben sie sich in den Wein.
Aber es läßt nicht so zum Genuß sich zwingen die Göttin,
  Die an des Eryx Höhn weilet im schattigen Tal.
Glänzende Zwiebeln vielmehr, die Alcathous' griechische Feste
  Sendet, anregendes Kraut, das aus den Gärten uns kommt,
Eier auch nimm, und nimm aus Hymettus' Waldungen Honig,
  Endlich die Nuß, die im First stachliger Pinien wächst.

Wirst du gelehrt, Erato, verirrst dich zu magischen Künsten?
  Näher dem Ziel soll jetzt rollen mein Wagen dahin.
Der du auf unser Geheiß dein Vergehn noch soeben verheimlicht,
  Kehr auf unser Geheiß um und enthülle die Schuld.
Schilt mich nicht leichtsinnig darum! Der gebogene Nachen
  Führet die Schiffer nicht stets mit dem nämlichen Wind.

Bald mit dem thrakischen Nord, bald fahren wir hin mit
dem Ostwind.
Jetzt bläht Zephyrus, jetzt blähet die Segel der Süd.
Siehe, wie bald auf dem Wagen mit flatternden Zügeln
der Lenker
Fährt und bald mit Geschick hemmet im Lauf das
Gespann.
Einige gibt's, die schlecht dir danken für schüchterne
Schonung,
Denen die Liebe versiegt, sehn sie allein sich verehrt.
Wenn es zu gut uns geht, pflegt träge die Seele zu
werden.
Mit gleichmütigem Sinn Glück zu ertragen ist schwer.
Wie, wenn die Nahrung verzehrt, allmählich das flüchtige
Feuer
Selbst sich versteckt und darauf weißliche Asche sich
legt,
Doch, wenn mit Schwefel du nahst, die erloschene
Flamme von neuem
Aufschlägt und sich das Licht wieder erzeugt wie
vorher:
So, wenn, träg von der Rast, das Herz zu sicher und
stumpf wird,
Dann muß schärferer Reiz wecken die Lieb in der Brust.
Laß sie sorgen um dich, und erwärme das laue Gemüt ihr:
Werde sie blaß beim Bericht, wie du gesündigt an ihr.
O dreimal – und mehr, als es Zahlen zu nennen
vermögen –
Selig, um den sich ein Weib, das er beleidigt hat, härmt,
Das, wenn ein unwillkommnes Gerücht das Vergehen ihr
zuträgt,
Außer sich ist und vor Schreck kläglich verstummt und
erbleicht.
Wäre doch ich der Mann, dem wütend sie zaust in den
Haaren,
Dem sie das arme Gesicht schlimm mit den Nägeln
zerkratzt,
Den sie mit Tränen im Blick, den mit rollenden Augen sie
ansieht,
Den sie, so sehr sie es wünscht, nimmer zu lassen
vermag.

Fragst du, wie lange? Die Zeit sei kurz, die der Klage du
  gönnest,
 Daß durch längern Verzug nicht sich ermanne der
  Zorn.
Bald, gar bald umschlinge dein Arm ihr den glänzenden
  Nacken,
 Ziehe das weinende Weib sanft an dein zärtliches Herz.
Schenke der Weinenden Küsse, der Weinenden Freuden
  der Venus;
 Dann ist Frieden; nur so bändigst du sicher den Zorn.
Wenn sie am wildesten tobt, wenn sie recht als Feindin
  dir vorkommt,
 Fordre des Bettes Genuß: gleich ist die Tobende sanft.
Ja, dort ruhet die Wehr; dort wohnt nur Frieden und
  Eintracht;
 Glaube mir, dies ist der Ort, welcher die Charis gebar.
Sieh, wie, noch eben im Kampf, verliebt sich schnäbeln
  die Tauben,
 Denen der gurrende Ruf süßes Geplauder vertritt.

Ganz im Beginn war die Welt ein gestaltlos gärender
  Klumpen,
 Sterne und Meer und Land war ineinandergemengt.
Dann erhob sich der Himmel, das Meer umströmte die
  Länder,
 Und in gesondertes Sein löste das Chaos sich auf.
Wild empfing da der Wald, es empfing die Luft ihre
  Vögel,
 Und in die klare Flut glitten die Fische hinab.
Aber das Menschengeschlecht durchirrte die einsamen
  Fluren,
 Kräfte nur waren es erst, Körper, doch ohne Geschick,
Hausten im Wald und schliefen auf Laub und nährten von
  Gras sich,
 Lange währt auch die Zeit, da man einander nicht
  kennt.
Da hat schmeichelnde Lust die wilden Gemüter
  besänftigt,
 Als einst Mann und Weib kamen zum nämlichen Ort.
Was zu tun – das wußten sie gleich, ob keiner es lehrte,
 Und ohne Kunst vollzog Venus ihr süßes Geschäft.

Hat doch der Vogel sein Liebchen, der Fisch inmitten des
  Wassers
  Findet sein Weibchen heraus, dem er in Lust sich
  vereint.
Folgt doch die Hindin dem Hirsch, es umschlingt sich
  Schlange mit Schlange,
  Und in schamloser Lust hängt an der Hündin der Hund.
Fröhlich ergibt sich dem Widder das Schaf, dem Stiere die
  Färse,
  Selbst die plattnasige Geiß fügt sich dem schmutzigen
  Bock.
Stuten ergreift oft die Brunst, sie verfolgen den Hengst
  auf der Weide,
  Der von ihnen getrennt graset, durch Gräben und Fluß.
Darum heile das zürnende Weib mit den kräftigsten
  Mitteln:
  Diese verschaffen allein Ruhe dem wildesten Schmerz.
Die Medizin ist stärker als alle die Tränke Machaons:
  Diese, wie sehr du gefehlt, bringet dich wieder in
  Gunst.

Grad als dieses ich sang, da erschien mir plötzlich Apollo,
  Wie mit der Hand er im Spiel goldene Saiten berührt.
Lorbeer schmückte die Hand, es schlang um die heiligen
  Locken
  Lorbeer sich: er erschien als der erhabne Prophet.
Und er sagte zu mir: „Du Sänger des lockeren Amor,
  An mein heiliges Haus führe die Schüler heran,
Dort, wo die Inschrift steht, die, berühmt rings über den
  Erdkreis,
  Jeglichem Menschen selbst sich zu erkennen befiehlt.
Wer sich selber erkennt, nur der wird lieben mit Weisheit
  Und nach der eigenen Kraft regeln ein jegliches Werk.
Wer ein schönes Gesicht von Natur hat, laß es auch
  sehen,
  Wer gleichmäßig gebräunt, zeig oft die Schulter beim
  Mahl.
Wer durch Sprechen gefällt, der vermeide ein längeres
  Schweigen,
  Singe, wer singt mit Geschick, trinke, wer trinkt mit
  Geschick!

Doch nie darf ein Redner im Liebesgespräch deklamieren,
Nie ein toller Poet laut rezitieren sein Lied."
Dies war Phoebus' Gebot; tut nun, was Phoebus gebietet:
Lautere Wahrheit enttönt seinem erhabenen Mund.

Näher nun rück ich dem Ziel: Wer mit Weisheit liebt, ist des Sieges
Sicher; in unserer Kunst findet er, was er verlangt.
Nicht gibt immer die Furche mit Zins zurück das Vertraute,
Nicht weht immer der Wind günstig dem schwankenden Kiel.
Was uns ergötzt, ist gering; viel mehr, was verletzt in der Liebe.
Drum sei immer der Geist viel zu ertragen gefaßt.
Soviel Bienen Hybla ernährt und Hasen der Athos,
Soviel Pallas' Baum bläuliche Beeren erzeugt,
Soviel Muscheln der Strand: soviel hat Qualen die Liebe;
Jedes Geschoß, das die Brust trifft, ist in Galle getaucht.
Sagt man, sie sei nicht zu Haus, und du hast sie doch eben gesehen,
Denke dann lieber: sie *ist* aus und *du* hast dich versehn.
Ist dir verschlossen die Tür, obschon sie die Nacht dir versprochen,
Streck dich geduldig zum Schlaf hin auf dem schmutzigen Grund.
Heuchlerisch fragt vielleicht hochmütigen Blickes die Sklavin:
„Was nur immer *der* Mensch unsere Türe besetzt?"
Schmeichle mit Demut du den Pfosten des grausamen Mädchens,
Nimm dir die Rosen vom Haupt, schmücke die Türe damit.
Wünscht sie es, nähere dich, doch entferne dich, wenn sie dich meidet:
Kein anständiger Mensch drängt sich dem anderen auf.
„Niemals wird man ihn los!", das laß sie nicht von dir denken;
Oft ja ist sie erregt – manches Mal aber auch nicht.

Halt es für schimpflich auch nicht, Scheltworte des
  Mädchens und Schläge
 Ruhig zu dulden, und küß selbst ihr den niedlichen Fuß.

Doch was verweil ich bei Kleinem? Mein Geist strebt
  höherem Ziel nach;
 Großes verkünd ich; darum höret mir aufmerksam zu!
Steil ist der Weg, doch steil ist der Weg zu jeglicher
  Tugend,
 Schwer ist die Mühe, die jetzt unsere Lehre verlangt:
Trag mit Geduld den Rival, dann winkt dir sicher des
  Sieges
 Palme, dann hast in der Kunst Jupiter selbst du besiegt.
Dies ist nicht menschliches Wort, dies ist der pelasgischen
  Eichen
 Ausspruch: Unsere Kunst kennet nichts Größres als
  dies.
Winkt sie dem Buhlen, ertrag's, und schreibt sie, berühre
  den Brief nicht;
 Möge sie kommen und gehn, wie und wohin ihr beliebt.
Bei der rechtmäßigen Frau wird dies von den Männern
  ertragen,
 Und du, Knäblein Schlaf, hilfst, daß die Rolle gelingt.
In *der* Kunst, ich muß es gestehn, bin ich selber nicht
  Meister,
 Aber was hilft es! Ich bin schwächer einmal als mein
  Spruch.
Soll denn vor meinen Augen ein anderer winken der
  Liebsten?
 Soll ich das dulden und nicht außer mir werden vor
  Wut?
Einst hat der Gönner mein Mädchen geküßt, ich weiß es,
  da klagt ich
 Über den Kuß: in dem Fall bin ich noch oft ein Barbar.
Oft schon schadete mir dieser Fehler; doch *der* ist
  gescheiter,
 Der bei fremdem Besuch selbst den Vermitteler spielt.
Besser jedoch, man weiß von nichts; sie verberge die
  Liebschaft;
 Wenn sie sich nicht mehr verstellt, flieht manchmal
  völlig die Scham!

Drum, o Jüngling, hüte dich wohl, zu ertappen dein
  Liebchen;
  Laß sie sündigen und denken, sie hat dich getäuscht.
Inniger wird bei Ertappten die Liebe; wenn zweie *ein*
  Schicksal
  Teilen, so halten sie auch an ihrer Schuld weiter fest.
Kennt doch der ganze Olymp die vielerzählte Geschichte,
  Wie einst Mulcibers List Venus gefangen und Mars.
Denn Gott Mars, wahnsinnig geplagt von der Liebe zu
  Venus,
  Wurde, der schreckliche Held, plötzlich ein sanfter
  Galan.
Und da er bat, hat Venus – sie ist ja die freundlichste
  Göttin –
  Gegen Gradivus auch nicht bäurisch und spröde getan.
Wie mutwillig sie oft sich über die Beine des Gatten
  Aufhielt, über die Hand, hart von der Arbeit und Glut!
Einmal äffte sie selbst vor den Augen des Mars den
  Vulcan nach;
  Und höchst anmutsvoll stand es der schönen Gestalt.
Aber sie suchten zuerst die Umarmungen klug zu
  verbergen,
  Und mit schüchterner Scham war ihr Vergehen erfüllt.
Da, durch Sols Verrat – wer vermöchte die Sonne zu
  täuschen? –
  Ward dem Vulcan das Tun seiner Gemahlin bekannt.
Was für ein schlechtes Exempel, o Sol! Erbitte dir selber
  Doch ein Geschenk: wenn du schweigst, hat sie auch
  Gaben für dich.
Unsichtbares Gestrick legt um und über das Lager
  Mulciber nun, sein Werk täuschte das schärfste Gesicht;
Gibt dann vor, nach Lemnos zu gehn; die Liebenden
  kommen
  Wieder zusammen: im Netz sind sie gefangen und
  nackt.
Und nun ruft er die Götter herbei, die Gefangnen zu
  schauen.
  Venus hielt mit Müh, sagt man, die Tränen zurück.
Nicht das Gesicht mit der Hand, nicht Busen und Schoß
  zu bedecken
  Steht den Gefesselten frei: also umgarnt sie das Netz.

Da sprach einer und lachte: „Laß mich, o tapferster Mavors,
Nehmen die Fesseln für dich, sind sie dir selber zur Last."
Kaum auf die Bitten Neptuns befreite Vulcan sie der Bande,
Und nach Paphos ging Venus, nach Thrakien Mars.
Doch das hast du davon, Vulcan: was sie früher verbargen,
Tun sie nun frei, da die Scham seit der Entdeckung entflohn.
Freilich gestehst du nun selbst, wie töricht du damals gehandelt,
Und man sagt, du bereust schmerzlich die eigene List.
Davor warn ich, und sieh, euch warnt die ertappte Dione:
Stellt nicht Fallen wie die, welche die Göttin umgarnt!
Sucht den Rival auch nicht in Schlingen zu fangen, belauscht nicht
Worte, die heimlich die Hand redet mit Zeichen und Wink.
Jage nach solcherlei allem der Mann (wenn der Jagd er es wert hält),
Den zum Mann in der Tat Wasser und Feuer gemacht.
Wiederum schwör ich es euch, nur soweit das Gesetz es gestattet,
Treib ich den Scherz; er bleibt fern vom Matronengewand.

Ceres' heiligen Brauch und des thrakischen Samos erhabne
Opfer, wer möchte die wohl keck den Profanen vertraun?
Ja das Verdienst ist klein, von heimlichen Dingen zu schweigen,
Aber die Schuld ist groß, schwatzt das Geheime man aus.
Gut, daß inmitten der Flut der Plauderer Tantalus dürstet,
Daß er umsonst mit der Hand hascht nach den Äpfeln am Baum!
Aber vor allem verlangt Kytherea von ihren Geweihten
Schweigen; ich rate, daß ihr nie ein Geschwätziger naht!

Sind auch Venus' Mysterien nicht in Kisten verborgen,
    Klingen mit wütendem Schlag nicht ihr die Becken von Erz,
Sind vollständig sie doch bei uns in stetem Gebrauche,
    Aber sie bleiben bei uns sorglich vor andern versteckt.
Venus selber ja zieht, sooft die Umhüllung sie ablegt,
    Halb sich zurück und bedeckt scheu mit der Linken den Schoß.
Frei und öffentlich folgt dem Gelüste das Vieh; doch ein Mädchen,
    Wenn es das Treiben sieht, wendet die Blicke es ab.
Tür und Kämmerlein ziemt sich für uns bei den heimlichen Freuden,
    Und auch hier wird die Scham mit dem Gewande bedeckt.
Wenn auch Finsternis nicht, so verlangen wir doch ein gewisses
    Nebliges Dunkel und was weniger hell ist als Licht.
Damals sogar, als noch kein Dach vor Regen und Sonne
    Schützte, die Eiche des Hains Wohnung und Nahrung verlieh,
Schloß man in Wald und Geklüft, nicht im Freien, das Bündnis der Liebe;
    Solches Gefühl für Scham hatte das roheste Volk.
Doch jetzt rühmt man sein nächtliches Tun durch prahlende Schilder,
    Kauft um erkleckliches Geld nichts als ein leeres Geschwätz.
Deshalb probst du, wo du sie triffst, in Masse die Mädchen,
    Daß du jedem vertraust: „Diese auch hab ich gehabt"?
Nur, daß keine dir fehl, auf die mit Fingern du zeigest,
    Wird, wenn du eine berührst, stets sie zum eklen Geschwätz?
Doch das ist nichts: man erdenkt, was, wär es geschehen, man sicher
    Leugnete, und man erklärt: „Keine, die mich nicht erhört!"
Können sie nicht an den Leib, so müssen den Namen sie schänden,
    Wenn sie den Leib nicht berührt, wird doch die Ehre befleckt.

Geh nun, schließe die Tür, unleidlicher Wächter des
   Mädchens,
   Riegel zu Hunderten schieb quer vor das eichene Tor!
Was ist sicher denn noch, wenn der Ruf nicht trotzt dem
   Verführer,
   Der nur wünscht, daß die Welt glaubt, was ihm nimmer
   geglückt?
Ich erzähle sogar von wirklich genossener Liebschaft
   Selten; den mystischen Raub deckt der Verschwiegenheit
   Nacht.

Nehmt euch vor allem in acht, die Gebrechen des
   Mädchens zu rügen,
   Ja, es hat manchem genützt, daß er mit Fleiß sie nicht sah.
Warf Andromedas dunkle Haut ihr doch nimmer der Held
   vor,
   Der an den Füßen ein Paar flüchtiger Fittiche schwang.
Riesenhaft erschien Andromache fast jedem andern –
   Hektor von allen allein fand sie von mäßigem Wuchs.
Was dir nicht recht ist, gewöhne dich dran; du erträgst es,
   die Zeit heilt
   Viel; ist die Liebe noch neu, merkt sie auf jegliches Ding.
Ehe das Pfropfreis fest mit der grünenden Rinde
   verwachsen,
   Mag es die leiseste Luft schütteln, so fällt es herab.
Doch wenn die Zeit es gehärtet, so wehrt es sich gegen
   die Stürme,
   Und sein Pflegekind hält fest der erwachsene Baum.
Ja, es befreit die Zeit von jeglichem Fehler die Körper;
   Was ein Gebrechen dir schien, ist dir nicht hinderlich
   mehr.
Anfangs scheint der Geruch von Stierleder kaum dir
   erträglich:
   Doch mit der Dauer der Zeit täuscht dich der widrige
   Duft.
Lindre die Mängel nur selbst durch Benennungen: nenne
   das Mädchen
   Dunkel, das schwärzeres Blut hat als illyrisches Pech.
„Ähnlich der Venus" sei die, welche schielt, „Minerva" die
   Finstre;
   Stirbt sie vor Magerkeit fast, sei „graziös" sie gebaut.

Nenne die Kleine „behend" und „üppig gewachsen" die
   Dicke;
 Jeglichen Fehler verbirg unter dem ähnlichsten Reiz.
Frag nach dem Alter auch nicht und dem Konsul ihres
   Geburtsjahrs
 (Dieses verdrießliche Amt ist ja dem Zensor vertraut);
Und nun gar, wenn die Blüte dahin, wenn die bessere
   Zeit schon
 Hinter ihr, wenn sie vom Haupt weißgraue Härchen
   schon zupft:
Brauchbar, Jünglinge, ist dies Alter und selbst noch ein
   spätres,
 Dies ist ein Acker, der Frucht trägt, der Bestellung
   verdient.
Weil noch Zeit und Kraft es erlaubt, scheut nimmer die
   Arbeit!
 Schweigenden Schrittes, gekrümmt nahet das Alter sich
   schon.
Furchet mit Schiffen das Meer und furcht das Land mit
   dem Pflugschar
 Oder bewehret die Hand kriegrisch mit grimmigem Stahl,
Oder verwendet die Kraft mit Seel und Leib auf die
   Mädchen:
 Dies ist ein Kriegsdienst auch, dieses ist auch von
   Gewinn.
Auch sind die älteren viel erfahrener in dem Geschäfte,
 Haben die Übung, und *die* macht ja den Meister allein,
Wissen der Jahre Gebrechen durch sauberen Schmuck zu
   ersetzen
 Und erreichen durch Kunst, daß man ihr Alter nicht
   merkt.
Wie du es möchtest, sie kennen tausend Arten der Liebe,
 Und kein Maler erfand Stellungen mehr noch als sie.
Sie empfinden die Lust, auch wenn sie dazu nicht gereizt
   sind:
 Das ist Genuß, wo zugleich Mann ihn empfindet und
   Weib.
Widrig ist solch ein Umarmen, wovon nicht beide
   zerschmelzen:
 Weniger hat mich darum Liebe zu Knaben gereizt.

Die auch hasse ich drum, die nur aus Berechnung sich
   hingibt,
   Trocken daliegt und steif, nur an die Hausarbeit denkt.
Die man aus Pflicht mir schenkt, die Wollust ist mir
   zuwider.
   Pflicht und Dienst soll nie fesseln ein Mädchen an mich.
Ja, mich freut es, wenn sie gesteht, daß sie glücklich
   gewesen,
   Und auch bittet zugleich: „Bleibe doch, halte noch aus!"
Sehen möcht ich die Augen der Herrin in Wonne
   verschwimmen,
   Daß sie ermattet zuletzt sagt: „Bitte, bitte, nicht mehr!"
Solcherlei Reiz schenkt nicht die Natur der früheren
   Jugend:
   Dreißig Jahre und fünf muß man verleben vorher.
Wenn es dir eilt, so trinke den Most; mir sprudle von altem
   Jahrgang würdiger Wein, lang auf dem Zapfen bewahrt.
Spät erst leiht die Platane dir Schutz vor den Strahlen des
   Phoebus,
   Und auf keimendem Gras ritzt man den nackenden
   Fuß.
Möchtst du der Helena wohl die Tochter Hermione
   vorziehn?
   Und war Gorge wohl besser, als die sie gebar?
Wenn du darum dich entschließt, zu reiferer Liebe zu
   greifen,
   Und du harrest nur aus, bist du des Lohnes gewiß.

Sieh, das vertrauliche Bett empfing nun die beiden
   Geliebten.
   Hemm, o Muse, den Schritt vor dem verschloßnen
   Gemach!
Ganz ohne dich vermag man dort schöne Worte zu
   finden,
   Und auch die linke Hand bleibt ohne Tätigkeit nicht.
Sicher finden die Finger zu tun in jenen Bereichen,
   Da, wo heimlicherweis Amor die Pfeile benetzt.
So hielt es auch mit Andromache schon Hektor, der
   kühne,
   Nicht allein für den Krieg war zu gebrauchen der
   Mann.

Mit der gefangnen Briseïs aus Lyrnesus tat es Achilles,
  Wenn er, müd von der Schlacht, lag auf das Lager gestreckt.
Ließest du wirklich es zu, Briseïs, daß mit den Händen,
  Welche von Phrygerblut stets trieften, er oft dich berührt?
Oder war es das eben, was deine Lust noch gesteigert,
  Daß diese siegreiche Hand so deine Glieder gesucht?
Glaubt mir, man darf die Freuden der Liebe nicht überstürzen,
  Langsam lockt sie hervor, zögert sie weise hinaus!
Wenn du die Stellen gefunden hast, deren Berührung der Freundin
  Wohltut, laß nicht die Scham hindern, daß du sie berührst.
Dann wirst du sehn, wie die Augen in zitterndem Lichte erstrahlen,
  So wie vom Spiegel des Sees leuchtet die Sonne zurück;
Dann werden Klagen folgen, es folgt ein verliebtes Gestammel,
  Sanfte Seufzer sodann, Worte, die passen zum Spiel.
Aber laß nicht die Geliebte zurück, mit größeren Segeln
  Fahrend, noch auch sei sie schneller im Laufe als du!
Beide zugleich erreichet das Ziel! Nur dann ist vollkommen
  Euer Genuß, wenn zugleich beide besiegt und erlöst.
So geh ans Werk, wenn dir Freiheit und Muße genügend beschieden
  Sind und wenn nicht die Furcht dränget bei heimlicher Lust.
Doch bringt das Zögern Gefahr, dann legt euch fest in die Ruder,
  Dann ist es nützlich auch, kräftig zu spornen das Pferd.

Hier ist das Ende des Werks. Gib, dankbare Jugend, die Palme,
  Bringe dem duftigen Haar Kränze aus Myrten zum Schmuck.
Wie bei dem Danaërheer Podalirius groß in der Heilkunst,
  Groß durch sein Schwert Achill, Nestor gepriesen im Rat,

Kalchas als Seher berühmt, Automedon, Wagen zu lenken,
  Telamons Sohn im Kampf: so bin im Lieben *ich* groß.
Preist, ihr Männer, mich laut als Seher und stimmet mein
    Lob an,
  Und auf dem Erdkreis rings töne mein Ruhm im
    Gesang.
Waffen bereitet ich euch, wie Vulcan sie gab dem Achilles:
  Sieget mit meinem Geschenk, so wie Achilles gesiegt.
Wer mit dem Stahl, den ich gab, Amazonen zu Boden
    gestreckt hat,
  Schreib auf die Spolien dann: „Naso hat dieses gelehrt."

Sieh, da bitten mich gleich um Belehrung die lieblichen
    Mädchen.
  Gut! Ich werde für euch sorgen im nächsten Gesang

Drittes Buch

Zum Amazonengefecht verlieh ich den Danaërn Waffen,
 Waffen empfängt dein Volk, Penthesilea, nun auch.
Kämpft gleichmäßig bewehrt. Es siegt, wem die hohe Dione
 Hold und der Knabe, der rings flattert umher auf der Welt.
Wider Gerechtigkeit wär's, daß ihr nackt mit Bewaffneten
 kämpftet.
 Ja, ein Sieg wie *der* brächte den Männern nur Schimpf.
Aber da fragt mich mancher vielleicht: „Leihst Gift du den
 Schlangen?
 Lieferst den Schafstall du rasenden Wölfinnen aus?"
Halt! – und laßt nicht die Schuld von wenigen gelten für
 alle.
 Prüft nach Wert und Verdienst jegliches Mädchen für
 sich.
Atreus' jüngerer Sohn mag Helena, Helenas Schwester
 Atreus' älterer Sohn zeihen mit Recht des Vergehns.
Amphiaraos, durch des Talaos Tochter verraten,
 Fuhr samt seinem Gespann lebend hinunter zum Styx.
Aber Penelope blieb, ob auch zehn Jahre die Irrfahrt
 Und zehn Jahre der Krieg dauerte, treu dem Gemahl.
Denk an Phylakes Held und an sie, die folgte dem Gatten
 Und, noch eh ihr Geschick rief, zu dem Acheron ging.
Hat nicht den Tod des Gemahls, des Pheretiaden, Alkestis,
 Die zu dem Holzstoß ging statt des Gemahles, erkauft?
„Nimm mich auf, Kapaneus! Es vermische sich unsere
 Asche!"
 Rief Euadne und sprang mitten hinein in die Glut.
Heißt doch die Tugend sogar ein Weib: als weibliche
 Gottheit
 Ehrt man sie. Wundre dich nicht, wenn sie den Ihren
 gefällt!

174

Freilich, unsere Kunst verlangt nicht Seelen wie diese:
  Kleineres Segelgerät schickt sich für unseren Kahn.
Von mir lernt man nur mutwilliges Liebesgetändel:
  Wie man Mädchen und Fraun liebe, das lehrt mein Gedicht.

Frauen befassen sich nicht mit grimmigen Bogen und Fackeln:
  Selten, daß solch ein Geschoß Männer zu Schaden gebracht.
Oft bricht die Treue der Mann: höchst selten die zärtlichen Mädchen,
  Wenige, forschest du nach, sind des Betruges zu zeihn.
Iason verließ Medea, nachdem sie ihm Kinder geboren,
  Herzte, des Aesons Sohn, treulos ein anderes Weib.
Theseus ließ Ariadne im Stich am fremden Gestade.
  Kam es auf *ihn* an, sie ward Vögeln des Meeres zum Fraß.
Frage, warum *ein* Weg „*Neun* Wege" genannt ist, und höre,
  Daß um Phyllis der Wald weinend gestreuet sein Haar.
Fromm nennt einen der Ruf; doch bot er selber, der Gastfreund,
  Dir, Elissa, das Schwert, weihte dich selber dem Tod.
Wißt ihr auch, was euch verdarb? Ihr verstandet euch nicht auf die Liebe;
  Kunst hat allein euch gefehlt, Kunst, die ihr Dauer verleiht.
Jetzt auch verständen die Mädchen es nicht: da trat Kytherea
  Zu mir und trug mir auf, sie zu belehren darin,
Sagte darauf: „Was haben die Mädchen, die armen, verschuldet,
  Daß man sie wehrlos preisgibt dem bewaffneten Mann?
Er ist zum Meister der Kunst schon durch zwei Bücher erzogen:
  Bilde mit Lehr und Rat jetzt auch das andre Geschlecht!
Der mit Schmähungen erst die therapnische Schöne verfolgte,
  Sang mit versöhnendem Spiel später der Helena Lob.
Kenn ich dich recht, so tust du nicht klug, die Mädchen zu kränken,
  Da du, solange du lebst, Gnade von ihnen verlangst."

Sprach's, und vom Myrtengewind – ihr Haar war mit
  Myrten umwunden –
  Gab sie ein Blatt mir und gab einige Beeren dazu.
Bei dem Geschenk auch spürt ich die Gottheit; der Äther
  erglänzte
  Reiner, und völlig entschwand jegliche Schwere der
  Brust.
Weil sie mir Geist noch verleiht, sucht hier euch Lehren,
  ihr Mädchen,
  Denen Gesetz und Scham, denen ihr Recht es erlaubt.
Jetzt schon denket daran, daß einst doch nahet das Alter;
  So wird nutzlos euch nimmer verrinnen die Zeit.
Scherzt, solang es noch geht, solange der Frühling des
  Lebens
  Blühet. Das Leben enteilt, eilt wie die Welle des Bachs.
Eilte die Welle dahin, so rufst du nimmer sie wieder:
  Eilte die Stunde dahin, kehrt sie dir nimmer zurück.
Auf und benutzet die Zeit! Die Zeit flieht stürmischen
  Schrittes,
  Und die da folgt, ist nie gut, wie die frühere war.
Hier dies fahle Gesträuch, ich sah es als blühende
  Veilchen,
  Hier von dem struppigen Dorn pflück ich mir Rosen
  zum Kranz.
Kommt doch die Zeit, wo du, die jetzt du den Liebenden
  ausschließt,
  Frostig als Greisin bei Nacht liegst im verödeten Bett.
Dann wird nächtlicher Zank dir nimmer die Türe
  zerbrechen,
  Nicht mehr findest du sie morgens mit Rosen bestreut.
Weh mir Armem, wie bald wird schlaff von Runzeln der
  Körper,
  Weh, wie die Farbe so bald schwindet vom schmucken
  Gesicht!
Schwöre uns, daß dir als Kind schon graue Haare
  gewachsen,
  Wenn du plötzlich bemerkst: völlig ergraut ist dein Haar!
Freilich, die Schlange, sie streift mit der Haut ihr Alter
  herunter,
  Nicht zum Greis wird der Hirsch, wenn das Geweih er
  verliert.

Unsere Reize, sie fliehn, da hilft nichts; pflücke die
   Blume!
   Pflückst du sie nicht, so fällt häßlich von selber sie ab.
Nimm hinzu, daß Geburten die Zeit der blühenden
   Jugend
   Kürzen. Das Feld wird erschöpft, erntet man immer
   darauf.
Luna, du darfst dich des Latmiers nicht, des Endymion,
   schämen,
   Laß dich des Cephalus Raub, rosige Göttin, nicht reun.
Schweigen wir ganz von Adonis, den Venus noch heute
   betrauert,
   Hat sie Harmonia denn und den Aeneas – von nichts?
Folgt denn, sterbliche Fraun, der unsterblichen Göttinnen
   Beispiel
   Und verweigert die Gunst nicht dem verlangenden
   Mann.
Wenn er euch wirklich betrügt, was verliert ihr? Alles
   verbleibt euch.
   Nähm er auch Tausende sich, wird es doch weniger
   nicht.
Eisen nutzt ab der Gebrauch, es zerreibt sich selber der
   Kiesel:
   Das hält vor, ein Verlust ist nicht zu fürchten dabei.
Wer verbietet, daß einer sich Licht anstecke vom Lichte,
   Wer verschließt in des Meers Schlünden die ewige Flut?
Dennoch sollt eine Frau zum Manne sagen: „Das lohnt
   nicht"?
   Sag, was verlierst du dabei? Wasser zur Spülung nachher.
Nicht erniedrigen soll euch mein Wort, nur die nichtige
   Furcht euch
   Nehmen. Bei euerm Geschenk ist in der Tat kein
   Verlust.
Aber hernach erst hab ich mit stärkeren Winden zu
   segeln,
   Da wir im Hafen noch sind, treibe mich sanftere Luft.

Körperpflege und Putz ist der Anfang. Pflegst du die
   Trauben,
   Sprudelt der Wein. Hoch sprießt, pflegst du den Acker,
   die Saat.

Schönheit ist Göttergeschenk: wie wenige rühmen sich
dessen!
　Gar zu viel von euch gibt's, denen es gänzlich gebricht!
Sorgfalt verleiht euch Reiz. Nachlässigkeit tötet die Reize,
　Wärt ihr wie Göttinnen schön, schön wie Idalia selbst.
Pflegten vor alters den Schmuck nicht so mit Sorgfalt die
Mädchen,
　War auch vor alters der Mann nicht so verfeinert wie
jetzt.
Wenn sich Andromache da mit tüchtigen Röcken
staffierte,
　War es kein Wunder: ihr Mann war ja ein rauher
Soldat.
Könntest in zierlichem Schmuck als Ajax' Weib du
erscheinen,
　Der mit Stierfell sich siebenmal deckte den Leib?
Einfach war man früher und roh. Jetzt strahlet von Golde
　Rom, der eroberten Welt herrlichste Schätze sind sein.
Blick nur zum Kapitol – was es jetzt ist, was es gewesen:
　Jupiter, dächte man fast, war da ein anderer Gott.
Siehe die Kurie, jetzt höchst würdig der hohen
Versammlung:
　Während des Tatius Reich war sie von Schilf und von
Stroh.
Wie das Palatium strahlt, von Phoebus beschirmt und den
Fürsten!
　Nur Pflugstieren vordem diente zur Weide der Platz.
Lobe das Alte, wer will. Ich preis es als Glück, daß ich
jetzt erst
　Lebe; nach Art und Sinn passen wir: ich und die Zeit.
Nicht weil jetzt das geschmeidige Gold aus der Erde
gewühlt wird,
　Weil man Perlen sich holt von dem entlegensten Strand,
Nicht weil man ganze Gebirg durch Marmorbrüche jetzt
abträgt,
　Weil man durch Molen des Meers bläuliche Fluten
vertreibt:
Nein, weil Bildung herrscht und der Ahnherrn bäurische
Sitte
　Nicht mehr dauert und nicht unserer Zeit sich vererbt.

Ihr auch, Mädchen, beschwert nicht das Ohr mit kostbaren Steinen,
  Die in der grünlichen Flut dunkele Inder gesucht.
Geht nicht belastet umher mit golddurchwirkten Gewändern!
  Oft verscheucht uns die Pracht, die uns zu fesseln bestimmt.
Sauberkeit nimmt uns ein: ungeordnet flattre das Haar nicht,
  Welchem die Hand, die es schmückt, Reize verleiht und versagt.
Nicht sei der Schmuck von einerlei Art: es wähle sich jede,
  Was sie kleidet; zuvor werde der Spiegel gefragt.
Für ein langes Gesicht paßt schön ein reinlicher Scheitel.
  Dies war der Haarschmuck, den Laodamia gewählt.
Aber ein rundes Gesicht verlangt, daß ein niedriger Knoten
  Über der Stirn bleibt – so, daß man die Ohren noch sieht.
Links und rechts wallt jener das lockige Haar um die Schultern,
  Wie du, Phoebus, es trägst, wenn zu der Leier du singst.
Aber die andere knüpft es nach Art der geschürzten Diana,
  Wenn sie zur Jagd auszieht auf das erschrockene Wild.
Diese gefällt, wenn locker die Haare die Stirne umspielen,
  Jene, wenn künstlich getürmt Locken zur strengen Frisur.
Diese versucht es nach Art der kyllenischen Leier zu ordnen.
  Ähnlich den Wellen der Flut kräuseln es andere sich.
Aber man zählt nicht die Früchte im Wipfel der ästigen Eiche,
  Nicht der hybläischen Flur Bienen, das Wild auf der Alp:
Noch kann *ich* dir die Zahl der verschiedenen Moden berichten,
  Fügt doch ein jeglicher Tag Neues dem Alten hinzu.
Auch nachlässiges Haar steht mancher vortrefflich; du glaubst fast,
  Daß es von gestern noch liegt: eben nur ist es gekämmt.

Zufall scheine die Kunst. Als so nach eroberter Feste
  Herkules Iole sah, rief er: „Die wähl ich für mich!"
So sah, Gnosierin, dich, die Verlaßne, der Gott, da die Satyrn
  „Evoë" jauchzten, und hob dich auf sein Panthergespann.
Oh, wie eure Natur von selbst zum Schmucke sich eignet,
  Wie auf so mancherlei Art jeglichen Schaden ihr heilt.
Wir stehn schmählich entblößt, wenn die Haare vom Alter entrafft sind
  (Wie wenn die Blätter der Nord schüttelt, so fallen sie ab),
Während die Frau das ergrauende Haar mit germanischem Saft färbt,
  Daß durch die Kunst es sogar besser noch wird als zuvor,
Während mit buschigem Schopf – von erhandeltem Haar – sie einhergeht
  Und für Geld den Besitz andrer zum eigenen macht.
Ja, sie errötet auch nicht, sie offen zu kaufen; sie stehen
  Feil vor der Jungfraun Chor, Herkules grad im Gesicht.

Soll von Kleidern ich reden? Ich will nicht teure Besätze,
  Will nicht Wolle, vom Rot tyrischer Schnecken gefärbt.
Da für geringeren Preis so mancherlei Farbe zu haben,
  Sei nicht toll und trag all dein Vermögen am Leib!
Hier ist die Farbe der Luft, wenn sie nicht von Wolken getrübt wird
  Und wenn der lauwarme Süd nicht sie mit Regen erfüllt.
Diese vergleicht sich mit dir, die einstmals Phrixus und Helle,
  Wie man erzählt, der List Inos entrückt haben soll.
Die sieht ähnlich der Flut: von der Flut auch führt sie den Namen;
  Nymphen bedecken sich wohl, denk ich, mit solch einem Kleid.
Die ist dem Krokus gleich; es hüllt sich die tauige Göttin,
  Wenn sie ihr leichtes Gespann schirret, ins Krokusgewand.
Purpurn, gleich Amethyst, wie die paphischen Myrten ist eine,
  Blassen Rosen gleicht die, thrakischen Kranichen die.

Deine Kastanien sind hier, Amaryllis, und blühende
  Mandeln,
  Und nach dem Wachs auch sind wollene Stoffe
    benannt.
So viel Farben die Erde gebiert, wenn in lauwarmer
  Lenzluft
  Augen der Weinstock treibt, da nun der Winter
    entflohn,
So viel oder noch mehr trinkt Farben die Wolle: du wähle,
  Denn nicht jegliche steht jeglichem Mädchen auch gut.
Schwarz steht Mädchen mit schneeiger Haut, so ging es
  Briseïs:
  Als sie geraubt ward, trug grad sie ein dunkeles Kleid.
Weiß steht besser den Braunen: in weißen Gewändern
  gefielst du,
  Kepheus' Tochter, und bist so nach Seriphos gebracht.

Bald auch hätt ich gewarnt, daß der Bock nicht unter den
  Achseln
  Laure, daß stachliges Haar nicht euch die Schenkel
    entstelle.
Doch ich belehre ja hier nicht Mädchen aus Kaukasus'
  Felsschlucht
  Noch, die Caïcus' Flut schöpfen am mysischen Strand.
Geb ich die Vorschrift noch, daß ihr nicht nachlässig die
  Zähne
  Lasset vergilben und früh spület mit Wasser den Mund?
Selber ja wißt ihr sogar euch weiß mit Schminke zu
  färben,
  Und die nicht von Natur blüht, sie blüht durch
    Kunst.
Kunst lehrt zwischen den Brauen den ledigen Platz euch
  ergänzen,
  Wie durch ein Häutlein wird sauber die Wange
    bedeckt.
Fein umzieht ihr die Augen sogar mit zerriebener Kohle
  Oder mit Krokus, den du, glänzender Cydnus, erzeugt.
Früher verfaßt ich ein Buch: „Von den Schönheitsmitteln
  der Frauen";
  Klein ist es zwar, doch groß, wenn man die Sorgfalt
    erwägt.

Das auch fraget um Rat, hat irgend die Schönheit gelitten,
  Nie ist unsere Kunst lässig in euerem Dienst.
Doch daß nie auf dem Tisch Schminktöpfchen vielleicht der Geliebte
  Finde! Versteckt muß stets helfen die Kunst dem Gesicht.
Denn wen beleidigt es nicht, wenn im ganzen Gesichte die Hefe
  Klebt und zum Busen hinabtrieft, von der Schwere gelöst!
Wie erst Oesopum stinkt, wenngleich ihr des schmutzigen Schaffells
  Klebrigen Saft weither selbst von Athen euch besorgt!
Billigen kann ich auch nie, wenn ein Mädchen in anderer Beisein
  Hirschmarksalbe gebraucht oder die Zähne sich putzt.
Schönheit verleiht das wohl, doch unschön ist es zu sehen.
  Vieles ist häßlich zu tun, was doch, vollendet, gefällt.
Sieh die Statue, welche den Namen des tüchtigen Myron
  Trägt – sie war nur ein Stein, war nur ein träges Gewicht.
Gold wird geschmiedet, damit ein kostbarer Ring draus entstehe,
  Schmutzige Wolle war erst, was als Gewand du jetzt trägst.
Venus, die nackende dort, die die triefenden Locken sich auswringt,
  War, das vortreffliche Werk, früher ein eckiger Block.
Du auch, wenn du dich schmückst, laß stets uns glauben, du schläfst noch,
  Besser, wir sehen dich erst, trittst du vollendet hervor.
Muß ich denn wissen den Grund, warum so weiß dein Gesicht ist?
  Schließe des Kämmerleins Tür, zeig nicht die Skizze des Werks!
Vieles ist gut, wenn der Mann es nicht weiß; es verletzen die meisten
  Dinge, bei denen du nicht sorglich das Innre versteckst.
Sieh im geschmückten Theater dich um, wie die goldenen Bilder
  Strahlen: sie sind von Holz, dünn nur bezogen mit Blech.

Aber das Volk darf nicht hinein, eh alles bereit ist:
  So auch halte den Mann fern, wenn du schmückst die Gestalt.
Doch ich verbiete dir nicht, vor ihm dir zuweilen die Haare
  Kämmen zu lassen, daß lang wallen die Locken herab.
Hüte vor allem dich dann, gar mürrische Launen zu zeigen,
  Löse von neuem nicht stets auf das geflochtene Haar!
Laß auch die Sklavin in Ruh; ich hasse das Weib, das den Mägden
  Kratzt ins Gesicht und den Arm ihnen mit Nadeln zersticht.
Jene verflucht der Gebieterin Haupt, das sie unter der Hand hat,
  Blutet und weint in das Haar Tränen des Hasses hinab.
Ihr mit dürftigem Haar stellt Wachen auf euere Schwellen
  Oder besorget den Schmuck immer an Faunas Altar!
Einstmals meldete man mich plötzlich bei einer Gewissen:
  In der Verwirrung des Schrecks setzte das Haar sie verkehrt.
Grund zu so schmählicher Scham mag höchstens den Feinden ich gönnen.
  Falle der Schimpf auf das Haupt parthischer Mädchen und Fraun.
Häßlich ein Tier, dem der Schweif, und häßlich ein Feld, dem das Gras fehlt.
  Häßlich ein Strauch ohne Laub oder ein Kopf ohne Haar.

Nicht will Semele ich bei mir noch Leda belehren
  Noch, die das Trugbild des Stiers führte von Sidon durchs Meer,
Helena nicht, die du – kein Tor! –, Menelaus, zurückholst
  Und du – ebenso klug –, troïscher Räuber, versagst.
Meine Belehrung sucht der Häßlichen Schwarm und der Schönen,
  Aber die Häßlichen sind immer die größere Zahl.
Denn ein reizendes Weib fragt nicht nach künstlichen Regeln,
  Sie hat eignen Besitz: Schönheit, die mächt'ger als Kunst.

Ist in Ruhe das Meer, kann sorglos zögern der Schiffer,
  Doch wenn es tobt, dann treibt emsig zum Rudern er an.
Selten nur ist ein Gesicht ganz frei von Fehlern; versteck sie,
  Wie du nur kannst, und verbirg auch die Gebrechen des Leibs.
Setze dich, bist du zu klein, daß du stehend nicht scheinest zu sitzen:
  Streck deine kleine Gestalt lang auf dem Sofa auch aus,
Und daß auch so nicht der Ruhenden Maß alsbald sich verrate,
  Hülle mit deinem Gewand lässig die Füße dir ein.
Die zu schmächtig und dünn, die wähle sich dickere Stoffe,
  Und in faltigem Bausch werfe den Mantel sie um.
Bist du zu blaß, so nimm ein Gewand mit purpurnen Streifen!
  Oder zu braun? Dann hilft besser ein pharisches Kleid.
Ist unförmig der Fuß, versteck ihn in schneeigem Leder!
  Hast du ein mageres Bein, binde die Riemen nicht ab!
Sind deine Schultern zu hoch, bediene dich flacherer Schnallen,
  Und umwinde die Brust, wenn sie der Füllung bedarf.
Sind deine Finger zu dick und hast du brüchige Nägel,
  Rege, was immer du sprichst, wenig die Hände dabei.
Wenn aus dem Munde du riechst, so sprich nicht, eh du gefrühstückt,
  Halt ein wenig dich auch fern von des Mannes Gesicht.
Sind dir die Zähne gestockt, sind schlecht sie im Munde gewachsen
  Oder zu groß, dann bringt Lachen vor allem Gefahr.
Sollte man's glauben, es lernt nach Vorschrift zu lachen das Mädchen,
  In dem Punkt auch sucht eigene Grazie sie:
Öffne sie mäßig den Mund und habe sie Grübchen an beiden
  Seiten und bleibe der Zahn halb von der Lippe bedeckt.
Laß sie beständig auch nicht mit Gelächter erschüttern das Zwerchfell,
  Leise nur sei es und sei etwas von Weiblichkeit drin.

Manche verzerrt das Gesicht zu widerwärtigem Grinsen,
 Oder du glaubst, sie weint, wenn sie nur unmäßig lacht.
Dann ist endlich ein Ton, unleidlich, ein heiseres Krähen,
 Wie von der Mühle her gräßlich der Esel iaht.

Was doch die Kunst nicht lehrt! Mit Anstand lernen sie weinen,
 Weinen zu jeglicher Zeit, wann es und wie es beliebt.
Wird der gehörige Laut doch sogar beim Sprechen verstümmelt,
 Daß sich die Zung auf Befehl künstlich zu lispeln bequemt.
Auch der Fehler gefällt, manch Wort nicht richtig zu sprechen:
 Ja man redet mit Kunst schlechter, als man es versteht.

Auf dies alles – denn alles das nützt – legt Eifer und Sorgfalt,
 Lernt auch, wie ihr beim Gehn weibliche Haltung bewahrt.
Ja, es liegt auch im Gang ein Reiz, der nicht zu verachten,
 Männer, die nie euch gesehn, lockt er und stößt er zurück.
Diese bewegt mit Geschick die Hüften, die wallenden Kleider
 Flattern im Wind; mit Stolz hebt sie gemessen den Fuß.
Jene, mit langem Schritt, gemächlich und breitbeinig geht sie,
 Wie eines umbrischen Wirts derbe, rotbäckige Frau;
Doch, wie in vielem, ist hier auch ein Maß. Ist bäurisch der eine
 Gang, ist der andere wohl weichlicher, als es sich ziemt.
Aber den unteren Teil der Schulter, den obern des Armes
 Trag entblößt, daß von links her man sogleich es gewahrt.
Das steht euch reizend, zumal euch Weißen! Sooft ich es sehe,
 Möcht ich die Schulter sogleich küssen, soweit sie sich zeigt.

Wunder des Meers wart ihr, Sirenen, die einst ihr mit heller
 Stimme das flüchtigste Schiff hieltet im Laufe zurück.

Als euch Sisyphus' Sohn vernahm, da riß er beinah sich
  Los vom Mast; doch Wachs schloß den Gefährten das
    Ohr.
Schmeichelnd und süß ist Gesang: drum übt euch,
    Mädchen, im Singen.
  Manche schon brachte die Stimm statt des Gesichts an
    den Mann.
Singt bald, was ihr gehört im Marmorrund des Theaters,
  Bald ein lustiges Lied, wie an dem Nil es erklingt.
Auch mit der Rechten den Stab, mit der Linken die Zither
    zu führen
  Muß ein gebildetes Weib, wie ich es wünsche, verstehn.
Fels und Getier hat die Leier bewegt des thrakischen
    Orpheus,
  Dich, dreiköpfiger Hund, Sümpfe des Tartarus, euch.
Und auf deinen Gesang, du gerechtester Rächer der
    Mutter,
  Haben die Steine von selbst Mauern zu baun sich
    beeilt.
Selbst auch der stumme Fisch war dennoch der
    menschlichen Stimme
  Hold: von Arions Spiel ist ja die Sage bekannt.
Über melodische Saiten des Nablions lerne mit beiden
  Händen zu rauschen: sie sind passend für heiteren
    Scherz.

Sei des Kallimachos Lied dir bekannt und der koïsche
    Dichter,
  Und was der teïsche Greis lustig ersonnen beim Wein.
Sei dir auch Sappho bekannt; wer wäre verliebter als diese?
  Lerne, wie Geta, der Schelm, listig den Vater betrügt.
Dann auch magst du das Lied des zarten Propertius lesen,
  Auch von Gallus ein Stück oder, Tibullus, von dir
Oder, was Varro besang – das Gedicht vom Vlies mit der
    goldnen
  Wolle, das Unheil dir, Schwester des Phrixus, gebracht,
Dann des Aeneas Flucht, den Beginn der erhabenen Roma:
  Das ist das herrlichste Werk, dessen sich Latium rühmt.
Mag mit diesen vielleicht dann auch mein Name sich
    mischen,
  Daß nicht Lethes Strom völlig entrafft, was ich schrieb,

Und daß einer noch sagt: „O lies doch die feinen Gedichte
  Unseres Meisters, worin beide Partein er belehrt.
Such aus den Büchern dir auch, aus den dreien, die ‚Liebesgedichte'
  Heißen, ein Lied und lies sanft es in schmelzendem Ton.
Lies mit getragener Stimme vielleicht auch einen der Briefe:
  Neu ist die Gattung; vor ihm hat sie kein andrer versucht."
Wolle das Phoebus verleihn und ihr, Schutzgötter der Dichter,
  Ihr neun Schwestern und du, Bacchus, mit Hörnern geschmückt!

Zweifelt ihr, daß ich die Kunst zu tanzen vom Mädchen verlange,
  Daß beim Gelag sie auf Wunsch zierlich bewege den Arm?
Liebt man die Künstlerin doch, die gewandt sich dreht auf der Bühne,
  So viel Anmut liegt in der Bewegung beim Tanz.

Ungern mahn ich an Kleinliches noch, wie daß ihr der Würfel
  Kraft und Bedeutung bekannt sei und der Knöchel Gebrauch,
Daß bald dreimal sie wirft, bald nachdenkt, wen sie am schlausten
  Sich zum Gefährten erwählt oder zum Gegner erkürt.
Spiele mit Vorsicht auch und gescheit sie im kriegrischen Brettspiel,
  Wo zwei Feinde zugleich schlagen den einzelnen Stein,
Wo der Soldat, ohne Deckung betroffen, in schwerer Bedrängnis
  Kämpft und den nämlichen Weg öfters der Gegner durchläuft.
Wenn in ein offenes Netz die geglätteten Kugeln man schüttet,
  Nimm sie heraus, doch so, daß du nicht andre berührst.

Dann ist ein Spiel, das durch Linien so in Felder geteilt ist,
  Daß sie den Monaten gleichkommen des flüchtigen Jahrs.
Mit drei Steinen besetzt man das Brett von dieser und jener
  Seite, und nun siegt der, welcher die seinen nicht trennt.
Tausenderlei von Spielen versucht! Es ist schlimm, wenn ein Mädchen
  Nicht zu spielen versteht; spielend erobert sie oft.
Aber das wenigste ist, sich klug zu bedienen der Würfel;
  Schwieriger ist's, sich beim Spiel gut zu betragen verstehn.
Nicht auf der Hut sind wir; wir öffnen im Eifer die Herzen,
  Spiel deckt öfters die Brust bis in ihr Innerstes auf.
Dann naht Zorn mit verzerrtem Gesicht, dann naht die Gewinnsucht,
  Streit und Schmähung und Zank und der Erbitterung Schmerz.
Kränkender Vorwurf hallt und Geschrei weithin durch die Lüfte;
  Jeder beschwört und ruft Götter zur Hilfe im Zorn.
Falschspiel vermutet man schon! Was wünscht man sich nicht mit Gelübden!
  Manches Gesicht sogar sah ich mit Tränen benetzt.
Jupiter mag *die* Frau vor so häßlichen Fehlern bewahren,
  Der im geringsten daran liegt, daß sie Männern gefällt.

Diese Vergnügungen gab mit kärglicher Hand die Natur euch.
  Reicheren Stoff zum Spiel bietet den Männern sie dar.
Sie erfreun sich am flüchtigen Ball, Reiftreiben und Speerwurf,
  Schwingen das Schwert, und im Kreis lassen sie rennen das Roß.
Weder das Marsfeld sieht noch sieht *euch* die kühlende Quelle
  Virgo, noch gleitet ihr sanft hin auf dem tuskischen Strom.
Aber ihr dürft und sollt in Pompeius' Halle doch wandeln,
  Wenn auf der Jungfrau Haupt glühet das Himmelsgespann.

Geht zum Palatium auch, zum Tempel des lorbeerumkränzten
    Phoebus, der Canopus' Kiel jüngst in die Fluten versenkt!
Geht zu den Bauwerken dann, die Schwester und Gattin des Fürsten
    Und, den des Seesiegs Preis kränzet, sein Eidam erbaut,
Zu der memphitischen Kuh weihrauchumdampften Altären,
    Geht ins Theater und wählt Plätze, wo jeder euch sieht!
Sehet dem Kampfspiel zu, wo der Sand sich vom rauchenden Blut färbt,
    Seht, wie das glühende Rad hastig sich schwenkt um das Ziel!
Was sich verbirgt, kennt niemand, und was man nicht kennt, das entzückt nicht.
    Kann dir ein schönes Gesicht nützen, wenn keiner es sieht?
Wenn du vorzüglicher auch als Thamyras sängst und Amoebeus,
    Brächte dein Spiel, das man nie hörte, dir wenige Gunst.
Hätte sein Venusbild der Koër Apelles verheimlicht,
    Läg in der Meerflut noch heute die Göttin versteckt.
Streben nach anderem denn als Ruhm die heiligen Sänger?
    Dies ist der einzige Wunsch, der uns beim Dichten beseelt.
Göttern und Königen lagen vordem am Herzen die Dichter;
    Damals trug ein Chor herrliche Preise davon.
Wie ein Gott war der Sänger verehrt; man nannte mit Andacht
    Stets den Namen, und Gold ward ihm die Fülle zuteil.
Ennius, niedern Geschlechts, in Kalabriens Bergen geboren,
    Ruht in derselben Gruft, Scipio, du Großer, mit dir.
Jetzt ist des Efeus Ehre dahin, und die wachende Sorgfalt,
    Musengeschäften geweiht, nennt man ein müßiges Tun.
Doch für den Ruhm zu wachen ist schön. Wer kennte Homer wohl,
    Wäre die „Ilias" nicht, dieses unsterbliche Werk?

Wüßten von Danaë wir, wenn sie stets verschlossen
    geblieben,
  Wenn sie im ehernen Turm wäre zur Greisin gewelkt?
Nützlich für euch ist der Straßen Gewühl, ihr reizenden
    Mädchen,
  Setzt in die Welt hinaus über die Schwelle den Fuß!
Wirft auf die Herde der Wolf sich nicht, ein Schaf zu
    erhaschen?
  Stürzt sich der Vogel des Zeus nicht auf die Vögel im
    Schwarm?
Mag ein schönes Gesicht denn auch sich zeigen der Menge:
  Aus so vielen erblickt einen sie wohl, den sie fängt.
Wo sie auch sei, sie strebe mit Eifer danach, zu gefallen,
  Sei sie mit ganzem Gemüt, Reiz zu entfalten, bedacht.
Zufall waltet auch hier. Laß immer die Angel nur
    schweben!
  Oft ist ein Fisch in der Flut, wo man am wenigsten
    denkt.
Oft durchirret der Hund vergebens die waldigen Höhen,
  Und wenn niemand ihn jagt, rennt in die Netze der
    Hirsch.
Was war am Fels für Andromeda wohl so wenig zu hoffen,
  Als daß die Tränen ihr noch würden gewinnen ein Herz?
Manche verschafft sich den Mann bei des Mannes
    Begräbnis. Gelösten
  Haares zu gehn und vor Schmerz nicht sich zu fassen,
    das reizt!

Aber vermeidet den Mann, der aus Schönheit und
    Schmuck ein Geschäft macht,
  Der sein lockiges Haar sorglich in Ordnung erhält.
Was er zu euch jetzt sagt, das sprach er zu Tausenden *vor*
    euch.
  Der ist ein Flatterer, der hält in der Liebe nicht aus.
Was soll die Frau denn tun, putzt der Mann sich noch
    mehr als sie selber,
  Wenn er vielleicht sogar eigene Liebhaber hat?
Schwerlich glaubt ihr es mir – doch glaubt mir –, es
    stünde noch heute
  Troja, hätte man dort Priamus' Lehren befolgt.

Einige geben nur vor zu lieben und gehen auf Raub aus,
   Und auf solcherlei Weg suchen sie schnöden Gewinn.
Täusche sein Haar euch nicht, ob es glänzt von triefenden Narden,
   Oder die Riemen am Schuh, säuberlich untergesteckt.
Täusche die Toga euch nicht, wie fein sie immer gewebt sei,
   Ist auch mit Ringen die Hand, Finger um Finger, bedeckt.
Grade vielleicht, der am meisten sich putzt von allen den Herrchen,
   Er ist ein Dieb und entbrennt lüstern – nach deinem Gewand.
„Gib mir das Meine zurück!" schreit manches bestohlene Mädchen;
   „Gib mir das Meine zurück!" brüllt auf dem Forum es rings.
Und du, Venus, siehst das Gezänk aus dem goldenen Tempel
   Ruhig mit an und ihr, Nymphen des appischen Quells.
Männer gibt es sodann, die stehen im übelsten Rufe,
   Viele haben – o pfui! – Liebe gelohnt mit Betrug!
Lernt durch fremden Verlust euch klug vor dem eignen bewahren.
   Haltet vor Schurken *der* Art immer verschlossen die Tür.
Nehmt euch in acht, Kekropiden, den Schwüren des Theseus zu trauen,
   Ruft er die Götter auch an, rief er sie früher doch schon.
Dir, Demophoon, auch, der Theseus' Laster du erbtest,
   Schenkt man Vertraun nicht mehr, seit du die Phyllis betrogst.
Schmeicheln sie euch mit Versprechen, versprecht mit den nämlichen Worten;
   Geben sie aber, dann gebt auch den bedungnen Genuß.
Vestas ewiges Licht ist *die* imstande zu löschen,
   Die stiehlt frech vom Altar, Isis, dein Tempelgerät,
Schierling und Aconit mischt *die* zum Trank für den Gatten,
   Die das Geschenk erst nimmt und den Genuß dann versagt.

Näher nun komm ich dem Ziel, faß kürzer, Muse, die Zügel,
  Daß nicht das rasende Rad plötzlich dich schleudert vom Sitz!
Erst wird die Furt mit Worten geprüft; man schreibt dir auf fichtnen
  Täfelchen; wähle die Magd klug, die das Briefchen empfängt.
Lies sehr genau und entnimm aus der Art des Geschriebenen selber,
  Ob nur erheuchelt sein Flehn, ob aus dem Herzen es kommt.
Schreibe nach einiger Zeit ihm zurück. Es entflammt den Verliebten
  Jeder Verzug noch mehr, währt er zu lange nur nicht.
Weder versprich dich gleich zu gefällig dem flehenden Jüngling,
  Noch in grausamem Ton schlag, was er bittet, ihm ab.
Laß ihn fürchten und hoffen zugleich, und sooft du erwiderst,
  Werde geringer die Furcht, größer die Hoffnung in ihm.
Elegant sei dein Stil, doch gebräuchlich, des täglichen Lebens
  Sprache, der Umgangston schickt sich am besten für euch.
Oh, wie hat oft ein Brief noch schwankende Herzen entzündet,
  Oft ein barbarischer Stil Schönheit zuschanden gemacht!
Doch da auch ihr, wiewohl ihr des ehrenden Schleiers entbehrt,
  Sehr mit der Sorge euch tragt, wie ihr die Männer betrügt,
Laßt von der Magd, von des Sklaven Hand euch schreiben die Briefe.
  Dem vertrauet kein Pfand, den ihr erst kürzlich gekauft!
Hab ich doch Mädchen gekannt, die, bleich aus Furcht vor Erpressung,
  Kläglich das peinlichste Joch trugen für ewige Zeit.
Freilich ein Bube nur ist, wer solch ein Pfand sich zurückhält:
  Aber wie Ätnas Blitz schwingt es die drohende Hand.

Doch ich halt für erlaubt, den Betrug mit Betrug zu
vertreiben,
Waffen mit Waffengewalt dämpfen gestattet das Recht.
Mag in verschiedener Schrift sich die Hand zu schreiben
gewöhnen.
(Fluch ihm, welcher mich zwingt, Lehren zu geben wie
die!)
Schreibt nicht, eh ihr die frühere Schrift sorgfältig
gelöscht habt,
Daß auf dem Täfelchen nie zweierlei Hände man sieht.
Redet auch stets, wann immer ihr schreibt, den Geliebten
als Frau an,
Und wo ein „er" vorkommt, setzt in den Briefen ein „sie".

Jetzt sei's erlaubt, den Geist vom Kleinen zum Größern
zu wenden,
Daß mit entfaltetem Bausch voller die Segel sich blähn.
Mit zur Schönheit gehört es, das wilde Gemüt zu
bezähmen.
Strahlender Friede geziemt Menschen, den Tieren die
Wut.
Zornigen schwillt das Gesicht, schwarz starren von Blute
die Adern,
Grimmer als Gorgos Blick zuckt aus den Augen die
Glut.
„Fort mit dir! – Das bist du nicht wert!" so sagte zur Flöte
Pallas, als in des Stroms Spiegel ihr Antlitz sie sah.
Ihr auch, wenn mitten im Zorn ihr euch im Spiegel
erblicket,
Kaum daß eine von euch kennte das eigne Gesicht.
Doch nicht minder ist Stolz für weibliche Züge
verderblich.
Nur mit gefälligem Blick lockt man die Liebe herbei.
Glaubt dem Erfahrnen! Verhaßt ist dem Mann unmäßiger
Hochmut;
Oft hat ein schweigender Blick Samen des Hasses
gestreut.
Blickt man dich an, so blicke nicht weg; dem Lachenden
lächle
Freundlich entgegen, und winkt einer, erwidre den
Wink!

Dies ist das Vorspiel; jetzt steckt Amor die
 Übungsgeschosse
 Still in den Köcher und zieht schärfere Pfeile heraus.
Grämliche hassen wir auch. Sei Ajax verliebt in Tekmessa:
 Uns, ein munteres Volk, fesselt das lustige Weib.
Niemals würd ich um Gunst Andromache oder Tekmessa
 Angehn. Keine von euch wähl ich zum Lieben mir aus.
Schwerlich glaubt ich es euch, wenn ich nicht an den
 Kindern es sähe,
 Daß ihr jemals im Ernst euere Männer umarmt.
Denkt euch das höchst schwermütige Weib, sie sollte zu
 Ajax
 Sagen: „Mein Schatz!" und was sonst noch die Männer
 erfreut!

Wer will es wehren, von großen Dingen auf kleine zu
 schließen,
 Warum soll ich nicht auch nennen die Führung des
 Heers?
Hundert Mann vertraut ein tüchtiger Führer dem einen,
 Dem die Reiter und dem schließlich den Schutz des
 Paniers.
Seht auch ihr uns genau erst an, zu welchem Gebrauche
 Jeder sich eignet, und stellt jeden dahin, wo er paßt.
Gebe der Reiche Geschenke, der Rechtsverständige
 Beistand,
 Und wer zu reden versteht, rede für euch vor Gericht.
Laßt von uns, die Gedichte wir baun, ein Gedicht euch
 genügen:
 Wir sind vor allem ein Chor, der für die Liebe gut paßt.
Wir versehn in der Welt den Heroldsdienst für die
 Schönheit:
 Cynthia nennt man mit Ruhm, Nemesis nennt man mit
 Ruhm.
So ist dem Westen Lycoris bekannt und den Ländern des
 Ostens,
 Mich auch fragen sie oft, wer die Corinna denn sei.
Nimm noch hinzu, daß Verrat dem Wesen der heiligen
 Sänger
 Fern ist, daß unsere Kunst auch auf das Herz sich
 erstreckt.

Uns plagt Ehrgeiz nicht, nicht schnöde Begierde nach
   Schätzen:
   Nicht um des Marktes Gewühl tauschen wir Schatten
      und Bett,
Doch sind leicht wir berückt und glühn von gewaltigem
   Feuer,
   Und nur allzu treu sind wir zu lieben gewohnt.
Denn von der freundlichen Kunst sind weich wir
   gestimmt im Gemüte,
   Mit der Beschäftigung stehn unsere Sitten im Bund.
Seid, ihr Mädchen, gefällig und hold den aonischen
   Jüngern,
   Welche die Gottheit erfüllt und die Kamene beschützt.
In uns wohnet ein Gott: wir stehn im Verkehr mit dem
   Himmel,
   Und vom ätherischen Sitz naht uns der göttliche Geist.
Ist ein Verbrechen es nicht, von Dichtern noch Lohn zu
   verlangen?
   Weh mir Armem, es scheut dieses Verbrechen kein Weib!
Heuchelt doch wenigstens! Zeigt nicht gleich zu Beginn
   eure Raubgier,
   Daß nicht der Neuling stutzt, wenn er die Netze gewahrt.

Wie der Bereiter ein Roß, das jüngst erst fühlte die Zügel,
   Nicht mit demselben Zaum lenkt wie das kundige Tier,
So, wenn *du* dem gesetzteren Alter, der blühenden Jugend
   Nachstellst, jage dein Wild nicht auf dem nämlichen
      Strich.
Hier der Rekrut, der jetzt erst eintrat ins Lager Cupidos,
   Der als dein jüngster Erwerb eben berührt dein Gemach:
Er darf dich nur sehn, dir allein an die Seite sich schmiegen,
   Und mit hohem Gehäg mußt du beschützen die Saat.
Flieh die Rivalin! Du siegst, wenn du allein ihn gebannt
   hältst.
   Herrschaft und Liebe bestehn schlecht, die mit andern
      du teilst.
Aber der alte Soldat, er liebt mit Weile und weise
   Und trägt viel mit Geduld, was der Rekrut nicht erträgt,
Schlägt dir die Türe nicht ein, noch droht er mit
   grimmigen Bränden,
   Kratzt nach dem zarten Gesicht seiner Gebieterin nicht,

Reißt nicht die eigenen Kleider entzwei und die Kleider
des Mädchens,
 Rauft ihr das Haar nicht aus, quält bis zu Tränen sie
 nie.
Jünglingsstreiche sind das in der Zeit, wo die Liebe noch
 lodert,
 Während den wildesten Schmerz dieser gelassen erträgt,
Magst du mit langsamem Feuer ihn glühn wie Heu, wenn
 es naß ist,
 Oder wie Holz, in des Bergs Waldungen jüngst erst
 gefällt.
Dies ist die sicherste Art, mühselig die andre, doch
 fruchtbar:
 Pflücke die Früchte, die bald fallen, mit eilender
 Hand.

Alles verrat ich dir nun. Ich öffne dem Feinde die Tore.
 Treulos ist der Verrat, doch im Verrat bin ich treu.
Was man leicht uns gewährt, das nährt nie lange die
 Liebe.
 Mische zuweilen der Lust kränkende Weigerung bei.
Laß auf der Schwelle ihn ruhn, laß „Grausame Türe!" ihn
 klagen,
 Laß demütig ihn flehn, laß ihn auch zürnen und drohn!
Süßes ertragen wir nicht. Man beleb uns mit bittern
 Säften.
 Oft schlägt grade der Kahn um durch den günstigen
 Wind.
Dies ist der Grund, weshalb in der Ehe die Frau nicht
 geliebt wird;
 Wenn es ihm irgend gefällt, geht zur Gemahlin der
 Mann.
Schließ ihm die Tür und laß ihn einmal vom grausamen
 Pförtner
 Hören: „Du kannst nicht!" Wie bald wär er verliebt in
 die Frau!

Stellt nun das stumpfe Rapier beiseit! Es geht an die
 scharfen!
 Und kein Zweifel, daß bald gegen mich selbst ihr sie
 kehrt.

Bis sich der kürzlich gefangne Galan in die Garne
 verstrickt hat,
 Leb er der Hoffnung, nur er werde beherrschen das
 Bett.
Später werd er gewahr, daß ein andrer des Kämmerleins
 Bündnis
 Mit ihm teilt. Wenn *die* List fehlt, so ermattet die Glut.
Dann stürzt mutig das Roß sich aus den entriegelten
 Schranken,
 Wenn es noch andre gewahrt, die es verfolgt und
 besiegt.
Ja, die Beleidigung schürt selbst längst erloschene
 Flammen.
 Sieh, ich gesteh es, ich selbst liebe nur, bin ich verletzt.
Aber der Kränkung Grund muß nicht handgreiflich und
 klar sein,
 Daß der Bekümmerte stets mehr noch sich denkt, als er
 weiß.
Gib, ihn zu reizen, auch vor, daß ein grämlicher Sklav
 dich bewache,
 Daß dich des grausamen Manns lästige Sorge verfolgt.
Die ganz sicher uns ist, *die* Lust schafft wenig Vergnügen:
 Wärst du auch freier als selbst Thaïs, erheuchle Gefahr!
Laß durchs Fenster ihn ein, ist die Türe dir selbst auch
 bequemer,
 Les er auf deinem Gesicht immer Befürchtung und
 Angst.
Springe die listige Magd hervor und schreie: „Verloren!"
 Bringe den Zitternden du gleich in das nächste
 Versteck!
Aber ein sichrer Genuß versüße zuweilen die Schrecken,
 Daß er nicht denkt: So viel sind doch die Nächte nicht
 wert!

Wie man den schlauen Gemahl und den lauernden
 Wächter berücke,
 War ich von Anfang schon nicht zu erwähnen bereit.
Fürchte die Gattin den Mann, nicht stör ich der Gattin
 Bewachung;
 Das ist in Ordnung, so will's Sitte, Gebrauch und
 Gesetz.

Daß man auch die verschließt, die kaum durch die Rute
  befreit ist,
 Das ist unleidlich. Komm, lerne zu täuschen bei mir!
Halten der Augen so viel, wie'Argus sie hatte, die Wache,
 Wenn du nur ernstlich willst, werden sie alle getäuscht.
Steht dir denn wirklich der Wächter im Weg, ein
  Briefchen zu schreiben?
 Hast du doch so viel Zeit, als man zum Waschen dir
  gönnt,
Ist die Vertraute doch da, um die Briefe für dich zu
  befördern,
 Die sie an wärmender Brust unter der Binde versteckt,
Kann sie verschloßnes Papier doch leicht an der Wade
  verbergen,
 Unter dem Fuß im Schuh trägt sie die zärtliche Schrift.
Falls sie der Wächter durchsucht, so soll sie den Rücken
  dir bieten
 Statt des Papiers; als Brief liefert sie selber sich ab.
Sicher und unsichtbar ist die Schrift mit eben gemolkner
  Milch: wer sie liest, streut erst Pulver von Kohle darauf.
Auch mit dem Stengel des Leins, noch feucht, ist die
  Täuschung zu üben.
 Rein ist die Tafel, und doch trägt sie verborgene Schrift.
Hatte Acrisius nicht sorgfältig die Tochter verschlossen?
 Aber der Tochter Vergehn schenkt' ihm ein Enkelchen
  doch.
Wächter, was kannst du tun, da so viele Theater in Rom
  sind,
 Da sie, die Rosse zu schaun, gern sich zum Circus begibt,
Da sie die pharische Kuh andächtig verehrt mit dem
  Sistrum,
 Orte besucht, wohin nie ein Begleiter sich wagt?
Da sich Faunas Tempel verschließt vor den Blicken der
  Männer –
 Außer wenn selbst sie vielleicht einen dahin sich bestellt?
Da in den Bädern so oft, wenn draußen der Wächter des
  Mädchens
 Kleider bewahrt, Kurzweil allerlei Art sich versteckt,
Da, sooft es ihr not, die listige Freundin ihr krank wird
 Und, wie krank sie auch sei, dennoch ihr leihet das
  Bett,

Da aus dem Namen erhellt, wozu Nachschlüssel uns dienen,
  Und da neben der Tür mancherlei Wege noch sind?
Wächter beschwichtigt man auch mit Lyaeus' reichlicher Gabe,
  Wär auf Spaniens Höhn auch nur die Traube gereift.
Tränke bereitet man auch, die tief in Schlummer versenken
  Und mit lethäischer Nacht dunkel verhüllen den Blick.
Übel auch nicht, wenn die Zofe mit zögernder Lockung den Wächter
  Kirrt und nach langem Verzug endlich – doch spät – sich ergibt.
Aber wozu sich im Umschweif nahn mit schwächlichen Mitteln,
  Da mit dem kleinsten Geschenk leicht man den Wächter besticht?
Glaubt mir, mit Gab und Geschenk erobert man Menschen und Götter,
  Wird doch mit Gab und Geschenk Jupiter selber versöhnt.
Was hat der Kluge zu tun, wenn der Dumme sich selbst des Geschenks freut?
  Sicher, er nimmt das Geschenk, wenn er's bekommt – und ist stumm.
Aber nur einmal bestich für lange Jahre den Wächter,
  Bot er dir einmal die Hand, bietet er öfters sie auch.
Jüngst erst klagt ich (ich weiß), man müsse vor Freunden sich hüten:
  Diese Beschuldigung geht nicht auf die Männer allein.
Wenn du zu leichtgläubig bist, dann pflücken sich andere Mädchen
  Deinen Genuß, und dir schnappen das Häschen sie fort.
Glaube mir, sie, die so eifrig ihr Bett und Zimmer dir einräumt,
  War (und nicht einmal bloß) schon mit mir selber allein.
Laßt auch die Magd, die euch dient, nicht allzu schön von Gesicht sein:
  Oft vertrat sie bei mir ihrer Gebieterin Platz.

Doch wo treibt es mich Rasenden hin? Ich stürze mit offner
 Brust in den Feind und werd selbst zum Verräter an mir.
Nie hat der Vogel dem Fänger gezeigt, wo am besten man Fallen
 Stelle; der Hirsch lehrt nie laufen den feindlichen Hund.
Fahre der Nutzen dahin! Ich beende getreu, was ich anfing,
 Reiche der lemnischen Schar mir zum Verderben das Schwert.
Laßt – und es ist nicht schwer – uns glauben, ihr liebet uns wirklich:
 Was man begehrt und wünscht, glaubt man dem andern von selbst.
Schaut mit verlangendem Blick nach dem Jüngling, seufzet aus tiefstem
 Herzen und fragt ihn: „Warum kommst du doch heute so spät?"
Kommen dann Tränen hinzu und der Schmerz um die andre Geliebte,
 Die ihr erdichtet, zerkratzt ihr ihm dann noch das Gesicht,
Dann ist die Sache bewiesen für ihn; er bedauert die Arme,
 Klagt und spricht: „Sie verzehrt ganz sich in Sorgen um mich."
Wenn er gar putzsüchtig ist und im Spiegel sich gerne betrachtet,
 Glaubt er auch, Göttinnen selbst müßten entzückt von ihm sein.
Doch du, was es auch sei, laß wenig dich Kränkungen kümmern:
 Wenn du von Treubruch hörst, fahre nicht gleich aus der Haut.
Glaub es auch nicht zu rasch! Wie vorschnell glauben uns schadet,
 Das kann Prokris' Fall zeigen als ernster Beleg.
Nahe den purpurnen Höhn des blumenumkränzten Hymettus
 Sprudelt ein heiliger Born, grün ist der Rasen umher.

Niedrige Bäume nur bilden den Hain; in des Arbutus Schatten
  Duftet's von Rosmarin-, Lorbeer- und Myrtengebüsch.
Buxus mit buschigem Laub, mit schwankem Gezweig Tamarisken,
  Zierlicher Cytisus und Pinien fehlen da nicht.
Leise vom Zephyr bewegt und Gesundheit atmenden Lüften,
  Zittert des Laubes Gemisch, nicken die Gräser umher.
Hier ruht Cephalus gern, und fern von den Dienern und Hunden
  Setzt sich der Jüngling oft müd auf den rasigen Grund.
Und da sang er denn wohl: „O du, die mir lindert die Gluten,
  Komm und umfange mich jetzt, Aura, du Flüchtige, komm!"
Aber dem schüchternen Ohr der Gemahlin meldet ein Plaudrer
  Allzu geschäftig das Wort, das er im Sinne bewahrt.
Prokris, da sie's vernimmt, wähnt, Aura heiße die Buhle
  Ihres Gemahls, und erstarrt plötzlich vor Schmerz und verstummt.
Und sie erbleicht, wie das herbstliche Laub erbleicht an dem Weinstock,
  Wenn er, der Trauben beraubt, welkt bei beginnendem Frost,
Oder wie zeitige Quitten am Zweig, der unter der Last seufzt,
  Und Kornellen, noch nicht passend als Speise für uns.
Als zur Besinnung sie kommt, da reißt an der Brust sie die zarten
  Kleider entzwei und zerfleischt grausam ihr edles Gesicht.
Ohne Verzug, mit flatterndem Haar, stürzt wie die Bacchantin,
  Wenn sie der Thyrsos erregt, rasend ins Feld sie hinaus.
Als sie der Stelle genaht, da läßt sie im Tal die Begleiter,
  Schweigend betritt sie selbst lautlosen Schrittes den Hain.
Prokris, was kommt dir in Sinn, so töricht dich zu verstecken?
  Sprich, was bedeutet die Glut, die dir den Busen durchzuckt?

Ach, du dachtest dir: Jetzt – jetzt müsse die Aura sich
   zeigen
  Und du würdest die Schmach sehen mit eignem Gesicht.
Und bald reut dich der Gang – du möchtest sie selbst
   nicht ertappen –,
  Bald ist dir's recht: so bewegt wechselnd die Liebe das
   Herz.
Was zu dem Glauben sie drängt, ist Ort und Name und
   Zeuge,
  Und daß der Liebende stets glaubt, was am meisten er
   scheut.
Als im gelagerten Gras sie die Spuren des Körpers
   erblickte,
  Pocht ihr das zuckende Herz, daß ihr der Busen erbebt
Und schon kürzte die Mitte des Tags die flüchtigen
   Schatten,
  Gleich weit waren bereits Abend und Morgen entfernt.
Siehe, da kehrt des Kylleniers Sproß zurück aus den
   Wäldern,
  Und mit dem Wasser des Quells kühlt er sein glühend
   Gesicht.
Prokris verbirgt sich voll Angst; doch er, auf den Rasen
   sich streckend,
  Ruft: „O Aura, komm! Schmeichelnder Zephyrus,
   komm!"
Da, wie die Ärmste das heitre Versehn mit dem Namen
   gewahr wird,
  Kehrt die Besinnung und kehrt wieder die Farbe
   zurück.
Schnell erhebt sie sich, drängt in Hast durch die
   rauschenden Zweige,
  Eilt des geliebten Gemahls süßen Umarmungen zu:
Er aber meint, es regt sich ein Wild, rafft hastig nach
   Jünglings-
  Art sich empor; er hielt grad in der Rechten den Speer.
Unglückseliger, halt! Es ist kein Wild! Das Geschoß fort!
  Wehe, dein eigener Speer hat die Geliebte durchbohrt.
„Wehe mir", ruft sie aus, „du trafst ein liebendes Herz
   hier:
  Das ist die Stelle, wo stets Wunden mein Cephalus
   schlug.

Zwar ich sterbe zu früh, doch frei von quälendem
  Argwohn,
 Und nun wird in der Gruft leichter die Erde mir sein.
Schon entfliehet mein Geist in die Luft, die ich fälschlich
  beargwöhnt.
  Weh! ich sinke, mein Freund, drücke die Augen mir
   zu!"
Cephalus drückt an die Brust den sterbenden Leib der
  Geliebten,
  Wäscht mit Tränen das Blut ab von dem gräßlichen Mal
Weh, es ist aus! Und der Atem des unvorsichtigen Busens
  Schwindet im letzten Kuß des so Geliebten dahin.

Aber zurück zum Werk! An das nackte Verhältnis der
  Dinge
  Halt ich mich jetzt; mein Schiff sehnt nach dem Hafen
   sich längst.
Ungeduldig begehrst du, daß ich dich zum Gastmahl
  geleite,
  Und verlangst auch dort Lehr und Ermahnung von mir?
Spät tritt ein, doch sittsam, und erst, wenn die Lampen
  entzündet
  Sind. Die Verzögerung tut Wunder in Venus' Geschäft.
Bist du auch häßlich, du scheinst doch dem, der
  getrunken hat, reizend.
  Jeglicher Fehler versteckt leicht sich mit Hilfe der
   Nacht.
Fasse die Speisen geschickt, auch die Art, wie man ißt, hat
  Bedeutung.
  Schmiere dir nicht das Gesicht ein mit der fettigen
   Hand!
Iß nicht zu Hause vorher, doch schickt es sich auch nicht
  zu essen,
  Solang der Magen nur faßt – etwas zuvor höre auf!
Hätte vor Priamus' Sohn je Helena gierig gegessen,
  Hätt er mit Ekel gesagt: „*Die* mir zu rauben wär
   dumm!"
Passender ist's, und steht auch besser den Mädchen, zu
  trinken.
  Nicht verträgst du dich schlecht, Bacchus, mit Cyprias
   Sohn.

Doch auch *das* nur, soweit nicht Kopf und Füße dir
  schwanken.
  Hüte dich wohl, daß du nicht doppelt das Einfache
    siehst!
Garstig ein Weib, das, vom Naß des Lyaeus triefend, sich
  hinstreckt;
  Jeder Umarmung Schimpf wäre zu dulden sie wert.
Und es ist auch gefährlich, bei Tisch dem Schlaf zu
  erliegen;
  Vieles geschieht im Schlaf, dessen du später dich schämst.

Mehr noch zu lehren erröt ich. Jedoch die holde Dione
  Muntert mich auf und spricht: „Das grade ist ja mein
    Werk!"
Jede kenne sich selbst. Die Stellung wählt nach den
  Reizen –
  Nicht für jede Gestalt paßt auch die gleiche Manier!
Hast du ein schönes Gesicht, leg rückwärts dich in die
  Kissen,
  Doch wenn dein Rücken gefällt, dann laß den Rücken
    auch sehn!
Auf seinen Schultern trug Milanion einst Atalanta –
  Sind deine Schenkel sehr schön, wag es, und tu es ihr
    gleich!
Nur eine Kleine kann reiten; doch Hektors thebanische
  Gattin
  Wußte, warum sie's nicht tat – sie war dafür viel zu
    groß.
Knie dich aufrecht ins Bett, den Kopf ein wenig nach
  hinten,
  Wenn du schlank bist und groß und deine Hüfte gefällt.
Knabenhaft sind deine Schenkel und ganz ohne Tadel die
  Brüste?
  Nun, so stehe der Mann, du liege schräge vor ihm.
Dabei löse das Haar, das ist keine Schande, und laß es
  Locker umspielen den Hals, wie's die Phyllëerin trug.
Du auch, der schon den Bauch mit Falten Lucina
  gezeichnet,
  Reite – doch umgekehrt, so wie der Parther, der flieht!
Tausend Arten gibt es, der Venus zu dienen: ganz einfach
  Ist's halb liegend getan, etwas nach rechts hin gewandt.

Phoebus' Dreifüße nicht und Ammon nicht, der gehörnte,
  Sagt euch wahreren Rat, als meine Muse ihn singt!
Glaubt nur, vertraut meiner Kunst, durch Übung ist sie
    erworben!
  Wenn etwas, so verdient sicherlich Glauben mein Wort.
Bis ins innerste Mark muß die Frau die Liebe genießen,
  Gleich sei ganz der Genuß für den Geliebten und sie.
Liebesworte und zärtliches Flüstern laßt niemals
    verstummen,
  Nicht inmitten des Spiels schweig ein verwegenes Wort.
Du auch, der den Geschmack an der Liebe das Schicksal
    verweigert,
  Heuchle und stelle dich ganz so, als empfändest du
    Lust.
(Unglücklich ist das Mädchen, das ohne Gefühl an dem
    Orte,
  Der zu gleichem Genuß ihr und dem Manne bestimmt.)
Nur, wenn du heuchelst, gib acht, daß er dir die Lüge
    nicht anmerkt,
  Blicke, bewege dich so, daß er gern Glauben dir
    schenkt!
Daß er dir wohltut, bezeuge dein Wort, dein seufzender
    Atem –
  Mehr sag ich nicht, doch es gibt heimliche Zeichen
    auch dort.
Die nach den Freuden der Venus sich eine Gabe noch
    fordert,
  Mädchen, die wünscht doch wohl selbst, daß sie der
    Mann da nicht hört!
Laßt nicht das Licht in die Kammer durch weitgeöffnete
    Fenster:
  Vieles an eurem Leib bleibt doch weit besser verhüllt.

Jetzt ist zu Ende das Spiel, jetzt steig ich nieder vom
    Wagen,
  Löse des Schwanengespanns glänzende Nacken vom
    Joch;
Und ihr Mädchen, mein freundlicher Schwarm, nach der
    Jünglinge Beispiel
  Schreibt auf die Spolien auch: „Naso hat dieses gelehrt!"

Heilmittel gegen die Liebe

Amor, welcher den Titel des Buchs und den Namen
     gelesen,
  Sprach: „Mit Krieg – wie es scheint –, ja, man bedroht
     mich mit Krieg!"
„Nicht verdamme so rasch, Cupido, den eigenen Sänger,
  Der deine Banner so oft führte, die du ihm vertraut.
Bin ich doch nicht der Tydide, der einst dir die Mutter
     verwundet,
  Daß sie auf Mavors' Gespann kehrte zum Äther zurück.
Andere Jünglinge sind oft lau; *ich* liebte beständig,
  Und wenn du fragst, was ich jetzt treibe – ich liebe
     noch jetzt.
Ich erst habe gelehrt, wie man mit Kunst dich erwerbe;
  Was vordem nur Instinkt war, es ist nunmehr Vernunft.
Schmeichelnder Knabe, nicht dich noch die eigenen
     Künste verrat ich,
  Und mein neuer Gesang trennt nicht den früheren auf.
Wer, was er liebt, gern liebt, von glücklichen Gluten
     entbrennet,
  Segle mit günstigem Wind fröhlichen Herzens dahin;
Doch wer bedrückt sich fühlt vom Joch eines
     schändlichen Mädchens,
  Soll vor Verderben geschützt werden durch unsere
     Kunst.
Weshalb mußte, die Schling um den Hals, so mancher
     Verliebter
  Schon am hohen Gebälk hangen als grausige Last
Oder ein andrer die Brust mit starrendem Eisen
     durchbohren?
  Dir friedliebendem Gott macht man zum Vorwurf den
     Mord.

Wer, wenn er *nicht* aufhört, hinstirbt in elender Liebe,
  Lasse doch ab! Dann wirst keinem du bringen den Tod.
Bist ja ein Knabe! Du solltest darum nichts weiter als spielen:
  Spiele! Ein sanftes Gebot ziemt für ein Alter wie deins.
Wohl zum Kriege geschickt wärst du mit den blanken Geschossen,
  Doch für mördrisches Blut ist nicht geschaffen dein Pfeil.
Kämpfe dein Stiefvater nur mit spitzigem Speer und mit Schwertern,
  Schreite, von blutigem Mord triefend, als Sieger er her.
Übe *du* deiner Erzeugerin Kunst; die treiben wir sicher,
  Und nie wurden durch sie Mütter der Kinder beraubt.
Schaffe, daß nächtlicher Zank mit Gewalt zerbreche die Türen,
  Daß manch schmückender Kranz Pfosten und Schwelle bedeckt,
Jünglinge sich insgeheim und schüchterne Mädchen begegnen
  Und mit jeglicher List täuschen den wachsamen Mann,
Mach, daß der abgewiesene Freier mit Schmeicheln und Drohen
  Grausame Pfosten bestürmt oder mit Klagegesang.
Dies ist der Tränen genug, *so* schilt man nimmer dich Mörder,
  Nicht am Leichengerüst sollst du die Fackeln entweihn."
Also ich; da bewegte die funkelnden Schwingen der goldne
  Amor und sagte zu mir: „Nun, so vollende dein Werk!"

Merkt, ihr betrogenen Jünglinge, denn auf meine Gebote,
  Ihr, die auf jegliche Art euere Liebe enttäuscht.
Lernet von mir, der euch lieben gelehrt, Heilmittel der Liebe:
  Wunden und Hilfe zugleich bringt euch die nämliche Hand.
Heilende Kräuter zugleich mit schädlichen nähret die Erde,
  Mit Brennesseln gesellt sieht man die Rose gar oft,
Ja, und der pelische Speer, der Herkules' Sohne die Wunde
  Schlug, hat – derselbe Speer – Heilung der Wunde gebracht.

Doch was den Männern ich sage, das sollt ihr Mädchen euch gleichfalls
  Merken; ich leihe die Wehr beiden Parteien zugleich.
Wenn auch manches davon nicht passend für euern Gebrauch ist,
  Könnt ihr dem Beispiel doch vieles entnehmen für euch.
Nützlich ist der Entschluß, zu löschen die grimmigen Flammen
  Und nicht dem eigenen Fehl knechtisch zu fügen die Brust.
Phyllis lebte wohl noch, wär *ich* ihr Lehrer gewesen,
  Mehr als neunmal noch hätte den Weg sie gemacht.
Dido hätte nicht sterbend vom hohen Turme gesehen,
  Wie das Segel gesetzt ward auf dardanischem Schiff.
Gegen die Frucht des eigenen Leibs nicht raste die Mutter,
  Die am gemeinsamen Blut strafte des Mannes Verrat.
Hätte dem Tereus auch noch so gut Philomela gefallen,
  Hätte ihm meine Kunst doch die Verwandlung erspart.
Gib Pasiphaë mir: sie entsagt der Liebe zum Stiere.
  Gib mir Phaedra: es löscht Phaedra die schimpfliche Glut.
Gib mir den Paris, so soll Menelāus die Helena haben,
  Nicht von der Danaër Hand Pergama fallen in Staub.
Hätt aus unserer Schrift sich die frevelnde Scylla belehrt,
  Säß auf Nisus' Haupt sicher das purpurne Haar.
Folgt ihr Menschen mir nur und bannt die verderblichen Sorgen,
  Folgt mir! Sicheren Laufs führ ich Besatzung und Schiff.
Naso mußtet ihr lesen, da ihr erst lerntet zu lieben:
  Naso müßt ihr auch jetzt wieder zum Lesen ersehn,
Da ich als Anwalt des Volks die vom Herren geknechteten Herzen
  Fordre zurück, so sucht *selber* euch auch zu befrein.

Sei mir dein Lorbeer hold! Ich flehe zu dir am Beginne,
  Phoebus, der du zuerst dichten und heilen gelehrt.
Komm zu Hilfe dem Arzt und komm zu Hilfe dem Sänger:
  Denn für beiderlei Kunst bist du zum Schützer bestellt.

Wenn es noch Zeit und dein Herz nur von mäßiger
    Wallung erregt ist,
  Hemm auf der Schwelle Beginn, wenn es dich reuet,
    den Schritt.
Drück im Entstehn den verderblichen Keim zur
    plötzlichen Krankheit
  Nieder; im Anfang gleich bringe zum Stehen dein Roß.
Dauer verleiht erst Kraft; sie zeitigt die liebliche Traube,
  Und zu stämmiger Saat läßt sie gedeihen das Kraut.
Um Lustwandelnde breitet der Baum jetzt schattig die
    Äste:
  Als man zuerst ihn gesetzt, war er ein schwankendes
    Reis.
Damals konntest du leicht mit der Hand aus dem Boden
    ihn reißen,
  Wie er durch eigene Kraft jetzt ins Unendliche ragt.
Was das sei, was du liebst, erspähe mit emsigem Geiste,
  Lade ein Joch nicht erst auf, das allzu drückend
    erscheint!
Sträube dich gleich zu Beginn! Du bemühst zu spät dich
    um Heilung,
  Wenn durch langen Verzug Kräfte das Übel gewann.
Eile darum, verschiebe es nicht auf künftige Zeiten,
  Wenn es dir heute nicht paßt – morgen auch paßt es
    dir nicht!
Liebe vertröstet uns stets; durch Zögern verschafft sie sich
    Nahrung:
  Dich zu befrein ist stets heute der passendste Tag.
Wenige Flüsse nur gibt's, die aus mächtigen Quellen
    entspringen:
  Durch die gesammelte Flut werden die meisten
    geschwellt.
Hättest sogleich du gespürt, wie sehr du sündigen
    würdest,
  Wäre mit Rinde dir nicht, Myrrha, bedeckt dein Gesicht.
Hab ich doch Wunden gesehn, die heilbar waren im
    Anfang,
  Aber durch langen Verzug wurden sie tödlich zuletzt.
Doch es ergötzt uns zu sehr, von Venus' Früchten zu
    pflücken,
  Darum sagen wir stets: „Morgen ist auch noch ein Tag!"

In das Gebein und ins Mark schleicht still sich indessen
  die Flamme,
Und der verderbliche Baum wurzelt sich gründlicher
  ein.

Doch wenn die passende Zeit für die früheste Hilfe dahin
  ist
Und dir die Liebe das Herz hält in verjährtem Besitz,
Dann ist schwerer das Werk. Doch nicht, weil spät mich
  der Kranke
Anruft, wird ihm darum ärztliche Hilfe versagt.
Hätte des Poeas Sohn auch besser getan, den verletzten
  Teil mit der anderen Hand rasch sich zu schneiden vom
  Leib:
Ward er dennoch geheilt, wie man sagt, nach mehreren
  Jahren
Und hat dann noch zuletzt selber beendigt den Krieg.
Ich, der ich eben geeilt, die entstehende Krankheit zu tilgen,
  Bringe nun langsam euch zögernde Hilfe herbei.
Suche, wenn irgend du kannst, das *beginnende* Feuer zu
  löschen
Oder – sobald es dahinsinkt durch die eigene Kraft.
Ist im Zuge die Wut, so weiche ihr, wenn sie im Zug ist:
  Unter Gefahr nur stellt man sich entgegen dem Sturm.
Töricht, wenn mit der Flut dir hinabzutreiben vergönnt ist
Und du gegen den Strom dennoch zu schwimmen
  versuchst.
Ist unduldsam der Geist und sträubt er sich gegen die
  Kunst noch,
Weist er des Mahnenden Wort sicher mit Ärger zurück.
Besser, ich nähe mich dann, wenn schon er der Wunde
  Berührung
Zuläßt, schon der Vernunft Stimme zu hören sich neigt.
Wer, der von Sinnen nicht ganz, verböte der Mutter zu
  weinen
Bei der Bestattung des Sohns? Das ist zum Lehren kein
  Ort.
Erst wenn sie satt sich geweint, wenn das kranke Gemüt
  sie befriedigt,
Dann erst möge das *Wort* Mäßigung bringen dem
  Schmerz.

Heilkunst bedeutet Kenntnis der Zeit: Wenn zur Zeit
 man den Wein reicht,
 Nützt er, zur Unzeit bringt Schaden der nämliche
 Wein.
Ja, durch Verbot erregst du sogar und entzündest die
 Fehler,
 Wenn du die richtige Zeit, ihnen zu nahen, versiehst.

Drum, sobald du mir heilbar erscheinst durch meine
 Behandlung,
 Geb ich den dringenden Rat: Fliehe die *Muße* zuerst.
Sie hat gemacht, daß du liebst; sie erhält das, was sie
 gemacht hat:
 Grund und Nahrung zugleich ist sie des süßesten Leids.
Nimmst du die Muße nur fort, so zerbrichst du den
 Bogen Cupidos,
 Sieh, und erloschen, verhöhnt liegen die Fackeln im
 Staub.
Wie die Platane des Weins, wie die Pappel sich freuet der
 Welle
 Und wie das Schilfrohr sich freuet am schlammigen
 Grund,
So liebt Venus die Muße. Verlangst du die Liebe zu enden
 (Amor flieht das Geschäft): treib ein Geschäft, und du
 siegst.
Trägheit und übermäßiger Schlaf, der niemals gestört
 wird,
 Würfel und reichlicher Wein, der das Gehirn dir
 betäubt,
Solches erschlafft dir die Kräfte des Geistes auch ohne
 Verwundung,
 Und voll Arglist schleicht Amor dem Träumer ins Herz.
Müßigen folgt das Knäblein gern, doch die Tätigen haßt
 es.
 Suche dem ledigen Geist, um ihn zu fesseln, ein Werk.
Hier ist der Markt, die Gesetze sind hier, hier Freunde zu
 schützen:
 Möglichkeiten genug bietet im Frieden die Stadt.
Oder des Mavors blutigen Dienst, der den Jünglingen
 ansteht,
 Wähle: die törichte Lust kehrt dir den Rücken sofort.

Siehe: der flüchtige Parther (von neuem ein Grund zu
    erhabnem
  Siegsfest) schauet die Wehr Caesars auf seinem Gefild.
Parthergeschosse zugleich und Cupidos Pfeile besiegend,
  Bringe zum heimischen Herd doppelt Trophäen zurück.
Als vom ätolischen Speer einmal erst Venus verletzt war,
  Hat mit der Führung des Kriegs sie den Geliebten
    betraut.
Fragt ihr, wodurch Aegisth zum Ehbruch wurde
    veranlaßt?
  Liegt doch der Grund auf der Hand: Mangel an
    Tätigkeit war's.
In langwierigem Kampf vor Ilion stritten die andern:
  Griechenland hatte sein Volk alles hinübergesandt.
Wollt er dem Kriege sich weihn? Nichts gab es in Argos
    zu kämpfen!
  Oder dem Recht? Es war leer von Prozessen der Markt.
Um nicht ganz untätig zu sein, was tat er? Er liebte!
  Also nahet der Schalk, also verweilet der Schalk.

Auch Landleben erfreut das Gemüt und die Lust an dem
    Landbau;
  Wer *der* Sorge sich weiht, hat vor den anderen Ruh!
Zähme den Stier, laß unter der Last ihn beugen den
    Nacken,
  Brich schwerscholliges Land auf mit gebogenem Pflug,
Streue der Ceres Saat und stürze den Boden darüber,
  Daß sie mit reichlichem Zins gebe der Acker zurück.
Sieh, wie die Zweige des Baums von der Wucht sich
    krümmen des Obstes,
  Wie er die Last kaum trägt, die er doch selber gebar.
Sieh auch dem Bächlein zu, das mit holdem Gemurmel
    dahinfließt,
  Sieh, wie die Schafe so knapp weiden das üppige Gras;
Sieh, dort klimmen zum Fels und zum jähen Geklippe die
    Ziegen,
  Bringen den Zicklein bald strotzende Euter zurück.
Fröhlich bläst auf der Hirtenflöte sein Liedchen der
    Schäfer,
  Dem der begleitende Schwarm munterer Hunde nicht
    fehlt.

Rindergebrüll ertönt in der Ferne aus ragender Waldung;
  Um das verlorene Kalb klaget die Mutter betrübt.
Wie, wenn im Schwarm dem verrätrischen Rauch
    entfliehen die Bienen,
  Daß von der Waben Gewicht werden die Körbe befreit?
Früchte verleiht der Herbst, schön ist durch die Ernten
    der Sommer;
  Blumen gewährt der Lenz, mild ist der Winter am Herd.
Siehe, der Landmann liest zur gemessenen Zeit die gereiften
    Trauben – es schäumt der Saft unter dem nackenden
    Fuß –,
Schnürt zur gemessenen Zeit das gehauene Gras, mit den
    weiten
  Zinken des Rechens durchharkt er den geschorenen
    Grund.
Selber dann magst du Pflanzen dir ziehn im bewässerten
    Garten,
  Selber den rieselnden Bach leiten in Gräben herbei.
Kommt dann zum Pfropfen die Zeit, so vermähle den
    Zweig mit dem Zweige,
  Und es bedecke der Baum sich mit geliehenem Haar.
Hat *die* Lust nur einmal das Herz zu erfreuen begonnen,
  Schleppt mit gebrochener Kraft Amor die Schwingen
    davon.
Übe du auch das Vergnügen der Jagd. Oft wurde von
    Phoebus'
  Schwester in schmähliche Flucht schon Kytherea gejagt.
Setze mit witterndem Hund bald nach dem enteilenden
    Hasen,
  Bald auf waldigen Höhn spanne die Netze zum Fang.
Schrecke den furchtsamen Hirsch durch farbige
    Lappengehege,
  Und vom feindlichen Spieß falle der Eber durchbohrt.
Dann wird des Nachts dem Ermüdeten *Schlaf,* nicht Sorg
    um das Mädchen
  Nahn und mit schwellender Ruh stärkend die Glieder
    durchziehn.
Leichterer Art ist die Lust, doch gewährt's auch Lust,
    wenn als Vogler
  Man mit Schling und mit Rohr jagt nach geringem
    Gewinn

Oder ein hakiges Erz man versteckt zuunterst im Köder,
  Das mit gierigem Maul töricht verschlinge der Fisch.
Dies und anderes sonst muß, bis du zu lieben verlernt hast,
  Dienen zum Mittel, wodurch heimlich du selbst dich betrügst.

Nur – und fühltest du dich von den festesten Banden umschlungen –,
  Geh in die Ferne und mach weit durch die Welt dich davon!
Zwar du weinst, du erinnerst dich oft der verlassenen Freundin,
  Oft in der Mitte des Wegs hemmst du den zaudernden Schritt –
Aber je weniger gern du gehst, desto eiliger gehe:
  Setz es durch, und zum Lauf zwinge den säumigen Fuß.
Halte kein Regen dich ab – wie erwünscht er auch kommt – noch des Fremdlings
  Sabbat, der Unglückstag Allias halte dich nicht.
Frag nicht, wie viele Meilen du *fort,* nein, frage, wieviel noch
  Fehlen, und suche nicht selbst Aufschub, um nahe zu sein.
Zähle die Zeit auch nicht, sieh nimmer dich häufig nach Rom um!
  Fliehe! Der Parther ist *noch* sicher durch Flucht vor dem Feind.
Hart nennt mancher die Lehren vielleicht; ich gestehe, sie sind hart:
  Doch man erträgt viel Schmerz, wenn er Gesundheit nur bringt.
Oft (wenn ungern auch) in der Krankheit trank ich den bittern
  Saft und, wie sehr ich auch bat, wurde das Mahl mir versagt.
Daß du rettest den Leib, erträgst du Eisen und Feuer,
  Letzest mit Wasser du nicht, dürstend, den trockenen Mund:
Daß du gesundest am Geist, willst nichts du zu dulden versuchen?
  Sicherlich ist *der* Teil mehr als der Körper doch wert!

Aber zu unserer Kunst ist vor allem verdrießlich der
  Eingang;
  Sonderlich muß man sich mühn, daß den Beginn man
  erträgt.
Siehst du nicht, wie zuerst die gebändigten Stiere das Joch
  quält
  Und wie der Gurt zu Beginn scheuert das flüchtige Roß?
Ungern magst du vielleicht von der Heimat Laren dich
  trennen:
  Dennoch trenne dich! Bald sehnst du zu ihr dich
  zurück.
Doch nicht der heimische Lar: es lockt dich die Liebe zur
  Freundin,
  Um die Schuld, die du fühlst, hüllt sie ein glänzendes
  Wort.
Bist du nur erst entflohn, dann bieten dir hundert für einen
  Trost die Begleiter, das Land und die Entfernung des
  Wegs.
Doch nicht denk, es genügt, daß du fort bist. Verweile du
  lange,
  Bis aus der Asche die Glut weicht und die zündende
  Kraft.
Wenn du zur Rückkehr eilst, noch ehe den Geist du
  gestählt hast,
  Wird mit erneuerter Wut Amor beginnen den Krieg;
Und wie fern du auch warst: du kehrst mit Durst und
  Begierde
  Wieder, die Trennung gereicht grade zum Schaden dir
  noch.

Sehe sich vor, wer von schädlichem Kraut des
  hämonischen Landes,
  Wer von der magischen Kunst irgend sich Nutzen
  verspricht!
Alt sind die Künste des Zaubergebräus; unschädlich die
  Hilfe,
  Die in heiligem Lied unser Apollo verleiht.
Folgst du *mir,* so wird aus der Gruft kein Schatten
  beschworen,
  Nicht mit verruchtem Gesang spaltet den Boden ein
  Weib,

Niemals wandert die Saat von Acker zu Acker hinüber,
   Phoebus' Rund wird nicht plötzlich verlieren den Glanz.
Grade wie sonst enteilt zu den Wogen des Meers Tiberinus,
   Grade wie sonst auch fährt Luna mit lichtem Gespann.
Nicht durch Zaubergesang entledigt das Herz sich der Sorgen,
   Nicht, durch Schwefel besiegt, fliehet die Lieb aus der Brust.
Nützten, Kolcherin, dir die Gräser der phasischen Fluren,
   Als du dein väterlich Haus nicht zu verlassen gewünscht?
Haben, o Circe, dir die Kräuter der Perse geholfen,
   Als der neritische Kiel floh, von den Lüften entführt?
Hast du nicht alles getan, um zu fesseln den listigen Gastfreund?
   Und zu sicherer Flucht spannte die Segel er aus.
Hast du nicht alles getan, dich vom grimmigen Brand zu befreien?
   Wie du dich sträubtest – dir saß dauernde Lieb in der Brust.
Konntest die Menschen du gleich in tausend Gestalten verwandeln,
   Warst du der eigenen Brust Recht zu verwandeln zu schwach.
Ja man erzählt, wie du den dulichischen Fürsten mit diesen
   Worten, da schon er schied, länger zu halten versucht:
„Nicht mehr bitt ich von dir, was früher ich wagte zu hoffen,
   Daß du (noch denk ich der Zeit!) werdest mein Ehegemahl
(Und doch durft ich dir wohl als Gemahlin würdig erscheinen,
   Ich, des erhabenen Sol Tochter, ein göttliches Weib):
Eile nur nicht, dies fleh ich; der Aufschub gilt als Geschenk mir.
   Kann mit Gelübden ich wohl noch um Geringeres flehn?
Siehst du das brandende Meer? Du hast wohl Grund, es zu fürchten!
   Später auch wird dir der Wind günstiger wehen zur Fahrt.

Und was treibt dich zur Flucht? Kein Troja erhebt sich von neuem
　Hier, kein Rhesus ruft hier die Gefährten zum Krieg.
Lieb und Frieden ist hier, nur *ich* bin schmerzlich verwundet.
　Deinem Befehle gehorcht künftig mein ganzes Gebiet."
Also redete sie: Ulixes löste sein Fahrzeug,
　Und es entraffte der Süd Segel und Worte zugleich.
Circe glüht und schickt sich zur Kunst an, die ihr geläufig,
　Aber die Liebe, sie wird nimmer vermindert dadurch.
Drum, wer du seist, der unsere Kunst um Hilfe du angehst,
　Glaub an Kräutergebräu nimmer und Zaubergesang.
Wenn ein gewichtiger Grund in der Hauptstadt der Welt dich zurückhält,
　Nun so vernimm, was mir ratsam erscheint in der Stadt.
Der ist der beste Befreier, der rasch die verletzenden Bande
　Reißt von der Brust und den Schmerz gleich bis zum Ende vertilgt.
Wer so mutig sich zeigt, den werd ich selber bewundern,
　Der, ich gesteh es, bedarf meiner Ermahnungen nicht.
Du, der mit Not du nur, was du liebst, zu lieben verlernest,
　Der du nicht kannst und gern möchtest, du lerne von mir.

Ruf ins Gedächtnis dir oft die Verbrechen des schändlichen Mädchens,
　Stell die Verluste gesamt, die du erlittest, dir vor.
„Dies schon hat sie und das und ist mit dem Raub nicht zufrieden,
　Hat habgierig mein Haus über dem Kopf mir verkauft.
Ja, so schwor sie mir einst, so hat sie den Eid mir gebrochen!
　Oh, wie ließ sie mich oft liegen bei Nacht vor der Tür!
Andere zieht sie mir vor; sie will von mir nicht geliebt sein.
　Ach, und ein Krämer genießt Nächte, die *mir* sie versagt!"
Laß dies alles so recht dein ganzes Gefühl dir verbittern,
　Stell es dir vor und zieh Samen des Hasses daraus.

Oh, und könntest du gar dabei noch Beredsamkeit üben!
 Aber empfinde nur erst Schmerz: die Beredsamkeit folgt.
Jüngst erst ward mit Sorgen mein Herz durch ein
  Mädchen gefesselt,
 Doch die Neigung zu ihr stand meinem Herzen nicht
  an.
Ich, Podalirius, heilte mich selbst mit den eigenen Kräutern.
 Und – ich muß es gestehn – schmählich erkrankt war
  der Arzt.
Aber mir half es, daß stets an die Fehler der Liebsten ich
  dachte,
 Und auf dieselbe Art hab ich mich öfter geheilt.
„Ach", so sagt ich, „wie schlecht sind die Schenkel des
  Mädchens gewachsen!"
 Und doch – soll ich's gestehn – waren sie wirklich es
  nicht.
„Oh, wie so gar nicht schön sind die Arme des Mädchens
  gebildet!"
 Und doch – soll ich's gestehn – waren sie wirklich es
  wohl.
„Wie sie so klein ist!" – Auch *das* war falsch. „Wie viel
  vom Galan sie
 Fordert!" – Zum Haß war *dies* schließlich der triftigste
  Grund.
Schlechtes ist selbst mit Gutem verwandt. Dies führt zu
  dem Irrtum,
 Daß man Vorzüge oft fälschlich als Fehler verklagt.
Kannst du, so kehre du stets zum Schlechtern die Gabe
  des Mädchens,
 Und wo die Grenze nur schmal, täusche den eignen
  Verstand.
Nenne sie *dick,* wenn sie *voll,* und *schwarz,* wenn sie
  dunkel von Haut ist,
 Und bei zarter Gestalt tadelt man Magerkeit leicht.
Leicht auch nennt man ein Mädchen kokett, das gerade
  nicht bäurisch;
 Bäurisch nennet man leicht eine, die sittsam nur ist.

Ja, *die* Gaben, woran am meisten es fehlt der Geliebten,
 Laß sie (mit schmeichelndem Ton bitte sie!) zeigen vor
  dir.

Fordre zu singen sie auf, wenn sie nicht mit Stimme
    begabt ist;
  Fordre zum Tanzen sie auf, kann sie nicht regen den
    Arm.
Ist in der Sprache sie roh, laß immer sie viel mit dir
    reden;
  Weiß von den Saiten sie nichts, fordr auf der Leier ein
    Lied.
Plump ist ihr Gang? Laß spazieren sie gehn. Wenn
    strotzende Warzen
  Ganz einnehmen die Brust, lasse die Binde sie fort.
Steht mit den Zähnen es schlecht, so erzähl ihr
    Geschichten zum Lachen,
  Tränen die Augen ihr leicht, solche, worüber sie weint.

Auch *das* nützt, wenn du rasch, noch eh sie für andre
    geputzt ist,
  Plötzlich des Morgens zu ihr lenkst deinen eiligen
    Schritt.
Putz entzückt uns. Mit Gold und Edelgesteinen bedeckt
    sie
  Alles, ein winziger Teil ist von dem Mädchen – sie
    selbst.
Oft mußt unter dem allem mit Not die Geliebte du suchen;
  Mit *der* Aegis betört Amor, der reiche, den Blick.
Komm, wenn niemand es ahnt, so ertappst du sicher sie
    wehrlos,
  Und mit der Armen ist's aus, wenn du die Schwächen
    entdeckt.
Allzu sicher jedoch verlaß dich nicht auf die Vorschrift:
  Kunstlos holde Gestalt ist es, was viele berückt.
Dann auch, wenn ihr Gesicht sie bestreicht mit giftigen
    Säften,
  Tritt – und schäme dich nicht – dreist vor der Herrin
    Gesicht.
Büchslein findest du dann und Tausende farbiger
    Schminken,
  Oesopum fließt ihr hinab über die mild warme Brust,
Grade wie Phineus' Tisch, so duften die Medikamente.
  Mehr als einmal dabei ward es im Magen mir flau.

Und jetzt will ich dir sagen, was mitten im Spiele der Venus
   Nützt: Aus dem ganzen Gebiet werde die Liebe verjagt!
Vieles davon wird freilich die Scham mich zu sagen verhindern,
   Aber du mußt im Geist mehr, als ich sage, verstehn.
Denn jüngst mäkelte der und jener an unseren Büchlein.
   Diesen Zensoren erschien lüstern mein Musengesang.
Aber gefall ich nur so und singt man rings in der Stadt mich,
   Mag dann dieser und der tadeln aus Ärger mein Werk.
Wagt doch am Geiste des großen Homer sich der Neid zu vergreifen:
   Wer du auch warst, Zoïlus – daher nur kennt man dich noch.
Selbst an dessen Gedicht, der Trojas besiegte Penaten
   Trug an unseren Strand, nagte der frevelnde Zahn.
Neid zielt stets nach dem Höchsten, der Wind durchbrauset die Wipfel,
   Jovis Flammengeschoß zielt nach den ragendsten Höhn.
Doch du, wer du auch seist, den also kränket mein Freimut,
   Bist du gescheit, so miß jedes nach eigenem Maß.
Tapferer Kampf läßt gern im mäonischen Vers sich besingen.
   Könnte sich je dort Raum finden für tändelndes Spiel?
Tragiker singen Erhabnes, der Zorn steht schön dem Kothurne;
   Aber dem Alltagsbrauch fügt sich der Soccus geschickt.
Gegen den drohenden Feind magst keck den Jambus du zücken,
   Sei es der flüchtige, sei's jener mit hinkendem Fuß.
Schmeichelnde Elegie, sing feurige Liebesgedichte,
   Laß die Freundin gewandt spielen, wie du es ihr rätst!
In Kallimachos' Vers ist nimmer Achilles zu preisen,
   Und für Homerus' Mund eignet Cydippe sich nicht.
Wer ertrüg es, die Thaïs zu sehn mit Andromaches Gesten?
   Schmählich, wenn Thaïs sich uns in der Andromache zeigt.
Thaïs beherrscht mein Buch, freistehn mir lockere Scherze.
   Schleier, du kümmerst mich nicht! Thaïs beherrschet mein Buch.

Wenn sich dem lustigen Stoff entsprechend die Muse
  gebärdet,
 Hab ich gesiegt; man hat fälschlich der Schuld mich
   geziehn.
Platze, gefräßiger Neid! Groß ist schon jetzt mir der
   Name:
 Bald wird größer er sein, schreitet er fort wie bisher.
Aber du eilst zu sehr. Denn bleib ich am Leben, so kannst
   du
 Mehr dich noch ärgern, mein Geist sinnet auf manches
   Gedicht.
Denn ich erfreue mich dran; es wächst durch die Ehre der
   Ehrgeiz,
 Euer Pferdchen, das keucht schon bei der Steigung
   Beginn!
Und es gesteht das elegische Lied, so viel mir zu
   schulden,
 Wie dem Vergilius nur schuldet das Heldengedicht.
Diene zur Antwort dies auf den Neid. Jetzt ziehe die
   Zügel
 Kräftiger an, Poet, kehre zurück in die Bahn!

Wenn zum gemeinsamen Bett und zum Jünglingswerk du
   dich anschickst,
 Wenn der versprochenen Nacht Stunde dann näher
   gerückt,
Suche, daß nicht der Genuß an der Herrin, wenn du mit
   vollem
 Herzen ihn nimmst, dich besticht, erst dir ein anderes
   Weib.
Sei sie, wer immer sie sei, an der sich das erste
   Vergnügen
 Abkühlt; sicherlich wird lauer das folgende sein.
Lang erharrter Genuß ist am süßesten, wie uns der
   Schatten
 Lieb in der Sonn ist, im Frost Sonne, das Wasser beim
   Durst.
Zwar ich erröte, doch sprech ich es aus: Zum Liebesspiel
   wähle
 Sorgsam die Stellung aus, die für das Mädchen nicht
   paßt.

Das ist nicht schwer zu erreichen: kaum eine gesteht sich
die Wahrheit,
  Jede meint, alles sei ihr in *der* Beziehung erlaubt.
Dann auch rate ich dir, das Fenster völlig zu öffnen,
  Sieh so bei hellichtem Tag, was man sonst lieber
  verbirgt.
Und wenn ihr dann das Ziel eurer Wünsche schließlich
  erreicht habt,
  Wenn ihr völlig erschöpft daliegt an Körper und Geist,
Wenn dich der Überdruß packt und du wünschst, du
  hättest sie niemals
  Angerührt, und du fühlst, nun sei's für lange genug –
Dann sieh hin, und merke dir gut, wenn ein Fehler am
  Körper
  Ist, und hefte den Blick recht, ja recht lange darauf.

Manchem erscheint dies alles nur klein; das *ist* es auch
  wirklich:
  Doch was im einzelnen nicht nützet, das hilft dir
  vereint.
Stirbt doch der mächtige Stier vom Bisse der giftigen
  Natter,
  Von einem winzigen Hund wird oft der Keiler gestellt.
Siege du nur durch die Zahl, und verbinde die Lehren zu
  einer
  Summe. Der Haufen wird groß, wirft man nur vieles
  darauf.
Doch da der Arten und Sinne so viel, so viel der
  Gestalten,
  Kann ich mein Urteil nicht geben für jeglichen Fall.
Oft wird derselbe Anblick, durch den *dein* Sinn nicht
  verletzt wird,
  Wenn ihn ein andrer erwog, schon als Verbrechen gerügt.
Diesem stockt' das Gefühl im vollsten Drange, sobald er
  Einmal alles gesehn, völlig enthüllt war die Scham,
Jenem, weil er die Zeichen beschämt auf dem
  schmutzigen Lager
  Sah, als das Mädchen sich nach dem Genusse erhob.
Wen dergleichen bewegt, der treibt nur Spiel mit der
  Liebe,
  Nur ein lauwarmer Hauch traf von der Fackel sein Herz.

Schärfer und kräftiger wird der Knab anziehen den Bogen,
  Daß ihr, verwundet, von mir stärkere Hilfe verlangt.
Was, wenn sich einer sogar versteckt, wenn ein stilles
    Bedürfnis
  Sie verrichtet, und sieht, was doch die Sitte verwehrt!
Götter bewahrt, daß jemals *ich* zu solcherlei rate!
  Mag es auch nützen, es ist besser, man geht nicht so weit!

Das auch rat ich euch, daß ihr zugleich zwei Freundinnen
    haltet,
  Tapferer freilich ist der, der sich gar mehrere hält.
Wenn das Gemüt sich teilt und nach zwei Seiten sich
    wendet,
  Jede der Gluten alsdann raubet der andern die Kraft.
Auch ein gewaltiger Strom wird seicht durch viele Kanäle.
  Wütendes Feuer erstirbt, wenn man die Brände zerteilt.
Nicht *ein* Anker genügt, die gefirnißten Schiffe zu halten,
  Nicht *ein* Haken genügt für die kristallene Flut.
Wer sich zeitig bereits mit doppelter Tröstung versorgt
    hat,
  Steht als Sieger bereits selbst auf der Höhe der Burg.
Doch auch du, der du leider bisher *ein* Mädchen nur
    liebtest,
  Such ein anderes Weib wenigstens jetzt für dich aus.
Minos löschte bei Prokris die Glut, die Pasiphaë schürte;
  Durch Idaea besiegt, wich die bisherige Frau.
Phegeus' Tochter auch ward nicht immer geliebt von
    Alcmaeon,
  Weil mit Kallirrhoë sie teilte das ehliche Bett.
Paris wäre gewiß noch als Greis von Oenone gefesselt,
  Hätte aus Oebalus' Stamm ihn nicht das Kebsweib
    berückt.
Und es behagte der Gattin Gestalt dem Odrysertyrannen:
  Aber die Schwester im Turm war noch von schönrer
    Gestalt.
Doch wozu noch Belege? So viele gibt's, daß ich ermüde.
  Vom Nachfolger ist stets frühere Liebe besiegt.
Mutiger trägt es die Mutter, verliert von vielen sie einen,
  Als wenn weinend sie ruft: „Ach du mein einziges Kind!"
Daß du jedoch nicht wähnst, ich erfände dir neue Gesetze
  (Wäre der Ruhm doch mein, daß *ich* zuerst sie erfand!):

Atreus' Sohn schon sah es. Was hätt auch *der* nicht gesehen,
  Dessen Befehlen sich ganz Hellas gehorsam gefügt!
Die er durch Mars als Beute gewann, er liebt die Chryseïs,
  Aber ihr Alter, der Tor, weinet, wo immer er geht.
Was du nur weinst, langweiliger Greis? Sie gefallen sich beide:
  Dein Diensteifer, du Narr, ist nur der Tochter zur Last!
Kalchas, der auf den Schutz des Achill sich stützte, befahl, sie
  Auszuliefern; sie kehrt wieder zum Vater zurück.
„Eine noch gibt's, fast ebensoschön, die bis auf die erste Silb auch ebenso heißt", sprach der Atride darauf:
„*Die* soll, ist er gescheit, Achill von selber mir lassen,
  Widrigenfalls wird ihn zwingen mein Herrschergebot.
Und macht einer von euch, ihr Achiver, die Tat mir zum Vorwurf,
  Werdet ihr sehn, wie *die* Hand tüchtig ihr Zepter regiert.
Denn, soll König ich sein und soll kein Weib bei mir schlafen,
  Tret an Thersites sofort gern die Regierung ich ab."
Sprach's und nahm sie sogleich zum erheblichen Trost für die erste,
  Und so hat er durch *sie* Sorge mit Sorge verscheucht.
Drum, Agamemnon gleich, nimm andere Flammen zu Hilfe,
  Daß, wenn der Weg sich teilt, dann auch die Liebe sich trennt.
Fragst du, woher du sie nimmst? Geh, lies in unseren „Künsten",
  Und dein Fahrzeug wird wimmeln von Mädchen sofort.

Hat mein Spruch nur *etwas* Gewicht und lehret Apollo
  Für euch Sterbliche nur *etwas* von Nutzen durch mich:
Wirst, Unseliger, du gleich mitten im Ätna geröstet,
  Mach, daß dem Mädchen du doch kälter erscheinest als Eis!
Tu, als sei es dir wohl; laß nie sie es, wenn du auch Schmerz fühlst,
  Merken, und weintest du gleich lieber, so lach doch vor ihr!

Nicht verlang ich, daß mitten im Zug du den Sorgen
  entsagest:
 So grausamen Befehl geb ich den Meinigen nicht.
Stelle dich nur so an, als seist du geheilt von dem
  Wahnsinn,
 Dann wirst wirklich du tun, was du erheuchelt zuvor.
Oft schon tat ich, als läg ich im Schlaf, um nicht trinken
  zu müssen:
 Während ich nur so tat, ward ich vom Schlafe besiegt.
Wie den Betrogenen oft ich verlacht, der, Verliebtheit nur
  heuchelnd,
 Selbst in den Schlingen sich fing, die er dem Vogel
  gelegt!
Liebe beschleicht durch Gewohnheit das Herz, sie
  entweicht durch Gewohnheit.
 Kannst du nur erst dich gesund *stellen*, so *bist* du
  gesund.
Sagt sie, du sollst zur versprochenen Nacht nur kommen,
  so komm auch.
 Kommst du und ist dir die Tür dennoch verschlossen,
  ertrag's.
Sprich kein schmeichelndes Wort, doch schimpf auch
  nicht auf die Pfosten.
 Liege die Seite dir nicht wund auf der Schwelle der Tür.
Kommt dann der folgende Tag, so enthalte dich jeglicher
  Klage,
 Gib durch Mienen auch nicht irgendein Zeichen von
  Schmerz.
Dann entsagt sie dem Stolz, wenn sie sieht, wie alles dir
  gleich ist –
 Dieses Geschenk auch wirft unsere Kunst dir noch ab.
Aber betrüge dich selbst und nimm dir das Ende der
  Liebe
 Nicht gleich vor, oft kämpft gegen den Zügel das Roß.
Bleibe der Nutzen versteckt! Es geschieht, was du selbst
  dir verhehltest:
 Spannt man zu sichtbar es aus, meidet der Vogel das
  Netz.
Daß sie sich nicht überhebt und dich nicht schließlich
  verspotten
 Kann, so zeige dich stolz, daß sie dem Stolzen erliegt.

Steht dir offen die Tür? Geh, selbst wenn sie riefe,
  vorüber!
 Schenkt sie die Nacht dir, so steh an, ob du kommest
  zur Nacht.
Da ist leicht die Geduld, wo, wenn die Geduld dich
  verließe,
 Du auf das leichteste dir könntest verschaffen die Lust.

Kann ein Mensch mein Gesetz fortan noch zeihen der
  Härte?
 Sieh, ich schicke mich jetzt selbst zum Vermitteler an.
Denn da der Menschen Gemüt so verschieden, verändr
  ich die Kunst auch.
 Übel sind tausenderlei, Heilungen tausenderlei.
Manch ein Körper ist kaum mit schneidendem Eisen zu
  heilen;
 Vielen hat Saft und Kraut lindernde Hilfe gebracht.
Bist du zu weich und kannst du nicht fort und hält dich
  die Fessel,
 Setzt dir Amor ergrimmt fest auf den Nacken den Fuß,
Laß vom Ringen dann ab: es treibe der Wind dir die
  Segel,
 Und wo die Flut hintreibt, folge das Ruder gemach.
Lösche den Durst nur getrost, von dem du tödlich
  entbrennest.
 Sieh, ich gebe dir nach, trink aus der Mitte des Stroms.
Doch trink immer noch mehr, trink mehr, als dein Herz
  dir gebietet,
 Bis aus dem Schlund – randvoll – über das Wasser dir
  quillt.
Magst du – es hindert dich nichts – bis zu Ende
  genießen dein Mädchen!
 Mag sie dir rauben die Nacht, mag sie dir rauben den
  Tag.
Mach zum Ekel sie dir! Es macht auch Ekel ein Ende.
 Bleib auch dann, wenn du selbst denkst, es sei heute
  genug,
Bis du dich tüchtig gestopft, bis die Lieb erstickt in der
  Fülle,
 Bis dir ihr Haus zum Verdruß, bis es dir widerlich wird.

Auch Mißtrauen verleiht oft Dauer und Nahrung der
   Liebe.
Willst du von ihr dich befrein, mußt du von Furcht
   dich befrein.
Fürchtest du, daß sie nicht dein, daß ein anderer dir sie
   entziehe,
Wird Machaons Kunst kaum dir Gesundheit verleihn.
Von zwei Söhnen ist *der* zumeist der liebste der Mutter,
   Den sie nicht wiederzusehn fürchtet, da fern er im
   Krieg.

Am Collinischen Tor ist ein altehrwürdiger Tempel,
   Der nach des Eryx Höhn einst seinen Namen erhielt.
Auch der lethäische Amor ist dort, der Heilung dem
   Herzen
   Bringt und mit kühlender Flut selber die Fackeln
   besprengt.
Jünglinge flehn um Vergessen dort mit frommen Gelübden
   Oder ein zärtliches Weib, grausam verschmäht von dem
   Mann.
Der sprach also zu mir (nicht weiß ich, ob wirklich
   Cupido,
   Ob es ein Traumbild war; irr ich nicht, war's nur ein
   Traum):
„Oh, der du bald uns bringst, bald heilst die bekümmerte
   Liebe,
   Naso, füge noch dies deinen Geboten hinzu:
Denk ein jeder an das, was ihn drückt, dann fliehet die
   Liebe.
   Mehr oder weniger gab jedem dergleichen der Gott.
Wer so das Puteal, die geschwinden Kalenden und Janus
   Fürchtet, der quäle den Geist stets mit dem
   Schuldengewicht.
Ist dein Vater zu streng (wenn sonst auch alles nach
   Wunsch geht),
   Muß er, so streng wie er ist, immer vor Augen dir
   stehn.
Ärmlich lebt mit der Frau, der die Mitgift mangelt, ein
   andrer:
   Denk er beständig: Die Frau hindert allein mich am
   Glück!

Hast du ein treffliches Gut, trägt köstliche Trauben dein
   Weinberg,
   Fürchte du immer, der Brand nag an der keimenden
   Frucht.
Jener erwartet ein Schiff zurück: an das stürmische Meer
   nur
   Denk er, und wie mit Verlust jedes Gestad ihn bedroht.
Mög um den Sohn im Heer, um die heiratsfähige Tochter
   Sorgen ein andrer; es gibt tausend der Gründe zur
   Angst.
Wolltest du hassen dein Weib, o Paris, mußtest der
   Brüder
   Blutige Leichen du dir stellen im Geist vor den Blick."
Mehr noch wollt er mir sagen, da schwand die Gestalt mir
   des Knaben
   Aus dem beruhigten Schlaf – war in der Tat es ein
   Schlaf.

Was nun tun? Palinurus verläßt mein Schiff in des Meeres
   Mitte: so muß ich den Weg ziehn, den ich selber nicht
   weiß.
Einsamkeit schadet euch stets, wenn ihr liebt; vor
   Einsamkeit wahrt euch!
   Wohin fliehst du? Du bist *sicher* – inmitten des Volks.
Nicht der verborgene Ort (die Verborgenheit mehret die
   Glut nur)
   Tut dir not: dir gereicht grade die Menge zum Schutz.
Traurig nur wirst du, bist du allein; der verlassenen
   Herrin
   Bild wird vor deinem Blick stehen, als wäre sie's selbst.
Trauriger ist deshalb auch die Nacht als die Stunden des
   Phoebus;
   Denn die befreundete Schar fehlt, die den Schmerz mit
   dir trägt.
Flieh auch nicht das Gespräch noch halte die Türe
   verschlossen,
   Und in Finsternis birg nicht dein verweintes Gesicht.
Sei auch ein Pylades stets dir zur Hand, den Orest zu
   beraten,
   Da höchst nützlich auch hier stets sich die Freundschaft
   bewährt.

Was war Phyllis' Verderb denn sonst als die einsamen
  Wälder?
  Das war ihr sicherer Tod, daß sie Begleitung verschmäht.
Wie der barbarische Schwarm des edonischen Bacchus mit
  losem
  Haar dreijährige Weihn feiert, so rannte sie fort.
Und bald schaut sie, so weit sie vermag, in die Fernen des
  Meeres,
  Bald dann streckt sie sich matt hin auf den sandigen
  Grund,
Ruft: „Demophoon, du Treuloser!" zum tauben Gewässer,
  Und von Schluchzen durchbebt, stockt ihr beim Reden
  das Wort.
Schmal, weithin von Schatten umwölkt, erstreckt sich ein
  Fußpfad
  Bis zu dem Meer; dorthin richtete oft sie den Schritt.
Neunmal ging die Arme den Weg. „So mag er denn
  sehen!"
  Sprach sie, und bleichen Gesichts blickt auf den Gürtel
  sie erst,
Blickt zu den Zweigen dann auf, steht ratlos, stutzt vor
  dem Wagnis,
  Fürchtet sich – aber zuletzt führt sie die Finger zum
  Hals.
Wärest, Sithonierin, du damals nicht einsam gewesen,
  Hätt um Phyllis der Wald weinend sein Haar nicht
  gestreut.
Magst du, durch Phyllis gewarnt, *zu* einsame Gegenden
  meiden,
  Du, den die Herrin verletzt, du, die gekränkt durch den
  Mann.

Alles nun hatte der Jüngling getan, was unsere Muse
  Nur ihm gebot, und fast war er im Hafen des Heils.
Da, als er einst in den Kreis sehnsüchtig Liebender eintrat,
  Fiel er zurück; sein Geschoß zückte von neuem der
  Gott.
Liebst du und willst du es nicht, so vermeide vor allem
  Berührung;
  Denn Ansteckung ist oft selbst auch verderblich dem
  Vieh.

Sehn wir leidende Augen nur an, so schmerzen die eignen.
  Mancherlei Übel verpflanzt gern sich von Leibe zu
    Leib.
Manchmal dringt in ein Feld, das hart ist von trockenen
    Schollen,
  Aus nah fließendem Strom sickerndes Wasser hinein:
Also sickert versteckt, wenn du nicht vor dem Liebenden
    fliehest,
  Liebe hindurch. Dazu haben wir alle Talent.

Ebenso war ein andrer geheilt: Ihn verletzte die Nähe,
  Nicht ertrug er es einst, als die Geliebte er traf.
Schlecht war die Narbe verharscht, sie ward zur früheren
    Wunde;
  Und nichts haben bei ihm unsere Künste genützt.
Ist dir das Feuer ganz nah, wird's schwer, dein Haus zu
    bewahren,
  Immer am nützlichsten ist's, hältst du vom Brande dich
    fern.
Laß in dem Porticus nicht, wo *sie* lustwandelt, dich sehen,
  Statte auch nimmer Besuch ab an dem nämlichen Ort.
Laß durch Erinnrung den Sinn – kaum lau! – nicht
    wieder entflammen!
  Wär aus der Welt zu entfliehn möglich, du müßtest es
    tun!
Nicht ist ein Hungernder leicht, wenn der Tisch dasteht,
    zu beherrschen,
  Und ein lebendiger Quell reizet den quälenden Durst.
So ist der Stier nicht leicht, wenn die Kuh er gesehen, zu
    halten;
  Wenn er die Stute gesehn, wiehert der rüstige Hengst.

Setzest du dieses auch durch und berührst du endlich das
    Ufer,
  Dennoch genügt es noch nicht, daß du sie selber verließt.
Sag auch der Schwester Lebwohl und der Mutter sowie
    der vertrauten
  Amme, und wer noch sonst zu der Geliebten gehört.
Komme der Sklav auch nicht, noch in der Gebieterin
    Namen
  Sag auf den Knien die Magd weinend ihr falsches Ade!

Wüßtest du selbst auch gern, was sie macht, doch darfst
 du nicht fragen.
Dulde! Es ist dein Gewinn, wenn du die Zunge
 bezähmst.

Du auch, der du erzählst, wie die Liebe zu Ende
 gegangen,
Und von der Herrin dein allerlei Schlimmes erwähnst,
Laß dein Klagen: Du wirst viel besser dich rächen durch
 Schweigen,
Bis aus der sehnenden Brust gänzlich ihr Bildnis
 entflohn.
Besser ist schweigen zumal als vom Bruch des
 Verhältnisses schwatzen.
Wer zu oft, daß er *nicht* liebe, versichert – der liebt.
Zuverlässiger ist's, allmählich das Feuer zu löschen
Als urplötzlich; du gehst sicher, beeilst du dich nicht.
Rascher entstürzt des Gebirgs Gießbach als ein stetiger
 Landstrom,
Während doch jener nur kurz, dieser in Ewigkeit fließt.
Laß unmerklich die Glut in die flüchtigen Lüfte
 verduften,
Stufe um Stufe gemach sterbe die Liebe dahin.
Schandbar ist es, ein Weib, das du eben noch liebtest, zu
 hassen:
Solch ein Ende geziemt nur für ein wildes Gemüt.
Besser, man sorgt sich nicht drum! Wer mit Hassen die
 Liebe beendigt,
Liebt entweder – wenn nicht, macht er kein Ende der
 Not.
Schmählich, wenn Mann und Weib, noch eben vereint,
 sich befehden:
Appias Nymphe sogar billigt nicht solchen Prozeß.
Mancher verklagt ein Weib – und liebt sie. Wäre der
 Zwist nicht,
Würde, da keiner daran mahnte, die Liebe vergehn.
Anwalt war ich einmal für einen; des Jünglings Geliebte
Saß in der Sänfte, er stieß schreckliche Drohungen aus.
Bürgschaft fordert er drauf und ruft: „Sie steig aus der
 Sänfte!"
Sie steigt aus: Er sieht, die er geliebt – und verstummt.

Und es entsinkt ihm die Hand, es entsinkt aus den
   Händen die Klagschrift;
   Man umarmt sich. Er ruft: „Mädchen, du hast mich
      besiegt!"
Sicherer stets und passender ist's, wenn in Frieden man
      scheidet
   Und aus der Kammer nicht gleich eilt auf den
      zänkischen Markt.
Was an Geschenken sie hat, laß ohne Prozeß sie behalten;
   Groß ist meist der Gewinn gegen den kleinen Verlust.

Wenn durch Zufall du aber mit ihr zusammengeführt wirst,
   Halte die Waffen dann fest, die ich dir gab, in dem
      Sinn.
Jetzt tun Waffen dir not. Hier, Tapferster, gilt es zu
      kämpfen!
   Penthesilea darf deinem Geschoß nicht entgehn.
Jetzt mußt du den Rival und die Qual der Verliebten, die
      Schwelle,
   Dir vorstellen, und *wie* falsch bei den Göttern sie
      schwor.
Putze das Haar auch nicht, wenn du denkst vor ihr zu
      erscheinen,
   Ordne die Toga dir nicht zierlich in wallendem Bausch!
Sorg nicht, wie du dem Mädchen gefällst, das gänzlich dir
      fremd ist,
   Gelte sie dir jetzt nur allen den übrigen gleich!

Doch was am meisten uns stets an unsern Bemühungen
      hindert,
   Will ich euch sagen: auch merkt jeder es leicht an sich
      selbst.
Immer zögern wir, weil wir ja hoffen, daß sie uns liebe;
   Da sich ein jeder gefällt, sind wir ein gläubiges Volk.
Traue den Worten du nie! Was ist so trügrisch wie
      Worte?
   Nicht der Unsterblichen Schar hat bei den Weibern
      Gewicht.
Sei auf der Hut, daß du nicht von den Tränen des
      Mädchens gerührt wirst;
   Haben die Augen sie doch förmlich im Weinen geschult!

Man umstürmt der Verliebten Gemüt mit unzähligen
  Künsten,
  Gleich dem Geklipp im Meer, rings von den Fluten
  gepeitscht.
Führe die Gründe nicht an, die dich zur Trennung bewegen.
  Sag ihr nicht, was dich schmerzt; trag im geheimen den
  Schmerz.
Zähl ihre Sünden nicht auf, sie verteidigt sich nur, und du
  selber
  Hilfst, daß die Sache für *sie* besser sich stellt als für dich.
Wer stillschweigt, der ist fest, wer viel Scheltworte dem
  Mädchen
  Sagt, der verlangt, daß sie sich vor ihm rechtfertigen soll.
Ich will nicht, dem Dulichier gleich, abstumpfen die Pfeile
  Oder die Fackeln in Hast rauben und löschen im Strom,
Noch hab ich vor, dem Knaben die purpurnen Schwingen
  zu stutzen;
  Selbst sein Bogen wird nicht schlaffer durch unsere Kunst.
Klugheit allein lehrt unser Gesang. Ihr, gehorchet dem
  Sänger!
  Steh, wie du pflegtest, mir bei, Phoebus, du heilender
  Gott.
Phoebus ist da! Die Leier ertönt! Es ertönte der Köcher!
  Alle die Zeichen des Gotts künden mir: Phoebus ist da!
Wenn du ein wolliges Vlies, in Amyclaes Kesseln gesotten,
  Tyrischem Purpur vergleichst, scheint es dir häßlicher
  stets.
Nun, so vergleichet auch *ihr* mit schöneren Mädchen die
  euern,
  Und allmählich schämt jeder der seinigen sich.
Paris konnte für schön wohl jede der beiden erklären:
  Da er sie Venus verglich, wurden sie beide besiegt.
Doch nicht allein die Gestalt, auch die Sitten und Künste
  vergleiche;
  Nur daß dein Urteil nie werde durch Liebe getrübt!

Was mein Gesang jetzt lehrt, ist klein. Dies Kleine jedoch hat
  Schon gar vielen genützt, unter den vielen auch mir.
Lies nicht Briefe, die einst dir das schmeichelnde
  Mädchen geschrieben!
  Solch ein Brief rührt oft selbst auch ein festes Gemüt.

Gib, wie sehr du dich sträubst, sie alle gefräßigen Flammen,
  Sage: „Der Holzstoß sei dies, welcher mein Feuer verzehrt!"
Hat doch Althaea den Sohn durch den Brand in der Ferne getötet:
  Nichts als Lügen verbrennst *du* – und du zauderst dabei?
Kannst du, entferne das Wachsbild auch. Was soll dich ein stummes
  Bildnis quälen? So fand Laodamia den Tod.
Schädlich sogar ist der schweigende Ort. Entfliehe den Orten,
  Die euch umschlungen gesehn; Kummer bereiten sie dir!
„*Dies* ist der Platz, wo sie lag! *Dort* ist das Gemach, wo wir schliefen!
  Hier in der lustigen Nacht gab sie mir Liebesgenuß!"
Durch die Erinnerung reißt man die Wunde der Liebe von neuem
  Auf, daß sie klafft; es verletzt Schwache der leiseste Grund.
Wenn du die Asche, die fast schon tot, mit Schwefel berührest,
  Lebt sie; unmerkliche Glut schlägt zur gewaltigsten auf.
So auch, wenn du nicht fliehst, was die Liebe nur irgend erneuert,
  Flammt, das soeben ein Nichts, wieder das Feuer empor.
Argos' Kiele, wie wären sie gern den kapharischen Felsen
  Und dir Greis, der sein Leid rächte durch Feuer, entflohn.
Nisus' Tochter gewandt zu umgehn, wie freut es den Schiffer!
  Auch du scheue den Ort, den du zu innig geliebt.
Das sind die Syrten für dich! *Die* Akrokeraunien meide!
  Hier verschlinget und speit gräßlich Charybdis die Flut.

Manches noch gibt's, was zwar durch Befehl zu erzwingen unmöglich,
  Wenn zufällig jedoch selbst es sich findet, dir nützt.

Phaedra verliere ihr Geld – und Neptun, du schonst
   deinen Enkel,
  Und vor des Ahnherrn Stier scheut nicht zurück das
   Gespann.
Wäre die Gnosierin arm, mit Vernunft wohl würde sie
   lieben.
  Amor, der lockere Gott, wird durch den Reichtum
   genährt.
Hekale hat kein Mann, kein Weib entflammet den Irus.
  Fragst du, warum? Er war Bettler, und jene war arm.
Fehlt doch der Armut Stoff, um Nahrung zu leihen der
   Liebe.
  Freilich ist dies kein Grund, daß man die Armut sich
   wünscht.

Aber es lohnt sich schon, nicht stets dem Theater zu
   frönen,
  Bis aus der ledigen Brust völlig die Liebe dir weicht.
Denn entnervt wird der Geist von Zither und Leier und
   Flöte
  Und vom Gesang und des Arms rhythmisch geregeltem
   Schwung.
Dort zeigt ewig der Tanz Darstellungen nur von Verliebten.
  Alles, was schadet und nutzt, lehret der Spielenden
   Kunst.

Ungern sprech ich es aus: Lies nicht in den zärtlichen
   Dichtern.
  Ja, ich entferne von dir, was ich dir selber geschenkt.
Flieh den Kallimachos du; er ist kein Feind des Cupido.
  Und dem Kallimachos gleich schadest du, Dichter von
   Kos.
Sappho hat wenigstens *mich* fügsamer gemacht der
   Geliebten,
  Teos' Muse mir nicht störrige Sitten verliehn.
Wer las ohne Gefahr jemals Tibullus' Gedichte?
  Oder die deinen, des Lied einzig nur Cynthia war?
Wem bleibt hart das Gemüt, wenn er Gallus' Schriften
   gelesen?
  Auch aus meinem Gesang klinget ein ähnlicher Ton.

Doch wenn der Meister des Werks, Apoll, nicht täuschet den Sänger,
 Ist der bedeutendste Grund unserer Not ein Rival.
Doch nie bilde dir ein, daß irgendein Mensch dein Rival ist.
 Denk im Herzen: sie liegt immer allein in dem Bett.
Heftiger glühte in Lieb zu Hermione deshalb Orestes,
 Weil einem anderen Mann sie zu gehören begann.
Was klagst du, Menelaus? Du gingst ja ohne die Gattin
 Schon nach Kreta und trugst kühl die Entfernung von ihr.
Erst, da sie Paris geraubt, da konntest du nicht von der Frau mehr
 Lassen, des anderen Glut mehrte die eigene dir.
Darum weinte Achill, als man die Briseïs ihm wegnahm,
 Daß dem plisthenischen Mann sie zur Ergötzung bestimmt.
Und wohl weint' er mit Recht, das glaubt mir! Denn der Atride
 Tat, was *nicht* zu tun schmähliche Schlaffheit nur ist.
Wahrlich, auch ich hätt's getan, denn ich bin nicht weiser als jener!
 Dies war der beste Gewinn, den ihm der Ärger gebracht.
Denn wenn beim Zepter er schwört, daß er nie die Briseïs berührt hat,
 Wird er im stillen dabei denken: Ein *Stock* ist kein *Gott*!

Geben die Götter dir Kraft, an der Tür der verlassenen Herrin
 Weiterzugehn; daß dein Fuß nicht dem Entschluß sich versagt!
Und du kannst, wenn du wirklich es willst! Jetzt mußt du mit starkem
 Schritte nur gehn und den Sporn geben dem eiligen Roß.
Denke, daß dort in der Schlucht Sirenen und dort Lotophagen
 Hausen; gebrauche behend Segel und Ruder zugleich.

Ihn auch, der dich zuvor zu sehr nur gequält, den Rival auch
    Rat ich dir nicht wie bisher nur zu betrachten als Feind.
Grüß ihn wenigstens stets, wenn von Haß auch wirklich ein Rest bleibt.
    Kannst du ihm Küsse bereits geben, so bist du gesund.

Siehe, die Speisen sogar – um der Heilkunst ganz zu genügen –
    Nenn ich dir jetzt, die du fliehn, die du erwählen dir sollst.
Zwiebeln, ob Daunien sie, ob die libysche Küste sie sendet
    Oder auch Megara, sind alle so gut wie ein Gift.
Meide nicht weniger auch das Gewürz der erregenden Rauke,
    Und was sonst noch den Leib reizet zum Liebesgenuß.
Nützlicher ist dir das Kraut, das die Sehkraft schärfet, die Raute,
    Und was sonst noch den Leib hindert am Liebesgenuß.
Fragst du mich, was ich von Bacchus' Geschenk noch habe zu lehren?
    Davon lautet mein Rat kürzer vielleicht, als du denkst.
Wein regt auf zum Liebesgenuß, wenn du nicht bis zum Rausche
    Trinkst und in lauterem Wein Herz und Besinnung ertränkst.
Wind vermehrt und Wind erstickt auch wieder die Flamme,
    Sanftere Luft entflammt, stärkere tötet den Brand.
Meide den Wein; wenn nicht – so berausche dich *so,* daß die Sorgen
    Schwinden; es schadet dir nur, bleibst in der Mitte du stehn.

Hier ist das Ende des Werks. Nun kränzt das ermüdete Fahrzeug.
    Schon ist der Hafen erreicht, den ich zum Ziele mir nahm.
Fromme Gelübde dann zahlt als Lohn für den heiligen Sänger,
    Männer und Frauen, die ihr also geheilt durch mein Lied.

Anmerkungen

Liebeselegien

Erstes Buch

7 *stahl ... einen der Füße* – Das Heldenepos mit seiner Darstellung „eiserner Kriege" war durchgängig in Hexametern, Versen aus sechs daktylischen Metren (– ∪ ∪), geschrieben. Dagegen verwendete Ovid in seinen Liebesdichtungen elegische Distichen, Verspaare, bei denen auf einen Hexameter ein Pentameter folgt, also ein Vers aus fünf daktylischen Metren, die aber so angeordnet sind, daß sechs Hebungen erhalten bleiben.

Hexameter: $\overset{-\cup\cup}{1}\,\overset{-\cup\cup}{1}\,\overset{-\cup\cup}{1}\,\overset{-\cup\cup}{1}\,\overset{-\cup\cup}{1}\,\overset{-x}{1} = 6$

Pentameter: $\overset{-\cup\cup}{1}\,\overset{-\cup\cup}{1}\,\overset{-}{{}^{1}/_{2}}\,|\,\overset{-\cup\cup}{1}\,\overset{-\cup\cup}{1}\,\overset{-}{{}^{1}/_{2}} = 5$

der Fackeln Glut – Venus erregt hier Liebe mit den Waffen ihres Sohnes ↗ Amor.
die beköcherte Maid – ↗ Diana.
das aonische Spiel – Die Lyra (Leier), das Instrument des ↗ Phoebus Apollo.
Knab – ↗ Amor.

8 *Helikon* – Berg in der griechischen Landschaft Böotien, der als Sitz der Musen galt.
mit der Myrte ... umkränze ... die Schläfen – Die Myrte war der ↗ Venus geheiligt.
Muse – Hier ist Erato, die Schutzherrin der Liebesdichtung, angerufen.
elf Takte – Ein Verspaar im elegischen Distichon, vgl. die erste Anm. zu S. 7.

9 *Myrten* – Vgl. die zweite Anm. zu S. 8.
die Tauben der Mutter – Diese heiligen Vögel der ↗ Venus zogen den Wagen der Göttin durch die Luft.
Stiefvater – ↗ Vulcanus.

10 *des Ganges Lande gebändigt* – ↗ Bacchus eroberte der Sage nach die Welt von Indien aus.
Tiger – Der Wagen des Gottes wurde von Tigern (oder Panthern) gezogen.

10 *ewig mich fesseln* – Die Geliebte soll zumindest Gegenliebe heucheln.
11 *die neun Gefährtinnen* – Die neun Musen.
welcher die Reb erfand – ↗ Bacchus.
die Schwestern – Die drei ↗ Parzen.
die als Vogel der Flut täuschte der schlaue Galan – ↗ Leda.
die, über das Meer ... getragen – ↗ Europa.
12 *daß ... der Atrakerin Schönheit doppelgestaltiges Volk ... zu den Waffen gedrängt* – Bei der Hochzeit der schönen Hippodamia mit dem Lapithenkönig Pirithous versuchte einer der eingeladenen Zentauren, Wesen mit Pferdeleib und menschlichem Oberkörper, die Braut zu rauben, worauf es zu einem heftigen Kampf kam.
15 *an die Türe gekettet* – Der Sklave, der die Tür zu hüten hatte, wurde bisweilen angekettet.
16 *die liebliche Mutter* – ↗ Venus.
19 *Maenalus* – Gebirge in der peloponnesischen Landschaft Arkadien.
die Kreterin – ↗ Ariadne.
die Binde – Sie war ein Zeichen der Priesterwürde.
20 *Volk der Quiriten* – Die römischen Vollbürger.
21 *parische Felsen* – Der Marmor von der Kykladeninsel Paros war besonders rein und feinkörnig.
Dipsas ... zu Recht so genannt – Dipsas bedeutet im Griechischen „die Durstige".
22 *ääische Lieder* – Zaubersprüche, so genannt nach der Insel Aeaea, auf der die Zauberin ↗ Circe wohnte.
doppelt Pupille – Der berüchtigte „böse Blick" der Hexen.
23 *Aeneas' Stadt* – Rom.
24 *der Gott der Sänger* – ↗ Phoebus Apollo.
für Geld seine Freiheit erhandelt – Unter günstigen Umständen war es Sklaven möglich, sich mit erspartem Geld freizukaufen.
ein bekreideter Fuß – Sklaven aus Übersee wurden beim Verkauf mit Kreide (oder Gips) gekennzeichnet.
wächserne Bilder der Halle – In Wachs nachgebildete Totenmasken der Ahnen vornehmer römischer Familien; sie wurden im Atrium, der Vorhalle des Hauses, in Schreinen aufbewahrt und bei Leichenzügen dem gerade Verstorbenen vorangetragen.
25 *Heiliger Weg* – Eine etwa 400 m lange Straße in Rom, die vom Forum ausging; sie war von eleganten Geschäften gesäumt.
27 *die argolische Macht* – Die Macht der Griechen; Argolis ist eine Landschaft in Griechenland.
der Atrid – ↗ Agamemnon.

27 *Priamus' Tochter* – ↗ Kassandra.
Mars, in der Falle des Schmieds – ↗ Vulcanus legte ein feines, unsichtbares Netz aus, mit dessen Hilfe er seine Gattin ↗ Venus und den Kriegsgott des Ehebruchs überführte.
28 *Eurotas* – Fluß in Griechenland, an dem Sparta liegt.
phrygische Kiele – Schiffe aus Troja.
zweien vermählt – ↗ Helena.
Fehlt ihm der Bausch doch selbst... – Die Toga, das feierliche Gewand der Römer, besaß keine Taschen; jedoch wurde sie so kunstvoll umgelegt, daß sich über der Brust ein Bausch bildete.
30 *auf der Jungfrau Haupt stürzte der Waffen Gewicht* – Als die Sabiner nach dem Raub ihrer Töchter die Burg von Rom belagerten, verriet ihnen Tarpeïa, die Tochter des römischen Kommandanten, den Zugang; zum Lohn hatte sie sich ausbedungen, was die Sabiner an der linken Hand trügen. Sie erhielt aber nicht den gemeinten Schmuck für ihren Verrat, sondern starb unter den Schilden der Sabiner.
ein Halsband gab Grund – ↗ Alcmaeon.
31 *die Täfelchen* – Mit Wachs bestrichene Holztäfelchen, auf die man mit Griffeln Buchstaben ritzte. Sie wurden paarweise mit Schnüren zusammengebunden, die durch die Tafelränder liefen, und konnten auch versiegelt werden. Nach Glättung des Wachses waren die Täfelchen sogleich erneut zu verwenden.
mit Lorbeer will ich umwinden – Der Siegesbericht eines Feldherrn an den Senat wurde von dem Sieger nach seiner Rückkehr lorbeerumkränzt im Jupitertempel niedergelegt.
im heiligen Haus – Im Tempel.
32 *mit Mennige ganz durchfärbt* – Wachstäfelchen feinerer Ausführung waren rot gefärbt.
scheußliche Kreuze – Gekreuzigt wurden gewöhnlich nur Sklaven.
34 *vor die Hallen* – Vor den Tempel der Vesta; dort hielt der Prätor Gericht.
ein einziges Wort – Schuldner und Bürge verpflichteten sich zur Zahlung mit der Formel „spondeo" (ich verspreche).
Dein Sohn war schwarz – ↗ Memnon.
35 *der geliebte Jüngling* – ↗ Endymion.
der Vater der Götter ... hat zwei Nächte ... vereint – In dieser Doppelnacht weilte ↗ Jupiter bei Alkmene in der Gestalt ihres Gatten Amphitryon und zeugte den ↗ Herkules.
Serer – Ein ostasiatisches Volk.
Ida – Berg bei Troja.
36 *die thrakische Bacche* – Eine Bacchantin; in Thrakien wurde der Kult des ↗ Bacchus besonders orgiastisch begangen.

36 *aus hämonischem Born* – Aus thessalischem Born; Thessalien war wegen seiner angeblichen Hexen berüchtigt.
37 *sugambrisches Weib* – Die Sugambrer, eine germanische Völkerschaft, siedelten zwischen Lippe, Sieg und Ruhr.
38 *der Mäonier* – ↗ Homer; als Mäonier (= Lyder) wird er bezeichnet, weil Smyrna in Lydien unter seinen möglichen Heimatstädten genannt wird.
Tenedos ... Ida ... Simois – Hier als Schauplätze in der „Ilias" Homers genannt.
der Askräer – Hesiod (um 700 v. u. Z.), der in Askra am Fuße des Helikon wohnte; in seinem Lehrgedicht „Werke und Tage" behandelte er den Landbau.
das erste der Schiffe – Die „Argo", auf der ↗ Iason mit seinen Gefährten in die Kolchis fuhr, um das Goldene Vlies zu holen.
Tityrus und die Gefild und Aeneas' Waffen – Kennzeichnungen für die drei Hauptwerke ↗ Vergils; „Tityrus" ist eine Schäfergestalt aus den „Hirtengedichten", die „Gefilde" meinen das Gedicht „Über den Landbau" und „Aeneas' Waffen" die „Aeneis".
Tagus – Der Fluß Tajo in Spanien; er führte in der Antike noch Gold.
Kastalia – Diese Quelle bei Delphi war dem Gott ↗ Phoebus Apollo und den Musen geheiligt.
Myrte – Vgl. die zweite Anm. zu S. 8.

Zweites Buch

40 *Pelignum* – Landschaft in Mittelitalien.
wie des Pelion Abhang ragend der Ossa trug – In der Schlacht gegen die olympischen Götter suchten die Angreifer den Olymp zu erstürmen, indem sie die genannten thessalischen Gebirge aufeinandertürmten.
41 *die Hörner des blutigen Mondes* – Gemeint sind die zwei Spitzen der Mondsichel, die bisweilen rot gefärbt sind.
des Atreus Sohn, dieser wie jener – ↗ Agamemnon und ↗ Menelaus.
der gleichviel Jahre vertan – ↗ Ulixes.
Hämoniergespann – Das Gespann des ↗ Achilles.
die Halle, worin Danaos' Töchter zu sehn – Die Säulenhalle am Apollotempel auf dem Palatin, von Augustus nach seinem 31 v. u. Z. errungenen Sieg bei Aktium errichtet, war mit den Statuen der fünfzig Töchter des Ägypters ↗ Danaos geschmückt.

44 *nicht Mann noch Frau* – Der Wächter – es ist wie im vorigen Gedicht Bagōus – war ein Eunuche.
46 *spröde Sabinerin* – Die Sabinerinnen galten als besonders sittenstreng.
48 *wie Venus dem Mars ... sie gab* – Vgl. die vierte Anm. zu S. 27.
Zauber umstrickt ihr Gespann – Bei Mondfinsternissen tritt oft eine Rotfärbung ein.
die mäonische Frau – Die Lyderin.
50 *ismarischer Wütrich* – ↗ Tereus, so genannt nach dem Berg Ismeros in Thrakien.
Argiver – Orest stammte aus dem Gebiet von Argos mit den Städten Tiryns und Mykene.
der phokäische Jüngling – ↗ Pylades, der aus Phokis stammte.
51 *die Krähe..., die der ... Pallas verhaßt ist* – zunächst Lieblingsvogel der Göttin, hatte die Krähe sich durch die Meldung unangenehmer Nachrichten bei ihr unbeliebt gemacht.
Phylakes Held – Der thessalische Fürst Protesiläus, so genannt nach seiner Heimatstadt Phylake. Er sprang als erster der Griechen bei Troja an Land und wurde daher nach einem Orakelspruch als erster getötet.
seine Brüder – Unter ihnen ist vor allem ↗ Paris gemeint.
der siebente Tag – Er gilt als der Krisentag, an dem sich der Ausgang der Krankheit entscheidet.
der stets einzige seines Geschlechts – Nach fünfhundert Jahren Lebensdauer soll sich der Sage nach der Vogel Phoenix selber verbrennen; aus der Asche steigt ein verjüngter Vogel hervor.
Junos Vogel – Der Pfau.
53 *der geflügelte Knabe* – ↗ Amor.
der Thessaler – ↗ Achilles.
Mycenaes Herr – ↗ Agamemnon.
Phoebus' Erkorne – ↗ Kassandra.
Tantalus' Sproß – ↗ Agamemnon.
54 *Hat der hämonische Held nicht ... Hilfe gebracht* – ↗ Achilles, der aus Thessalien oder Hämonien stammte, verletzte den Telephus versehentlich mit seinem Speer und heilte ihn später dadurch, daß er Rost von diesem Speer auf die Wunde brachte.
55 *sichers Rapier* – Das zu Übungskämpfen dienende hölzerne Rapier wurde Gladiatoren, die nach mehrfach siegreich bestandenen Kämpfen freigelassen wurden, zum Zeichen ihrer Entlassung übergeben.
der purpurne Gott – ↗ Amor.
56 *die liebliche Mutter* – ↗ Venus.

58 *Pelion* – Gebirge in Thessalien.
auf verwegener Fahrt – Die „Argo" war der Sage nach das erste Schiff; sie diente ↗ Iason zur Fahrt in die Kolchis, von wo er das Goldene Vlies holte. Auf der Route lagen die Symplegaden, zwei Felsen am Bosporus, die in Abständen gegeneinander prallten.

59 *Keraunias Felsen* – Das gefürchtete Kap Akrokeraunia an der Küste von Epiros.
Syrt ... große wie kleine – Gefährliche Sandbänke vor der nordafrikanischen Küste.
Zwillingsgestirn – Das Sternbild Zwillinge, in das ↗ Kastor und Pollux verwandelt wurden; die beiden Brüder wurden besonders von Seeleuten um Hilfe angerufen.
thrakische Saiten – Aus Thrakien stammte der berühmte Sänger ↗ Orpheus.

60 *„Es bringt unsere Götter zurück!"* – Schiffe trugen am Heck Bilder ihrer Schutzgötter; gleichzeitig huldigt der Dichter damit seiner Geliebten.
nehm auf die Schultern dich hoch – Die Passagiere wurden durch das seichte Wasser an Land getragen.
Pergama – Die Burg von Troja.
die Atriden – ↗ Agamemnon und sein Bruder ↗ Menelaus, die Heerführer vor Troja.

61 *Tyndarus' Tochter* – ↗ Helena.
Kampf mit den Doppelgestalten – Vgl. die Anm. zu S. 12.
ein Weib ... führte die Schwäher hinein – Vgl. die erste Anm. zu S. 30.

62 *Paraetonium ... Canopus ... Pharos ... Memphis* – Städte bzw. die Insel Pharos in Ägypten.
Sistrum – Eine im Kult der ↗ Isis verwendete Klapper.
mag ... sich ... winden die Schlange – Die Schlange war der ↗ Isis geheiligt.
der gallische Schwarm – Gemeint sind die Galli, Priester der kleinasiatischen Göttin Kybele; was sie hier mit dem Isiskult zu schaffen haben, ist unklar.

63 *der ... würfe Gestein* – Die von Zeus geschickte Große Flut hatten als einziges Menschenpaar Deukalion und Pyrrha überlebt; auf göttliches Geheiß warfen sie Steine hinter sich, die – je nach Geschlecht des Werfers – zu Männern und Frauen wurden.
des Meeres Göttin – Thetis, die Mutter des ↗ Achilles.
Cäsarengeschlecht – Gaius Iulius Caesar und sein Adoptivsohn Augustus führten ihren Stammbaum über Aeneas bis auf die Göttin ↗ Venus zurück.

64 *der Knäblein Blut ... vergossen* – ↗ Medea.

65 *die Ääerin* – Die Zauberin ↗ Circe, die auf der Insel Aeaea wohnte.
der karpathische Greis – ↗ Proteus, der seinen Wohnsitz auf der Insel Karpathos hatte.
66 *der Peligner Gebiet sulmonisches Drittel* – Gemeint ist Ovids Heimatstadt Sulmo in der mittelitalischen Landschaft Pelignum, heute Sulmona.
der ikarische Hund – Der Sirius, dessen Aufgang am Firmament die „Hundstage" Ende Juli/Anfang August mit sich bringt.
Ceres' Frucht – Getreide.
Pallas' Beere – Die Olive.
libysche Syrten – Gefährliche Sandbänke vor der Küste Nordafrikas.
Untiere, die ihr den Schoß umbellet der Jungfrau – ↗ Scylla.
Malea – Kap an der Südspitze des Peloponnes.
67 *die gern helfenden Götter* – Vgl. die erste Anm. zu S. 60.
Liebt doch die Ulme die Reb – Die Römer ließen den Wein mit Vorliebe an Ulmbäumen hochranken.
68 *Kythera* – Insel südlich des Peloponnes, ein Hauptsitz des Venuskults.
Paphos – Stadt auf Zypern mit einem bedeutenden Tempel der Venus.
daß die Göttin des Meers sich dem phthiischen König ... ergab – Die ↗ Nereïde Thetis, Mutter des ↗ Achilles, wurde die Gattin des Peleus, nachdem dieser sie in einem langen Ringkampf bezwungen hatte.
Ungleich ... ist gefügt dies Lied – Vgl. die erste Anm. zu S. 7.
69 *Eurotas* – Fluß in Griechenland, an dem Sparta liegt.
Padus – Der Po.
eine Tragödie – Ovid schrieb eine „Medea", die aber verloren ist.
70 *Kothurn* – Eine Art Stiefel mit hohen, stelzenförmigen Absätzen, der von den Schauspielern in der Tragödie getragen wurde; oft geradezu Synonym für Tragödie.
„Die Kunst der zärtlichen Liebe" – Gemeint ist die „Liebeskunst", an der Ovid also schon arbeitete.
Oder ich schreibe... – Anspielung auf Ovids „Briefe berühmter Frauen"; das Werk enthält u. a. Briefe von ↗ Penelope an ↗ Ulixes, ↗ Phyllis an ↗ Demophoon, ↗ Oenone sowie ↗ Helena an ↗ Paris, Kanake an ↗ Makareus, ↗ Hypsipyle sowie ↗ Medea an ↗ Iason, ↗ Ariadne an ↗ Theseus, ↗ Phaedra an ↗ Hippolytus, ↗ Dido an ↗ Aeneas, ↗ Sappho an Phaon.
des äolischen Spiels Meisterin – ↗ Sappho; sie lebte auf der Insel Lesbos, die von Äolern besiedelt war.

70 *die trügrische Frau* – ↗ Helena; nach einer Sagenversion weilte nur ein Trugbild von ihr in Troja.

Drittes Buch

74 *schien ein Fuß ... länger zu sein* – Vgl. die erste Anm. zu S. 7.
Kothurn – Vgl. die erste Anm. zu S. 70.
75 *Thyrsos* – Ein Stab mit Efeubüschel oder Pinienzapfen an der Spitze, oft von Weinlaub umwunden, Zeichen des Gottes ↗ Bacchus, an dessen Festen Tragödien aufgeführt wurden.
mit der Myrte geschmückt – Die Myrte war der ↗ Venus geheiligt.
niedrige Türen – Ein beliebtes Motiv der Liebeselegie war die Ansprache des Liebenden an die verschlossene Haustür der Geliebten, vgl. das sechste Gedicht des ersten Buches, S. 15ff.
77 *Vorteil, den bietet des Circus Gesetz* – Anders als bei Theateraufführungen saßen Frauen und Mädchen bei Veranstaltungen im Circus nicht getrennt von den Männern.
78 *da kommt ja der Zug* – Bevor der Wettkampf begann, zogen in feierlicher Prozession der Veranstalter der Spiele auf einem Wagen, vornehme Jünglinge, die Wettkämpfer mit ihren Rennwagen, Tänzer und Sänger in den Circus ein. Auch Götterbilder wurden hereingetragen und auf einem Damm in der Mitte aufgestellt; mit einem Opfer wurden die Wettspiele eröffnet.
79 *die bogengewalt'gen Knaben* – Eroten.
Prätor – Hoher römischer Beamter; in der Kaiserzeit waren die Prätoren u. a. für die Abhaltung sämtlicher Spiele verantwortlich, die sie zum größten Teil aus eigener Tasche finanzieren mußten.
gebt das Signal ... mit geschwungnem Gewand – Durch Schwenken der Toga konnten die Zuschauer einen Fehlstart anzeigen, so daß das Rennen wiederholt werden mußte.
81 *Jovis* – Genitiv von ↗ Jupiter.
83 *der mavortische Stamm* – Nachkommen des ↗ Mavors.
86 *danaïscher Held* – ↗ Perseus.
das Haupt..., gräßlich von Schlangen umzischt – ↗ Medusa.
87 *zwei Lustren* – Zehn Jahre; ein Lustrum ist der Zeitraum von fünf Jahren.
phthiotisches Land – Thessalien.
Kalydon – Stadt in der griechischen Landschaft Ätolien.
das argolische Tibur – Städtchen in Latium, am Anio gelegen; es wurde der Sage nach von einem Griechen gegründet und wird

deshalb nach einem Synonym für „griechisch" argolisch genannt.

88 *idäisch* – Trojanisch; bei Troja lag der Berg Ida.
die Binde – Ein Zeichen der Priesterwürde.

89 *Ilions Herd* – Der Herd der ↗ Vesta, deren Kult ↗ Aeneas aus Ilion (Troja) mit nach Italien gebracht haben soll.

90 *die sithonische Flur* – Thrakien, das für die Römer hoch im Norden lag, wo die Sithonier wohnten.

91 *die ewige Jungfrau* – Eine Vestalin; diese Priesterinnen der ↗ Vesta waren zur Keuschheit verpflichtet.

92 *des Geheimen Verräter* – ↗ Tantalus.

93 *barg unter dem Wasser die Schmach* – Spülungen nach dem Geschlechtsverkehr wurden als Kontrazeptionsmittel angewandt.

94 *die ... sich ... mit Gold schmückt* – Nur wer wenigstens dem Ritterstand angehörte, d. h. ein Mindestvermögen von 400 000 Sestertien nachweisen konnte, hatte die Erlaubnis, den goldnen Ritterring zu tragen.
die Jungfrau – ↗ Danaë.

95 *Alcides* – ↗ Herkules als Nachkomme des Alceus.
Marsfeld – Freie Fläche in der Tiberschleife vor den Toren Roms, u. a. als Versammlungsstätte und Exerzierplatz genutzt.

96 *dein Name bewährt* – Die Elegie galt ursprünglich als Klagegesang.
der Jüngling – ↗ Adonis.

97 *Ismarier* – Thraker, so genannt nach dem Berge Ismaros in Thrakien.
der Mäonier – ↗ Homer, vgl. die erste Anm. zu S. 38.
pierisch – Zu den ↗ Piëriden gehörig.
Avernus – See bei Cumae in Unteritalien, der als ein Eingang der Unterwelt galt.
die gierige Glut – In Rom wurden die Toten feierlich verbrannt.
die Schlaue – ↗ Penelope.
Sistrum – Eine im Kult der ↗ Isis verwendete Klapper.

98 *die auf Eryx' Waldhöhn thront* – ↗ Venus; auf dem Berg und in der gleichnamigen Stadt Eryx im Westen Siziliens befand sich ein bedeutendes Heiligtum der Göttin.
das phäakische Land – Die Insel Korfu; dort erkrankte Tibull schwer.

99 *jährliche Feier* – Die Ceralia am 19. April; sie wurden aus Freude über die alljährliche Rückkehr von Ceres' Tochter Proserpina aus der Unterwelt gefeiert. Der Gott Dis hatte sie in das Totenreich entführt und zu seiner Gattin gemacht. Vor dem Fest war Enthaltsamkeit vorgeschrieben.

99 *das erste Orakel* – Bei Dodona in Griechenland gab eine dem ↗ Jupiter geweihte Eiche durch ihr Rauschen Orakel kund.

102 *bekränzt mit gelobten Gewinden* – Vor Antritt der Fahrt wurden Blumengewinde für den Fall der glücklichen Heimkehr gelobt; die Gefahr ist also bestanden.

103 *Stoff bot ja Theben* – Anspielung auf die Sagen um den Zug der Sieben gegen Theben.

104 *der abantische Held* – ↗ Perseus, so genannt nach seinem Ahnherrn Abas von Argos.

ein dreifach Haupt – Der Zerberus, der den Eingang zur Unterwelt bewacht, besitzt drei Köpfe.

doppelgestaltige Fraun – ↗ Sirenen.

zur Bärin die Jungfrau – Die Nymphe Kallisto, eine Geliebte des ↗ Jupiter, wurde von der eifersüchtigen Juno in eine Bärin verwandelt und von dem Gott als Sternbild an den Himmel versetzt.

Kekrops' Vogel – Prokne, eine Nachfahrin des mythischen athenischen Königs Kekrops, wurde in eine Schwalbe verwandelt, nachdem sie die Schändung ihrer Schwester ↗ Philomela gerächt hatte.

Saat der thebanischen Zähne – Der Held Kadmos säte die Zähne eines von ihm erschlagenen Drachen. Daraus erwuchsen gewappnete Krieger, die sogleich einen Kampf miteinander begannen. Die fünf überlebenden Krieger wurden zu Stammvätern des thebanischen Adels.

Stiere..., die Flammen gespien – Zu den Aufgaben, die ↗ Iason erfüllen mußte, um das Goldene Vlies zu erlangen, gehörte es auch, zwei feuerspeiende Stiere anzuschirren und mit ihnen zu pflügen.

Roßlenker – Phaëthon, ein Sohn des Sonnengottes ↗ Sol, durfte für einen Tag das Gespann seines Vaters führen. Dabei verlor er die Gewalt über die Sonnenrosse und geriet aus der Bahn. Um einen Brand des Weltalls zu verhindern, tötete ihn Jupiter mit dem Blitz. Phaëthon stürzte in den Fluß Eridanus ab, wo ihn seine Schwestern, in Pappeln verwandelt, beweinten.

aus Schiffen ... Göttinnen – Als die Gefährten des ↗ Aeneas, um die Weiterfahrt zu verhindern, die Schiffe in Brand setzen wollten, stürzten sich diese ins Meer und wurden von der Göttin Kybele in Najaden verwandelt.

der starrende Fels folgte der Leier Getön – Dies gelang ↗ Orpheus und dem Sänger Amphion, bei dessen Klängen sich die Stadtmauer von Theben von selbst zusammengefügt haben soll.

Faliskergebiet – Landschaft in Norditalien.

104 *mein Weibchen* – Gemeint ist die zweite oder dritte Ehefrau Ovids.
105 *grajische Sitte* – Griechische Sitte.
argivische Art – Im griechischen Argos wurde ↗ Juno besonders verehrt.
106 *Quirite* – Römischer Vollbürger.
108 *pelignische Flur* – Landschaft in Mittelitalien.
als der Verbündeten Macht Roma mit Schrecken erfüllt – Anspielung auf den Bundesgenossenkrieg 90 v. u. Z., in dem die Italiker die Verleihung des römischen Bürgerrechts durchsetzten.
holdester Knab – ↗ Amor.
amathusische Mutter – ↗ Venus, so genannt nach ihrem Kultort Amathus auf Zypern.
109 *in weiterer Bahn* – Vermutliche Anspielung auf die epischen Dichtungen Ovids, die „Verwandlungen" und die „Fasten".

Die Liebeskunst

Erstes Buch

113 *hämonisches Schiff* – Die „Argo", die den Thessaler ↗ Iason in die Kolchis brachte; Thessalien wurde auch Hämonien genannt.
114 *nicht von den Vögeln der Luft ... belehrt* – Der Vogelflug und das Verhalten gewisser Vögel dienten als Orakel; außerdem sprach man bestimmten Vögeln, wie z. B. Raben und Krähen, Weissagekräfte zu.
der in dem Tal Askras die Herden bewacht – Der griechische Dichter Hesiod (um 700 v. u. Z.), der als Hirt und Bauer in Askra am Fuße des Helikon lebte. Im Proömium seiner „Theogonie" spricht er davon, daß ihn die Musen auf dem Helikon zum Dichter geweiht hätten.
die Schwestern der Klio – Die übrigen acht Musen.
Haupt umwallende Binde ... langer Besatz – Ehrbare, freigeborene Frauen trugen eine Kopfbinde in Art eines Schleiers und einen breiten Besatz am Saum ihres Gewandes.
115 *ein grajisches Weib* – Ein griechisches Weib, ↗ Helena.
der phrygische Mann – ↗ Paris.
Gargara – Der Gipfel des Berges Ida bei Troja.
Methymna – Stadt auf der Insel Lesbos.
die Mutter – ↗ Venus.
Pompeius' schattige Halle – Eine Säulenhalle, die Gnaeus ↗ Pompeius Magnus auf dem Marsfeld neben einem ebenfalls

von ihm erbauten Theater errichten ließ. Sie war auf zwei Seiten von Platanenhainen umgeben und erhielt außerdem durch Springbrunnen Kühlung.

115 *wenn des herkulischen Leun Zeichen die Sonne betritt* – Im Hochsommer, wenn die Sonne im Sternbild des Löwen steht. Der von ↗ Herkules erlegte nemeïsche Löwe war an den Himmel versetzt worden.

wo jüngst zu des Sohnes Geschenk ihr Geschenk noch die Mutter fügte – Im Namen seiner Schwester Octavia (69–11 v. u. Z.) stiftete Kaiser Augustus eine Säulenhalle ganz in der Nähe des 11 v. u. Z. errichteten Theaters, das zu Ehren des früh verstorbenen Marcus Claudius Marcellus, des Sohns der Octavia, erbaut worden war.

fremdes Gestein – Für den Bau der Säulenhalle verwendete man erstmals ausländischen Marmor.

Livische Halle – Eine Säulenhalle, die Kaiser Augustus zu Ehren seiner Gattin Livia auf dem Hügel Esquilin erbauen ließ.

wo die Beliden den unglückseligen Vettern Tod drohn – Vgl. die fünfte Anm. zu S. 41.

der leinenumwalleten Kuh memphitischer Tempel – Der Tempel der ägyptischen Gottheit ↗ Isis, die mit der ↗ Io gleichgesetzt wurde; ihre Priester trugen weiße Baumwollgewänder.

116 *Marmortempel der Venus* – Der Tempel der Venus Genetrix („Erzeugerin"), so genannt als Stammutter des Julischen Geschlechts, auf dem Forum Iulii, wo öffentliche Gerichtsverhandlungen stattfanden.

117 *Palatium* – Einer der sieben Hügel Roms.

so schaun sie zurück – Im Theater saßen die Frauen in den hinteren Reihen.

118 *der Festzug* – Vgl. die Anm. zu S. 78.

119 *grausenverkündender Sand* – Gladiatorenkämpfe fanden bisweilen auch auf dem Forum statt, das zu diesem Zweck mit Sand ausgestreut wurde, der das Blut aufsaugen sollte.

Aphrodites Knabe – ↗ Amor.

Spiel von der Seeschlacht – Kaiser Augustus ließ im Jahre 2 v. u. Z. bei der Einweihung eines Marstempels eine Seeschlacht aufführen, offenbar eine Nachgestaltung der Schlacht bei Salamis im Jahre 480 v. u. Z., in der die Perser von den Griechen vernichtend geschlagen wurden.

Kekrops' Stadt – Athen.

beide Meere – Das Adriatische und das Tyrrhenische Meer.

Parther – Altiranisches, kriegerisches Kulturvolk, dessen Großreich zwischen Euphrat und Indus im 1. Jahrhundert v. u. Z. seine größte Ausdehnung unter Einschluß von Medien, Baktrien, Babylonien und Mesopotamien erreichte. Sie galten zu Ovids Zeit als gefährlichste Feinde der Römer.

119 *Adler, die ... geraubt der Barbar* – In der Schlacht bei Carrhae 53 v. u. Z. hatten die Römer mehrere Feldzeichen an die Parther verloren, was als große Schande galt. Durch Verhandlungen erreichte man die Rückgabe im Jahre 20 v. u. Z.

120 *der Rächer* – Gemeint ist Gaius Iulius ↗ Caesar (3), ein Enkel des Augustus, der als Zwanzigjähriger im Jahre 1 v. u. Z. mit der Führung eines neuen Feldzugs gegen die Parther betraut wurde.

Götter – Damit sind die Angehörigen des Kaiserhauses gemeint. Gaius Iulius Caesar war nach seinem Tode zum Gott erklärt worden, und Augustus genoß schon zu Lebzeiten zumindest in den Provinzen göttliche Ehren.

der Tirynthier – ↗ Herkules, so genannt nach seiner Heimatstadt Tiryns.

Thyrsos – Vgl. die erste Anm. zu S. 75.

die Brüder – Lucius und Agrippa Postumus.

dein Vater – Kaiser Augustus hatte seine Enkel Lucius und Gaius adoptiert; beide starben jung.

Latiums Macht – Roms Macht.

121 *der, um zu siegen, du fliehst* – Anspielung auf die Taktik der Parther, die Feinde durch Scheinflucht zu Kämpfen in ungünstiger Position zu provozieren.

wo du ... ziehst goldstrahlend ... daher – Dieser vorweggenommene Triumphzug kam nicht zustande, da die Konflikte mit den Armeniern und Parthern 2 u. Z. vorerst auf diplomatischem Wege gelöst wurden.

Ort ... Gebirg ... Strom – Im Triumphzug wurden neben der Beute und den Gefangenen auch Darstellungen von Örtlichkeiten des eroberten Gebiets mitgeführt.

Persis – Das Perserland als allegorische Figur.

Achämenertal – Tal in Persien, so genannt nach dem dort herrschenden Königsgeschlecht der Achämeniden.

122 *Bacchus..., den man grad auftrug* – Man schenkt die Gabe des Gottes, den Wein, aus.

123 *Baiae* – Luxuriöser Badeort bei Neapel, heute Baji.

Hain und ... Tempel Dianas – Gemeint ist der Dianatempel bei Aricia am Nemi-See, etwa 24 km von Rom entfernt, der viele Gläubige anzog.

wo mit dem Schwert ... erkämpft – Oberpriester im Dianatempel war ein entlaufener Sklave, der seinen Vorgänger erschlagen hatte.

ungleich rollende Räder – Anspielung auf die ungleichen Verse des elegischen Distichons, vgl. die erste Anm. zu S. 7.

123 *Maenalus* – Gebirge in Arkadien; arkadische Hunde galten als gute Jagdhunde.
124 *Ida* – Gebirge auf Kreta.
Knossos ... Cydonia – Kretische Städte.
125 *der aonische Gott* – ↗ Bacchus, dessen Mutter Semele aus Aonien, ein älterer Name für Böotien, stammte.
die Kreterin – Aërope, die Gattin des ↗ Atreus.
126 *Atreus' Sohn* – ↗ Agamemnon.
Ephyres Brand – Die Stadt Korinth, die mit einem alten Namen Ephyre heißt, brannte nieder, als ↗ Krëusa (2) durch das vergiftete Brautkleid von Flammen erfaßt wurde.
die Mutter, die ... die Kinder erwürgt – Medea brachte aus Eifersucht ihre Söhne von ↗ Iason um.
127 *Ilion ... ließ jubelnd das Roß ein* – Nach zehnjähriger vergeblicher Belagerung Trojas zogen die Griechen zum Schein von der Stadt ab und ließen ein hölzernes Pferd als angebliches Weihegeschenk für die Göttin Minerva zurück, in dessen Innerem die tapfersten Helden versteckt waren. Die Trojaner holten es in ihre Stadt, und während eines Freudenfestes über ihren vermeintlichen Sieg wurden sie überwältigt.
128 *der Erste des Monats, wo ... Venus sich reiht an den Mars* – Der 1. April, offensichtlich ein Tag, an dem man Geschenke machte.
der Tag, wo ... der Circus ... sich schmückt – Vermutlich eine Anspielung auf die Saturnalien am 17. Dezember; an diesem Tag waren kleine Geschenke üblich.
129 *Plejaden ... Böcklein* – Sternbilder; die Plejaden sind am Winterhimmel zu sehen, und bei Untergang der Böcklein am Firmament, Ende Oktober, begann die Zeit der Winterstürme.
Allias Fluten gefärbt – An der Allia, einem Nebenfluß des Tiber, wurden die Römer der Überlieferung nach am 16. Juli 387 v. u. Z. vernichtend geschlagen. Dieser Tag galt seither als offizieller Unglückstag, an dem man auch keine größeren Geschäfte tätigte.
ein entgürteter Krämer – Die legere Kleidung ist ein Indiz dafür, daß er mit dem Mädchen gemeinsame Sache macht.
Schriftliches – Gemeint ist ein Wechsel oder eine Bankanweisung.
130 *geglättete Täfelchen* – Vgl. die erste Anm. zu S. 31.
131 *die edelen Künste* – Dazu zählte vor allem die Rhetorik.
Pergama – Die Burg von Troja, die erst nach zehnjähriger Belagerung fiel; vgl. die Anm. zu S. 127.
132 *Porticus* – Eine Säulenhalle.
Dindymas Mutter – Die kleinasiatische Göttin Kybele, so genannt nach dem Bergzug in Phrygien. In ihrem orgiastischen

Kult spielten die Galli, Priester, die sich selbst entmannten, eine Rolle.

132 *die Kreterin* – ↗ Ariadne.
133 *die Göttin* – ↗ Venus.
Marsfeld – Vgl. die zweite Anm. zu S. 95.
„*Es liegt unter der Achsel der Bock*" – Umschreibung für Körpergeruch.
die Gnosierin – ↗ Ariadne, so genannt nach ihrer Heimatstadt Knossos auf Kreta.
Dia – Anderer Name für die Insel Naxos.
134 *Mimalloniden* – Die Bacchanten im Gefolge des ↗ Bacchus.
Satyrn – Wilde, lüsterne Begleiter des ↗ Bacchus.
135 „*Euoi!*" – Freudenruf der Bacchanten, der auf Euius, einen Kultnamen des ↗ Bacchus, zurückgeht.
nyktelischer Vater – Der „nächtliche" Vater, ↗ Bacchus; zu seinem Kult gehörten auch Mysterien, die mit nächtlichen Weihen verbunden waren.
beim Trinken das erste Los ... erlangen – Der Symposiarch, der dem Trinkgelage vorstand, wurde durch Würfeln bestimmt; er erhielt als Zeichen seiner Würde einen Kranz.
136 *ein Verwalter* – Wenn der Hausherr längere Zeit abwesend war, setzte er einen Freigeborenen als Generalbevollmächtigten ein.
ist der Tisch entfernt – Tische wurden bei den Römern nach der Mahlzeit fortgeräumt.
137 *richtender Spruch* – Das Urteil des ↗ Paris.
äolischer Süd – Der Südwind galt als Sohn des ↗ Aeolus.
138 *schlafähnliche Ruh* – Anspielung auf die Lehre Epikurs, die Götter lebten in Zwischenwelten und kümmerten sich nicht um den Weltenlauf.
139 *Hämonier* – ↗ Achilles, der aus Phthia in Thessalien oder Hämonien stammte.
140 *der Unglückslohn für den Schönheitssieg* – Venus versprach dem ↗ Paris für seinen Urteilsspruch die schöne ↗ Helena.
Ida – Berg bei Troja.
Göttin..., welche die zwei überwand – Venus besiegte die Göttinnen Juno und Minerva im Schönheitswettbewerb.
Schwäher – Der Schwiegervater ↗ Priamus.
Ilion – Ein anderer Name für Troja.
Alle vereinte der Schwur... – Der Vater Helenas hatte ihre vielen Freier schwören lassen, daß sie den von der Tochter auserwählten Ehemann nicht bekriegen, ihn im Gegenteil sogar im Notfall unterstützen würden.
der pelische Speer – Die Lanze des ↗ Achilles, die dessen Vater Peleus von dem Zentauren Chiron erhalten hatte; sie war aus

dem Holz einer Esche vom thessalischen Gebirge Pelion gearbeitet.
141 *Kranz der Pallas* – Ein Kranz aus Olivenzweigen, der als Preis bei sportlichen Wettkämpfen verliehen wurde.
142 *wenn du ein Tüchelchen ... legst um das ... Haar* – Dies tat man zum Zeichen der Trauer, hier aus Liebeskummer.
wie Phoebus die Pallas – Beide waren Kinder des ↗ Jupiter und empfanden also allenfalls geschwisterliche Liebe füreinander.

Zweites Buch

144 *"Paean"* – Gesang zu Ehren des ↗ Phoebus Apollo, der den Beinamen Paean führt.
Askras Greis – Hesiod, vgl. die zweite Anm. zu S. 114.
Mäonier – ↗ Homer, vgl. die erste Anm. zu S. 38.
Amyclaes ... Strand – Das Städtchen Amyclae lag in der Nähe Spartas, von wo ↗ Paris die Helena entführte.
nach der Liebe benannt – Der Name Erato kommt vom griechischen Verb „eran" = lieben.
Gastfreund – ↗ Daedalus.
146 *Tegeas Jungfrau* – Die Nymphe Kallisto, eine Geliebte Jupiters, stammte aus Tegea in Arkadien; sie wurde in das Sternbild des Großen Bären verwandelt.
147 *Samos ... Naxos ... Paros ... Delos* – Inseln im Ägäischen Meer.
der klarische Gott – ↗ Phoebus Apollo, so genannt nach seiner Orakelstätte Klaros in Kleinasien; er war auf Delos geboren.
der lebinthische Strand – Lebinthos, eine Sporadeninsel.
Calymne ... Astypalaia – Inseln im Ägäischen Meer.
deckt ein Grab das Gebein – Icarus wurde auf der Insel Ikaria bestattet.
148 *hämonische Künste* – Thessalische Künste; Thessalien oder Hämonien war wegen seiner angeblichen Hexen berüchtigt.
was dem Fohlen am Kopf wächst – Der Auswuchs an der Stirn neugeborener Fohlen diente zu Liebeszaubern.
medeisches Kraut – Die kolchische Königstochter Medea verstand sich auf Zauber, dennoch wurde sie von ↗ Iason verlassen.
marsische Sprüche – Den Marsern, einem Volk in Latium, wurden Zauberkräfte zugesprochen.
die Phasierin – ↗ Medea, so genannt nach dem Fluß Phasis in ihrer Heimat Kolchis.

148 *Leichengerüst* – Der Holzstoß, auf dem die Toten verbrannt wurden.
zwei Sprachen – Das Lateinische und das Griechische.
des Meers Göttinnen – ↗ Kalypso und ↗ Circe.
149 *der odrysische Fürst* – ↗ Rhesus, so genannt nach dem thrakischen Volksstamm der Odryser.
Simoïs – Nebenfluß des Skamander bei Troja.
sithonisch – Thrakisch; der Volksstamm der Sithonier wohnte in Thrakien.
Pergama – Die Burg von Troja.
150 *chaonischer Schwarm* – Tauben, so genannt nach der Landschaft Chaonia in Epirus.
auf Gesetzes Befehl – Anspielung auf die Ehegesetzgebung des Kaisers Augustus.
151 *bringet den Parthern den Krieg* – Vgl. die sechste Anm. zu S. 119.
Nonakris – Burg in Arkadien.
ein andres Geschoß – Die Pfeile ↗ Amors.
mänalische Wälder – Die Wälder des wildreichen Gebirges Maenalus in Arkadien.
152 *Knöchel* – Eine Art Würfel aus den Hinterfußknochen von Haustieren, die nur vier unterschiedlich große Flächen zum Liegen boten, die zwei anderen waren abgerundet. Am häufigsten fiel der Knöchel auf die breiteste Seite; dies galt am wenigsten und wurde als „Hund" bezeichnet.
Spiel, das der Feldschlacht Stellungen nachahmt – Es ähnelte dem heutigen Dame- oder Schachspiel.
der gläserne Feind – Die Spielfiguren waren meistens aus Glas.
der die Untierbrut vertilgt – ↗ Herkules.
ionische Mädchen – Die Dienerinnen der lydischen Königin Omphale.
der tirynthische Halbgott – ↗ Herkules, so genannt nach seiner Heimatstadt Tiryns.
153 *der dörrende Hundsstern* – Der Sirius, der an den heißen Hundstagen im Hochsommer am Firmament aufgeht.
der cynthische Gott – ↗ Phoebus Apollo, so genannt nach dem Berge Cynthus auf Delos, wo der Gott geboren wurde.
Pherae – Stadt in Thessalien.
154 *Tag, wo der Gallier Heerschar ... erlag* – Der 7. Juli; er wurde zur Erinnerung an den Sieg über die Latiner (nicht Gallier) gefeiert, die das Recht auf vollwertige Ehen mit Römerinnen gefordert hatten. Man schickte als Bräute gekleidete Sklavinnen zu ihnen, die sie betörten und der Waffen beraubten. Daher bekamen an diesem Tag Mägde und Sklavinnen Geschenke.

154 *Heiliger Weg* – Vgl. Anm. zu S. 25.
155 *ein koïsches Kleid* – Ein durchsichtiges Schleiergewand von der Insel Kos.
Tunica – Ein ärmelloses, hemdartiges Untergewand.
157 *Schwefel und Eier* – Beiden wurde eine reinigende Kraft zugeschrieben.
158 *der Gastfreund* – ↗ Paris.
die Mänade – Die Bacchantin.
der aonische Gott – ↗ Bacchus, so genannt nach einem alten Namen für die Landschaft Böotien, aus der seine Mutter ↗ Semele stammte.
159 *Phasis' Barbarin* – ↗ Medea, so genannt nach dem Fluß Phasis in ihrer Heimat Kolchis.
die Schwalbe – Prokne, die ihre Schwester ↗ Philomela rächte.
mehr, als du schriebst – Im Wachs, mit dem die Täfelchen bezogen waren, konnte man bei nachlässiger Glättung noch Spuren eines vorher geschriebenen Briefes entdecken.
der Atride – ↗ Agamemnon.
Lyrnesierin – ↗ Briseïs, die aus der Stadt Lyrnesus bei Troja stammte.
160 *Priamus' Tochter* – ↗ Kassandra.
Saturei – Bohnenkraut, dessen ätherische Öle durchblutungsfördernd wirken.
die Göttin, die an des Eryx Höhen weilet – ↗ Venus, vgl. die erste Anm. zu S. 98.
anregendes Kraut – Gemeint ist die Rauke.
Hymettus – Berg in Attika, der für seine Bienenzucht berühmt war.
163 *die Inschrift* – Sie befand sich am Apollotempel in Delphi und lautete: „Erkenne dich selbst!"
164 *Hybla* – Berg auf Sizilien.
Athos – Vorgebirge auf der Halbinsel Chalkidike.
Pallas' Baum – Der Olivenbaum.
165 *der pelasgischen Eichen Ausspruch* – Im Heiligtum des Jupiter von Dodona wurde aus dem Rauschen der Eichen geweissagt; die Pelasger waren die mythischen Ureinwohner Griechenlands.
166 *die vielerzählte Geschichte* – Vgl. die vierte Anm. zu S. 27.
die Beine des Gatten – ↗ Vulcanus hinkte.
Lemnos – Insel im Ägäischen Meer, auf der Vulcanus besonders verehrt wurde.
167 *Paphos* – Stadt auf Zypern, ein Zentrum des Venuskults.
Wasser und Feuer – Beides war bei der Haushaltsgründung unabdingbar, daher spielte es in den Hochzeitszeremonien eine besondere Rolle.

167 *Ceres' heiliger Brauch* – Die Eleusinischen Mysterien; sie verhießen den Gläubigen ein Weiterleben nach dem Tode und unterlagen strenger Geheimhaltung. Die Kultgeräte wurden in Kisten verwahrt, die Kulthandlungen selbst waren von dröhnendem Lärm begleitet.
des thrakischen Samos erhabne Opfer – Auf der Insel Samothrake wurden die Mysterien der Kabiren begangen.
168 *prahlende Schilder* – Eine Anspielung auf die Tafeln, die im Triumphzug mitgeführt wurden; vgl. die dritte Anm. zu S. 121.
169 *der Held* – ↗ Perseus.
die, welche schielt – Venus wurde ein leicht schielender Blick nachgesagt.
170 *Konsul* – Da es in Rom keine Jahreszählung in unserem Sinne gab, wurden die Jahre mit den Namen der beiden höchsten Beamten, der Konsuln, gekennzeichnet.
Zensor – Die beiden Zensoren überprüften u. a. die Bürgerlisten.
171 *die linke Hand* – Sie galt als die zärtliche Hand.
172 *Phrygerblut* – Die Phryger waren Landsleute der ↗ Briseïs.
Myrten – Sie waren der ↗ Venus geheiligt.
Danaërheer – Das Heer der Griechen vor Troja.
173 *Spolien* – Erbeutete Rüstungen, die man in Tempeln den Göttern weihte.

Drittes Buch

174 *der Knabe* – ↗ Amor.
Atreus' jüngerer Sohn – ↗ Menelaus.
Atreus' älterer Sohn – ↗ Agamemnon.
Phylakes Held – ↗ Protesilaus, der Gatte der ↗ Laodamia; er stammte aus der thessalischen Stadt Phylake.
Acheron – Fluß in der Unterwelt und Bezeichnung für das Totenreich selbst.
Pheretiade – ↗ Admetus als Sohn des Phereus.
175 *„Neun Wege"* – Bevor sie sich das Leben nahm, soll ↗ Phyllis neunmal vergeblich zur Küste geeilt sein, um ihren Geliebten Demophoon zu begrüßen. Die Bäume am Wege verloren vor Mitleid ihr Laub.
der Gastfreund – ↗ Aeneas, der als Inbegriff ehrfürchtigen Verhaltens galt.
die therapnische Schöne – ↗ Helena, so genannt nach der Stadt Therapne bei Sparta.

175 *sang ... später der Helena Lob* – Der Dichter Stesichoros (6. Jh. v. u. Z.) verurteilte Helena als Ursache des Trojanischen Krieges, worauf er von den Dioskuren, den Brüdern der Helena, des Augenlichts beraubt worden sein soll; nach einem Widerruf wurde er wieder sehend.

177 *Latmier* – ↗ Endymion, so genannt nach dem Berg Latmos bei Milet, wo Luna den schönen Jüngling fand.
rosige Göttin – ↗ Aurora.
Wasser zur Spülung – Auf diese Weise hoffte man eine Empfängnis zu verhüten.

178 *der ... sich siebenmal deckte den Leib* – ↗ Ajax besaß einen berühmten Schild, der aus sieben Schichten bestand.
Kapitol – Auf dieser alten Burg Roms stand der Tempel der drei obersten Gottheiten Jupiter, Juno und Minerva.
Kurie – Die Curia Hostilia, in der gewöhnlich die Senatssitzungen stattfanden; sie war nach einem Brand neu errichtet worden.
Palatium – Auf diesem Hügel in Rom stand der Palast des Kaisers sowie ein Apollotempel, den Augustus nach seinem 31 v. u. Z. errungenen Sieg über Kleopatra und Antonius bei Aktium errichten ließ. Der Kaiser glaubte unter dem besonderen Schutz des Gottes ↗ Phoebus Apollo zu stehen.

179 *nach Art der kyllenischen Leier* – Eine hochgetürmte Lockenfrisur; die Leier war von dem Gott Mercur erfunden worden, der auf dem Gebirge Kyllene in Arkadien geboren war.
hybläische Flur – Gebiet um den Berg Hybla auf Sizilien, berühmt wegen seiner Bienenzucht.

180 *Gnosierin* – ↗ Ariadne, so genannt nach ihrer Heimatstadt Knossos auf Kreta.
der Gott – ↗ Bacchus.
germanischer Saft – Ein Mittel, das die Haare rotblond – wie die der Germanen – färbte, vermutlich die gallische „Seife"; sie bestand hauptsächlich aus Talg und Buchenasche.
vor der Jungfrauen Chor, Herkules grad im Gesicht – Die Perückenmacher hatten ihre Läden vor dem Tempel des Herkules am Circus Flaminius, der auch mit Statuen der neun Musen geschmückt war.
teure Besätze – Goldplättchen an den Säumen der Gewänder.
die ... Phrixus und Helle ... entrückt – Nephele („Wolke"), die Mutter der beiden; es handelt sich also um eine weißgraue Farbe.
ähnlich der Flut – Eine bläulich changierende Farbe; der Stoff hieß Cumatile (von griechisch „kyme" = Woge).
dem Krokus gleich – Ein gelber Farbton; der Farbstoff wurde

aus dem Safrankrokus gewonnen und konnte bis ins Orange-Rot spielen.
180 *die tauige Göttin* – ↗ Aurora.
181 *Seriphos* – Kykladeninsel, auf der Danaë, die Mutter des ↗ Perseus, wohnte. Zu ihr brachte der Held die ↗ Andromeda.
Caïcus – Fluß in der kleinasiatischen Landschaft Mysien.
den ledigen Platz ... ergänzen – Zusammengewachsene Augenbrauen galten als schön.
Cydnus – Fluß in der kleinasiatischen Landschaft Kilikien; dort wuchs eine besondere Safrankrokussorte.
ein Buch – Von dem genannten Werk sind etwas mehr als hundert Verse erhalten.
182 *Oesopum* – Ein übelriechendes Schafswollfett.
Venus..., die die triefenden Locken sich auswringt – Eine Darstellung der aus dem Meere auftauchenden Göttin, der sogenannten Venus Anadyomene.
die goldenen Bilder – Sie gehörten zur Bühnendekoration.
183 *parthische Mädchen und Fraun* – Die Parther sind hier als die gefürchtetsten Feinde der Römer genannt; vgl. die sechste Anm. zu S. 119.
die das Trugbild des Stiers führte von Sidon durchs Meer – ↗ Europa; sie stammte aus der phönizischen Stadt Sidon im heutigen Libanon.
troischer Räuber – ↗ Paris.
184 *pharisches Kleid* – Ein weißes Gewand aus Ägypten, so genannt nach der Insel Pharos vor Alexandria.
185 *umbrischer Wirt* – Die Umbrer, ein italisches Bergvolk, wurden als bäurisch verachtet.
186 *der Stab* – Das Plektron zum Anschlagen der Zither.
dreiköpfiger Hund – Der Zerberus, der den Eingang zur Unterwelt, zum Tartarus, bewachte.
Rächer der Mutter – Der Zeussohn Amphion rächte seine Mutter Antiope, die von ihrer Schwägerin Dirke mißhandelt worden war, indem er die Schuldige an einen rasenden Stier band; bei seinem Gesang fügten sich Steine von allein zur Stadtmauer von Theben.
Nablion – Ein orientalisches Saiteninstrument.
der koische Dichter – Der Elegiendichter Philetas von der Insel Kos, der um 300 v. u. Z. in Alexandria lebte.
der teische Greis – Der griechische Dichter Anakreon (559 bis 478 v. u. Z.), der aus der kleinasiatischen Küstenstadt Teos stammte. Seine Lieder über kultivierten Lebensgenuß, die Liebe und den Wein waren berühmt und fanden viel Nachahmung.

186 *wie Geta ... den Vater betrügt* – Eine Standardsituation der Komödie war, daß der schlaue Sklave, hier Geta, „der Geter", seinem verliebten jungen Herrn gegen den strengen oder geizigen Vater beisteht.
das herrlichste Werk – Die „Aeneis" des ↗ Vergil.
Lethe – Strom in der Unterwelt, aus dem die Schatten der Verstorbenen Vergessenheit tranken.

187 *worin beide Partein er belehrt* – Ovid belehrt in der „Liebeskunst" sowohl Männer wie Frauen.
Briefe – Gemeint sind Ovids „Heroides", die „Briefe berühmter Frauen" an ihre abwesenden Liebhaber; zumindest der Gedanke, mythologische Figuren zu Verfassern solcher Briefe zu machen, war neu.
neun Schwestern – Die neun Musen.
Knöchel – Vgl. die erste Anm. zu S. 152.
kriegrisches Brettspiel – Vgl. die zweite Anm. zu S. 152.

188 *Mit drei Steinen...* – Ein offensichtlich sehr beliebtes Spiel, von dem zahlreiche Spieltafeln gefunden wurden.
Marsfeld – Vgl. die zweite Anm. zu S. 95.
Virgo – „Die Jungfrau", eine Quelle, die durch eine Wasserleitung bis zum Marsfeld geführt wurde; noch heute speist sie die Fontana Trevi.
der tuskische Strom – Der Tiber, der in Etrurien, der heutigen Toskana, entspringt.
Pompeius' Halle – Vgl. die sechste Anm. zu S. 115.
auf der Jungfrau Haupt glühet das Himmelsgespann – Ende August stand die Sonne im Sternbild der Jungfrau.

189 *Tempel des lorbeerumkränzten Phoebus* – Vgl. die vierte Anm. zu S. 178.
Canopus' Kiel – Die Flotte des Antonius und der ägyptischen Königin Kleopatra, so genannt nach der Stadt Canopus in Unterägypten.
Schwester – Octavia; zu der in ihrem Namen gestifteten Säulenhalle vgl. die achte Anm. zu S. 115.
Gattin – Livia; zur Livischen Halle vgl. die zehnte Anm. zu S. 115.
sein Eidam – Marcus Vipsanius Agrippa (63–12 v. u. Z.), Admiral und Feldherr des Augustus, Gatte von dessen Tochter Iulia. Er hatte 36 v. u. Z. die Flotte des Sextus Pompeius bei Naulochos auf Sizilien besiegt und auch entscheidenden Anteil am Seesieg bei Aktium 31 v. u. Z.; er ließ u. a. eine Säulenhalle in Rom erbauen.
die memphitische Kuh – ↗ Isis, so genannt nach der ägyptischen Stadt Memphis; als Kuh wird sie wegen ihrer Gleichsetzung mit ↗ Io bezeichnet.

189 *Kampfspiel* – Gemeint sind Gladiatorenkämpfe.
das glühende Rad ... schwenkt um das Ziel – Wagenrennen fanden im Circus statt.
des Efeus Ehre – Gemeint ist die Anerkennung, die man mit seinem dichterischen Schaffen erringt; der Efeu war dem Dichtergott ↗ Bacchus geheiligt.
190 *der Vogel des Zeus* – Der Adler.
Priamus' Lehren – Damit ist vermutlich darauf angespielt, daß Priamus ursprünglich auf Grund eines Orakels seinen Sohn ↗ Paris ausgesetzt hatte.
191 *goldener Tempel* – Vgl. die Anm. zu S. 116.
appischer Quell – Eine der nach Rom führenden Wasserleitungen, die den Brunnen am Tempel der Venus Genetrix speiste; der Brunnen war mit Nymphengestalten geschmückt.
Kekropiden – Athenerinnen, so genannt nach Kekrops, dem mythischen König von Athen.
Aconit – Das Gift des Eisenhutes.
192 *Täfelchen* – Vgl. die erste Anm. zu S. 31.
ehrender Schleier – Ehrbare Frauen trugen ein schleierartiges Kopftuch.
Ätnas Blitz – Im Innern des Ätna auf Sizilien schmiedeten ↗ Vulcanus und die Kyklopen für Jupiter Blitze.
193 *als ... ihr Antlitz sie sah* – Durch das Flöteblasen war das Gesicht entstellt; zudem hatte das Instrument Ähnlichkeit mit einem Phallus.
195 *aonische Jünger* – Die Dichter im Gefolge der Musen, deren geheiligter Berg Helikon in Böotien oder Aonien lag.
197 *grausamer Mann* – Gemeint ist der feste Gönner des Mädchens, kein Ehemann.
198 *durch die Rute befreit* – Bei der Freilassung wurde der Sklave oder die Sklavin mit einem Stab berührt und vor einem Beamten und Zeugen für frei erklärt.
unter der Binde – Wollene Brustbänder sollten die Büste heben.
an der Wade – Die Beine waren mit wollenen Binden umwickelt.
die pharische Kuh – ↗ Isis, so genannt nach der Insel Pharos vor Alexandria; als Kuh wird sie wegen ihrer Gleichsetzung mit ↗ Io bezeichnet.
Sistrum – Eine im Kult der ↗ Isis verwendete Klapper.
Orte..., wohin nie ein Begleiter sich wagt – Beim Isiskult und auch bei den Festen der ↗ Fauna war Männern der Zutritt verwehrt.
199 *aus dem Namen erhellt, wozu Nachschlüssel ... dienen* – Der Nachschlüssel heißt auf lateinisch „adulter", was gleichzeitig „Ehebrecher" bedeutet.

199 *lethäisch* – Vergessenheit bringend wie das Wasser des Stroms Lethe in der Unterwelt, aus dem die Schatten der Verstorbenen tranken.
200 *die lemnische Schar* – Die Frauen von Lemnos töteten ihre Männer, als sich diese mit anderen Konkubinen abgaben.
Hymettus – Berg in der griechischen Landschaft Attika.
201 *Cytisus* – Goldregen.
Thyrsos – Vgl. die erste Anm. zu S. 75.
202 *des Kylleniers Sproß* – ↗ Cephalus als Sohn des Mercur, der auf dem Berg Kyllene in Arkadien geboren war.
das heitre Versehn mit dem Namen – Aura bedeutet „Lufthauch".
203 *fettige Hand* – Man kannte in der Antike zwar Löffel und Messer, jedoch noch keine Gabeln; gegessen wurde mit den Fingern, die an Brot gesäubert wurden.
Priamus' Sohn – ↗ Paris.
Cyprias Sohn – ↗ Amor.
204 *Phyllëerin* – Bewohnerin der Stadt Phyllos in Thessalien; die Anspielung ist unklar.
wie der Parther, der flieht – Vgl. die erste Anm. zu S. 121.
205 *Schwanengespann* – Schwäne waren sowohl dem ↗ Phoebus Apollo wie auch der ↗ Venus geheiligt, so daß sich ein Liebesdichter mit besonderem Recht gerade dieses Gespanns bedient.
Spolien – Vgl. die Anm. zu S. 173.

Heilmittel gegen die Liebe

209 *der Tydide* – ↗ Diomedes als Sohn des Tydeus.
wie man mit Kunst dich erwerbe – Anspielung auf die „Liebeskunst".
mein neuer Gesang trennt nicht den früheren auf – ↗ Penelope hielt die Freier hin, indem sie nachts auftrennte, was sie tagsüber gewebt hatte.
210 *dein Stiefvater* – ↗ Mars.
deine Erzeugerin – ↗ Venus.
der wachsame Mann – Wieder ist nicht der Ehemann, sondern der Gönner des Mädchens gemeint.
Leichengerüst – Der Holzstoß, auf dem die Toten verbrannt wurden.
der pelische Speer – Vgl. die siebente Anm. zu S. 140.
Herkules' Sohn – Telephos; er wurde von ↗ Achilles versehentlich mit dem pelischen Speer verwundet und später durch Rost desselben Speers geheilt.
211 *dardanisches Schiff* – Das Schiff des ↗ Aeneas, so genannt nach dem Stammvater der Trojaner Dardanus.

211 *die Mutter* – ↗ Medea.
Danaër – Die Griechen vor Troja, so genannt nach Danaos, dem mythischen Gründer der Stadt Argos in Griechenland.
Pergama – Die Burg von Troja.
214 *Wie die Platane des Weins...* – Die Weinreben rankten sich an Bäumen, meist Ulmen oder Platanen, hoch.
das Knäblein – ↗ Amor.
215 *der flüchtige Parther* – Vgl. die sechste Anm. zu S. 119.
erhabnes Siegsfest – Dazu kam es nicht, weil der Konflikt mit den Parthern 2 u. Z. vorerst auf diplomatischem Wege gelöst wurde.
Caesar – ↗ Caesar (3), der Enkel des Augustus.
vom ätolischen Speer ... verletzt – Der Ätoler ↗ Diomedes verwundete die Göttin.
der Geliebte – ↗ Mars.
Argos – Hier als Synonym für Mycenae, die Stadt des ↗ Agamemnon, gebraucht.
der Schalk – ↗ Amor.
216 *Phoebus' Schwester* – ↗ Diana.
217 *der Unglückstag Allias* – Vgl. die zweite Anm. zu S. 129.
noch sicher durch Flucht – Vgl. die zweite Anm. zu S. 215.
218 *hämonisches Land* – Thessalien, dessen Hexen berüchtigt waren.
219 *Phoebus' Rund* – Die Sonne.
Kolcherin – ↗ Medea.
phasische Fluren – Die Kolchis, durch die der Phasis floß.
der neritische Kiel – Das Schiff des ↗ Ulixes, auf dessen Heimatinsel Ithaka der Berg Neritos lag.
der listige Gastfreund – ↗ Ulixes.
der dulichische Fürst – ↗ Ulixes, so genannt nach der Insel Dulichium nahe bei Ithaka.
222 *Aegis* – Der Schild der ↗ Pallas; er trug das Bild der ↗ Medusa, deren Anblick versteinerte.
Oesopum – Ein übelriechendes Schafswollfett.
223 *dessen Gedicht* – Gemeint ist die „Aeneis" des ↗ Vergil.
Jovis – Genitiv zu Jupiter.
mäonischer Vers – Der epische Hexameter ↗ Homers; der Dichter sollte aus Mäonien, wie Lydien noch genannt wird, stammen.
Kothurn – Vgl. die erste Anm. zu S. 70.
Soccus – Ein niedriger Schuh, den die Schauspieler in der Komödie trugen, Synonym für Komödie.
Jambus – Dieses Versmaß ($\cup\,\acute{-}$) wurde für Spottgedichte bevorzugt; meist bestand ein Vers aus sechs Füßen, beim sogenannten Hinkjambus sprang der Rhythmus im letzten Fuß um ($\cup\,\acute{-}\,\acute{-}\,\cup$).

223 *Elegie* – Vgl. die erste Anm. zu S. 7.
Kallimachos' Vers – Das elegische Distichon, vgl. die erste Anm. zu S. 7.
Schleier – Das schleierartige Kopftuch, das die ehrbaren Frauen trugen.

226 *der Odrysertyrann* – ↗ Tereus; die Odryser sind ein thrakischer Volksstamm.
die Schwester im Turm – Tereus hatte ↗ Philomela in einem Turm versteckt.

227 *Atreus' Sohn* – ↗ Agamemnon.
Eine noch gibt's... – ↗ Briseïs.
Achiver – Die Griechen vor Troja.
unsere „Künste" – Die ersten beiden Bücher der „Liebeskunst".

230 *Collinisches Tor* – Ein Stadttor am Hügel Quirinal, das zu Ovids Zeit bereits innerhalb der Stadt lag.
altehrwürdiger Tempel – Ein Tempel der Venus; sie trug den Beinamen Erycina, da sie bei dem Berg und der Stadt Eryx auf Sizilien ein berühmtes Heiligtum besaß.
der lethäische Amor – Der Liebesgott, der wie der Fluß Lethe in der Unterwelt Vergessenheit spendete.
Puteal – Ein durch Blitzschlag geheiligter Platz, der eine brunnenähnliche Ummauerung erhielt. Bei einem solchen Puteal auf dem Forum trieben die Wechsler und Geldverleiher ihre Geschäfte.
Kalenden – Der erste Tag im Monat, an dem die ziemlich hohen Zinsen fällig waren.

232 *der edonische Bacchus* – Beim thrakischen Stamm der Edonen wurde der Gott besonders verehrt.
Sithonierin – ↗ Phyllis, die aus Thrakien stammte, wo die Sithonier wohnten.

233 *Porticus* – Eine von Säulen getragene, überdachte Wandelhalle.

234 *Appias Nymphe* – Vgl. die Anm. zu S. 116 und die zweite Anm. zu S. 191.

235 *die Klagschrift* – Es handelt sich nicht um eine Anklageschrift in modernem Sinne, sondern lediglich um Notizen für die Verhandlung.

236 *dem Dulichier gleich* – ↗ Ulixes, so genannt nach der Insel Dulichium nahe bei Ithaka, verstand es, sich der Liebe von ↗ Circe und ↗ Kalypso zu entziehen.
der Knabe – ↗ Amor.
Amyclae – Städtchen bei Sparta, dessen Bewohner für ihre einfache Tracht bekannt waren.
jede der beiden – Die Göttinnen ↗ Juno und ↗ Pallas, die im Schönheitsstreit der Venus unterlagen.

237 *Argos' Kiele* – Die Schiffe der Griechen, die nach Troja ausgefahren waren.
Greis, der sein Leid rächte – Nauplius; er rächte seinen von den Griechen ermordeten Sohn Palamedes, indem er die von Troja heimkehrenden Schiffe der Griechen durch falsche Leuchtfeuer auf die Klippen bei Kap Kaphareus auf der Insel Euböa auflaufen ließ.
Nisus' Tochter – ↗ Scylla.
die Syrten – Vgl. die zweite Anm. zu S. 59.
Akrokeraunien – Vgl. die erste Anm. zu S. 59.
238 *die Gnosierin* – ↗ Pasiphaë, so genannt nach der kretischen Stadt Knossos.
Dichter von Kos – Philetas, vgl. die fünfte Anm. zu S. 186.
Teos' Muse – Anakreon, vgl. die sechste Anm. zu S. 186.
239 *der plisthenische Mann* – ↗ Agamemnon, so genannt nach seinem Bruder oder Oheim Pleisthenes.
Atride – ↗ Agamemnon.
Lotophagen – Die „Lotosesser", ein sagenhaftes Volk in der „Odyssee" Homers; wer von der Lotosfrucht aß, vergaß die Rückkehr in die Heimat.
240 *Daunien* – Die Landschaft Apulien in Italien, so genannt nach dem mythischen König Daunus.
Megara – Stadt in Mittelgriechenland.
lauterer Wein – Normalerweise wurde der Wein mit Wasser gemischt.
kränzt das ... Fahrzeug – Nach der Rückkehr des Schiffes in den Hafen wurden die Götterbilder am Heck zum Dank mit Kränzen umwunden.

Alphabetisches Namenverzeichnis der historischen und mythologischen Gestalten

Accius: Lucius Accius (geb. um 170 v. u. Z.), bedeutendster römischer Tragödiendichter, von dessen über vierzig Stücken jedoch nur Fragmente bekannt sind.
Achelōus: Gott des gleichnamigen Flusses in der Landschaft Akarnanien in Mittelgriechenland. Er kämpfte mit Herkules um ↗ Deïanira, wobei er die Gestalt eines Stieres annahm. Er unterlag und verlor dabei ein Horn.
Achill, Achilles: Der stärkste griechische Held vor Troja, Sohn des Peleus und der ↗ Nereïde Thetis. Er war nur an der Ferse verwundbar und fiel im Kampf durch einen Pfeil des ↗ Paris, dem ↗ Phoebus Apollo beim Schuß die Hand führte.
Acrisius: Vater der ↗ Danaë.
Admetus: König von Pherae in Thessalien. Bei ihm diente der Gott ↗ Phoebus Apollo als Rinderhirte, entweder um eine Schuld zu sühnen oder weil er den König liebte.
Adonis: Geliebter der ↗ Venus, der auf der Jagd durch einen Eber umkam. Die Göttin verwandelte ihn in eine Blume. Ihm zu Ehren wurde im Sommer das Adonisfest gefeiert.
Aeacus: Großvater des ↗ Achilles.
Aegisth: Sohn des ↗ Thyestes, Geliebter der Klytaemnestra, deren Gatten ↗ Agamemnon sie gemeinsam umbrachten.
Aeneas: Sohn der ↗ Venus und des Trojaners Anchises. Er überlebte den Untergang Trojas; nach langen Fahrten erreichte er Latium, wo seine Nachkommen die Stadt Rom gründeten.
Aeolus: Der Herrscher über die Winde. Er gab dem ↗ Ulixes, als dieser auf seiner Irrfahrt zu ihm verschlagen wurde, als Gastgeschenk Lederschläuche mit, in denen alle der Heimkehr ungünstigen Winde eingeschlossen waren. Während der Held schlief, öffneten die Gefährten die Schläuche aus Neugier, so daß die Schiffe wieder zurückgetrieben wurden.
Aeson: Vater des ↗ Iason.
Agamemnon: König von Mycenae in der griechischen Landschaft Argolis, Sohn des ↗ Atreus, Bruder des ↗ Menelāus, Heerführer der Griechen vor Troja. Nach seiner Heimkehr wurde er von sei-

ner Gattin Klytaemnestra und deren Geliebten Aegisth ermordet.

Ajax: Der nach ↗ Achilles stärkste Held der Griechen vor Troja, Gatte der ↗ Tekmessa. Als ihm die Rüstung des gefallenen Achilles nicht zuerkannt wurde, geriet er in Wahnsinn und tötete im Glauben, die griechischen Heerführer vor sich zu haben, eine Schafherde. Wieder bei Sinnen, beging er Selbstmord.

Alcathous: Sohn des ↗ Pelops, der die Stadt Megara bei Athen wiederaufbaute.

Alcmaeon: Sohn des Sängers und Sehers ↗ Amphiaraos. Er tötete seine Mutter Eriphyle, die sich mit einem Halsband hatte bestechen lassen, ihren Gatten zur Teilnahme am Zug der Sieben gegen Theben zu nötigen, obwohl er wußte, daß er dabei den Tod finden würde. Auf der Flucht vor den Furien fand er endlich bei dem Flußgott Acheloüs Ruhe, dessen Tochter Kallirrhoë er ehelichte, obwohl er schon mit Arsinoë verheiratet war.

Alkestis: Gattin des ↗ Admetus. Sie ging freiwillig anstelle ihres Mannes in den Tod, wurde aber von ↗ Herkules der Unterwelt wieder entrissen.

Alpheüs: Gott des gleichnamigen Flusses auf dem Peloponnes. Er verfolgte die Quellnymphe Arethusa unter dem Meer hindurch bis nach Sizilien; dort tritt die Quelle bei Syrakus nahe dem Meer an die Oberfläche.

Althaea: Mutter des Meleagros, der ihre Brüder im Streit erschlug. Sie verbrannte daraufhin ein Holzscheit, an welches das Leben ihres Sohnes magisch gebunden war, und nahm sich anschließend selbst das Leben.

Amaryllis: Schäferin aus ↗ Vergils „Hirtengedichten", die gern Edelkastanien aß.

Ammon: Oberster libysch-ägyptischer Gott, von den Römern mit ↗ Jupiter gleichgesetzt. Er wurde widderköpfig dargestellt. Berühmt war sein Orakel in der Oase Siwah.

Amoebus: Ein berühmter Kitharaspieler aus Athen.

Amor: Römischer Liebesgott, Sohn der ↗ Venus. Er wurde als geflügelter Knabe dargestellt; mit seinen Pfeilen, die er in einem Köcher bei sich trug, oder auch mit Fackeln konnte er sowohl erwiderte wie unerwiderte Liebe erregen.

Amphiaraos: Mythischer Seher, der seinen Tod im Zug der Sieben gegen Theben voraussah und deshalb nicht in den Kampf ziehen wollte. Seine Gattin Eriphyle, durch ein Halsband bestochen, überredete ihn jedoch zur Teilnahme am Krieg. Er verschwand mit seinem Gespann in einer Erdspalte, die Jupiter durch einen Blitz vor ihm geöffnet hatte.

Amymone: Eine der fünfzig Töchter des Ägypters ↗ Danaos. Während der Flucht der Schwestern nach Griechenland suchte sie nach einer Quelle, die schließlich ↗ Neptun, dessen Geliebte sie wurde, für sie hervorsprudeln ließ.

Andromache: Tochter des Königs von Theben, Gattin des ↗ Hektor. Sie galt als ein Muster treuer Gattenliebe, wurde aber gleichzeitig als plump und schwerfällig beschrieben.

Andromeda: Tochter des äthiopischen Königs Kepheus. Da sich ihre Mutter gerühmt hatte, schöner als die ↗ Nereïden zu sein, sollte sie nach dem Willen ↗ Neptuns einem Seeungeheuer geopfert werden. ↗ Perseus rettete sie vor dem Tode, als sie bereits an einen Felsen angekettet ihr Schicksal erwartete.

Anio: Gott des gleichnamigen Flusses in Latium. Er rettete ↗ Ilia vor dem Tode und machte sie zu seiner Gattin.

Anubis: Der ägyptische Totengott. Er wurde mit einem Schakalskopf dargestellt.

Apelles: Berühmtester griechischer Maler (2. Hälfte des 4. Jh. v. u. Z.). Sein Bild, das die Geburt der Venus Anadyomene aus dem Meere darstellte, befand sich auf der Insel Kos; Augustus ließ es nach Rom holen. Sämtliche Werke des Apelles sind verloren.

Aphrodite: Griechische Göttin der Liebe, mit ↗ Venus identifiziert.

Apis: Ein in Memphis göttlich verehrter Stier, der als Symbol des ↗ Osiris galt.

Apoll, Apollo: ↗ Phoebus Apollo.

Arat: Aratos (um 310–um 245 v. u. Z.), griechischer Schriftsteller, Verfasser der „Himmelserscheinungen", eines Lehrgedichts über Astronomie in Hexametern.

Argus: Ein hundertäugiger Riese. Er bewachte im Auftrag der ↗ Juno die ↗ Io.

Ariadne: Tochter des kretischen Königs ↗ Minos. Sie stand ↗ Theseus im Kampf gegen den Minotaurus bei, indem sie ihm mit Hilfe eines Wollknäuels den Rückweg aus dem Labyrinth ermöglichte. Theseus nahm sie auf der Heimfahrt nach Athen mit sich, ließ sie aber auf der Insel Naxos, während sie schlief, treulos zurück. Der Gott ↗ Bacchus fand sie dort und machte sie zu seiner Gattin. Ihre Krone wurde als Sternbild an den Himmel versetzt.

Arion: Legendenumwobener griechischer Dichter und Sänger (um 600 v. u. Z.). Er soll auf einer Seefahrt von Räubern ausgeplündert und dem Meer überantwortet worden sein, jedoch rettete ihn ein Delphin, den er mit seinem Gesang angelockt hatte.

Asopos: Gott des gleichnamigen Flusses in Böotien.

Atalanta, Atalante: Eigentlich zwei Gestalten, die Ovid zu einer Person vermischt: zum einen die Teilnehmerin an der Jagd auf den

Kalydonischen Eber, zum andern die Tochter des ↗ Schoenus. Diese ließ ihre zahlreichen Freier mit ihr um die Wette laufen; wen sie besiegte, verlor sein Leben. Sie wurde von ↗ Milanion überlistet.

Atreus: Vater von ↗ Agamemnon und ↗ Menelaus. Weil sein Bruder ↗ Thyestes seine Frau verführt hatte, tötete er dessen beide Söhne und setzte sie ihm zum Mahl vor. Bei diesem Anblick wandte der Sonnengott sein Gespann um und ließ es wieder Nacht werden.

Atticus: Ein Jugendfreund Ovids.

Aurora: Römische Göttin der Morgenröte, Gattin des ↗ Tithonos, Mutter des ↗ Memnon. Sie eilte mit ihrem Gespann dem des Sonnengottes voraus.

Automedon: Wagenlenker des ↗ Achilles vor Troja.

Bacchus: Römischer Gott des Weines. Er wurde als Jüngling von mädchenhafter Schönheit dargestellt, bisweilen auch mit Hörnern, Symbol der Kraft und Relikte einer früheren Stiergestalt des Gottes. Der Sage nach eroberte er von Indien aus die Welt. Da an seinen Festen Theateraufführungen stattfanden, war er auch ein Gott der Dichter.

Battos: Gründer der Stadt Cyrene in Nordafrika, der Heimatstadt des ↗ Kallimachos.

Boötes: Sternbild in der Nähe des Großen Bären.

Boreas: Der stürmische Nordwind.

Briseïs: Sklavin des ↗ Achilles. Da ↗ Agamemnon sie als Ersatz für die Tochter des ↗ Chryses gefordert hatte, blieb der Held zürnend dem Kampfe fern, so daß die Trojaner in dieser Zeit das militärische Übergewicht gewinnen konnten.

Briseus: Vater der ↗ Briseïs.

Busiris: Mythischer König von Ägypten, der alle Fremden den Göttern zum Opfer brachte.

Byblis: Zwillingsschwester des Caunus, die in Liebe zu ihrem Bruder entbrannte.

Caesar: 1. Gaius Iulius Caesar (100–44 v. u. Z.), römischer Feldherr und Staatsmann, erster Alleinherrscher in Rom. Er wurde nach seinem Tode zum Gott erklärt. – 2. Gaius Iulius Caesar Octavianus (63 v. u. Z. bis 14 u. Z.), der Kaiser Augustus. Das Geschlecht der Julier führte seinen Stammbaum über Iulus, den Sohn des ↗ Aeneas, auf die Göttin ↗ Venus zurück. – 3. Gaius Iulius Caesar (20 v. u. Z.–4. u. Z.), Enkel des Augustus. Er wurde im Jahre 1 v. u. Z. mit der Führung des Feldzugs gegen die Parther betraut, doch kam es zu einer diplomatischen Einigung.

Calvus: Gaius Licinius Macer Calvus (82–47 v. u. Z.), römischer Dichter, Freund des ↗ Catull. Von seinem Werk sind nur wenige einzelne Zeilen erhalten.

Camillus: Marcus Furius Camillus (gest. 364 v. u. Z.), römischer Feldherr und Staatsmann. Er eroberte 395/394 v. u. Z. Falerii, die Stadt der Falisker.

Catull(us): Gaius Valerius Catullus (87 oder 84–um 54 v. u. Z.) aus Verona, römischer Lyriker. Aus vielen seiner Gedichte spricht leidenschaftliche Liebe zu Clodia, die aus einem vornehmen römischen Geschlecht stammte und von ihm unter dem Pseudonym Lesbia besungen wurde.

Cephalus: Sohn des Gottes Mercurius, der als Jüngling von ↗ Aurora gewaltsam entführt wurde, Gatte der ↗ Prokris, die er ungewollt tötete.

Ceres: Römische Göttin des Ackerbaus. Sie besaß einen von Drachen gezogenen Wagen, mit dem sie den Helden Triptolemus aussandte, um den Ackerbau über die Welt zu verbreiten.

Charis: Anmutige Begleiterin der ↗ Venus; es gab drei Charitinnen (Grazien).

Charybdis: Ein Meeresungeheuer, das in rhythmischen Abständen Wasser einsog und wieder ausspie. Es wurde als Strudel in der Meerenge von Sizilien lokalisiert.

Chiron: Ein weiser Zentaur, Sohn des ↗ Saturn, der sich seiner Mutter Phillyra in Roßgestalt genähert hatte. Er unterrichtete viele Helden, u. a. in der Heilkunst, als deren Erfinder er galt, im Reiten, in der Jagd und in der Musik.

Chryseïs: Tochter des ↗ Chryses.

Chryses: Priester des ↗ Phoebus Apollo. Er versuchte vergeblich, ↗ Agamemnon zur Herausgabe seiner Tochter Chryseïs zu bewegen. Erst als Phoebus eine Pest über das Heer der Griechen hereinbrechen ließ, wurde sie ausgeliefert.

Circe: Tochter des ↗ Sol und der Nymphe Perse, eine Zauberin. Sie wohnte auf der Insel Aeaea, wo sie ↗ Ulixes lange Zeit zurückhielt.

Corinna: Eine Geliebte Ovids, die er in seinen „Liebeselegien" besang; Gestalt wie auch Name sind fiktiv.

Crassus: Marcus Licinius Crassus (115–53 v. u. Z.), römischer Feldherr und Staatsmann. Er fiel in der Schlacht bei Carrhae gegen die Parther, desgleichen sein gleichnamiger Sohn.

Cupido: „Begehren", Beiname des ↗ Amor.

Cydippe: Ein vornehmes junges Mädchen, das der Jüngling Acontius mit einer List zur Frau gewann. Er ritzte den Schwur, Cydippe wolle nur den Acontius heiraten, in einen Apfel und stellte es so an, daß sie diese Worte im Tempel der Diana auf Delos laut vorlas. Die Göttin wachte über die Einhaltung dieses unfreiwillig geleisteten Schwures, indem sie eine andere Hochzeit durch wiederholte Erkrankungen des Mädchens unmöglich machte.

Cynthia: Die Geliebte des ↗ Properitus, die er unter diesem Namen in seinen Elegien verherrlichte.

Cypria: Beiname der ↗ Venus, deren Kult auf der Insel Zypern besonders heimisch war.

Daedalus: Mythischer athenischer Baumeister und kunstfertiger Erfinder. Er floh wegen einer Blutschuld zu König ↗ Minos nach Kreta. Dort baute er u. a. das Labyrinth für den Minotaurus, den Sohn der ↗ Pasiphaë. Da ihm Minos die Heimkehr verwehrte, verfertigte er aus Wachs und Federn Flügel für sich und seinen Sohn Icarus, mit deren Hilfe sie entflohen. Der Sohn stürzte dabei ins Meer, das nach ihm das „Ikarische" genannt wird.

Danaë: Geliebte des ↗ Jupiter. Sie wurde von ihrem Vater Acrisius in einem Turm eingeschlossen, doch der Gott gelangte in Gestalt eines Goldregens zu ihr und zeugte mit ihr den Helden ↗ Perseus, den mythischen Begründer des persischen Königshauses.

Danaos: Sohn des Belus, Zwillingsbruder des Aegyptus. Zur Beilegung eines Streits vermählten die Brüder ihre jeweils fünfzig Kinder miteinander, Danaos befahl aber seinen fünfzig Töchtern, den Danaïden oder auch Beliden, ihre Männer in der Hochzeitsnacht zu töten. Bis auf Hypermnestra befolgten sie alle den Befehl ihres Vaters. Zur Strafe müssen die Danaïden in der Unterwelt Wasser in ein Faß ohne Boden schöpfen.

Daphnis: Ein Hirt, der unglücklich in eine Najade verliebt war.

Deïanira: Eine Königstochter aus Kalydon, Gattin des ↗ Herkules. Der Held kämpfte um ihren Besitz mit dem Flußgott ↗ Achelōus.

Deïdamia: Tochter des Königs Lycomedes von Scyrus, unter dessen Töchtern Thetis ihren Sohn ↗ Achilles in Frauenkleidern versteckte, um ihn vor dem Tod im Trojanischen Krieg zu bewahren.

Delia: Eine Geliebte des ↗ Tibull, die er unter diesem Namen in seinen Elegien besang.

Demophoon: Sohn des ↗ Theseus. Er wurde auf der Heimfahrt von Troja zur thrakischen Königin ↗ Phyllis verschlagen und versprach ihr, nach dem Besuch seiner Heimat zu ihr zurückzukehren, erfüllte sein Versprechen aber zu spät.

Diana: Römische Göttin der Jagd, Zwillingsschwester des ↗ Phoebus Apollo, eine jungfräuliche Göttin. Sie erlegte das Wild mit Pfeilen, die nie das Ziel verfehlten.

Dido: Königin von Karthago. Sie nahm ↗ Aeneas auf seiner Irrfahrt nach dem Trojanischen Krieg bei sich auf und verliebte sich in ihn. Als der Held auf göttlichen Befehl weiter nach Latium segelte, beging Dido mit Aeneas' Schwert Selbstmord.

Diomedes: Griechischer Held vor Troja, Sohn des Tydeus. Er verwundete im Kampf die Göttin ↗ Venus, die auf seiten der Trojaner kämpfte.

Dione: Eine Meeresgöttin, nach einer Sagenversion durch ↗ Jupiter Mutter der ↗ Venus, auch Name der Venus selbst.

Dolon: Ein trojanischer Späher, der von ↗ Ulixes entdeckt und getötet wurde.

Egeria: Eine Quellnymphe, Gattin des sagenhaften zweiten römischen Königs Numa.

Elissa: Ein Name der karthagischen Königin ↗ Dido.

Enceladus: Ein Sohn der Erdgöttin ↗ Tellus, der die Titanen in ihrem Kampf gegen die olympischen Götter unterstützte und von ↗ Jupiter unter dem Ätna begraben wurde.

Endymion: Schöner Jäger oder Hirte, Geliebter der Mondgöttin Luna. Sie versenkte ihn in Schlaf, um ihn küssen zu können.

Enipeus: Gott des gleichnamigen Flusses in Thessalien.

Ennius: Quintus Ennius (239–169 v. u. Z.), bedeutendster römischer Dichter der archaischen Zeit, erster Epiker lateinischer Sprache. Er stammte als Sohn freier, aber armer Eltern aus Rudiae in Kalabrien, kam 204 v. u. Z. mit Cato dem Älteren nach Rom und fand Zutritt zum Kreis um die ↗ Scipionen. Von seinem in Hexametern geschriebenen Hauptwerk, den „Annalen", einer Darstellung der Geschichte Roms von Aeneas' Flucht aus Troja bis auf seine Zeit, sind etwa 600 Verse erhalten, auch von anderen Werken besitzen wir Fragmente.

Erato: Die Muse der Liebesdichtung.

Erycina: Beiname der ↗ Venus.

Euadne: Gattin des ↗ Kapaneus. Sie folgte ihm freiwillig in den Tod.

Euanthe: Tochter des Flußgottes ↗ Asopos.

Europa: Phönikische Königstochter, Geliebte des ↗ Jupiter. Der Gott verwandelte sich in einen Stier und entführte die Jungfrau auf seinem Rücken über das Meer bis nach Kreta. Nach ihr wurde der gleichnamige Erdteil benannt.

Eurytion: Ein Zentaur. Er löste den Kampf der Lapithen mit den Zentauren aus, als er im Rausch versuchte, die Braut des Pirithous zu rauben.

Fauna: Die Bona Dea, die „Gute Göttin". Ihr Tempel durfte nur von Frauen betreten werden.

Fortuna: Römische Glücksgöttin. Ihr Tag war der 24. Juni, an dem man ein auf König Servius Tullius zurückgeführtes Fest beging.

Da dieser König Sohn einer Sklavin gewesen war, wurde es besonders von Sklaven und Plebejern gefeiert.

Galatea: Eine der ↗ Nereïden.
Gallus: Cornelius Gallus (69–26 v. u. Z.), römischer Elegiendichter. Er war Präfekt in Ägypten, fiel aber bei Kaiser Augustus in Ungnade und beging Selbstmord. Von seinem Werk ist nur ein einziger Vers erhalten.
Gorge: Tochter der schönen Königin ↗ Althaea.
Gorgo: Die Gorgone ↗ Medusa.
Gradivus: Beiname des ↗ Mars.
Graecinus: Gaius Pomponius Graecinus, ein Freund Ovids.
Gyas: Ein hundertarmiges Ungeheuer, Sohn der ↗ Tellus. Es kämpfte gegen die olympischen Götter.

Halaesus: Ein Verwandter des ↗ Agamemnon.
Harmonia: Tochter der ↗ Venus und des ↗ Mars.
Hekale: Eine alte ärmliche Frau, die einmal dem ↗ Theseus in ihrer Hütte Obdach gewährte.
Hektor: Ältester Sohn des ↗ Priamus, der stärkste Held und Anführer der Trojaner, Gatte der ↗ Andromache. Er wurde von ↗ Achilles getötet und dreimal um die Mauern Trojas geschleift. Sein Vater erreichte durch einen Bittgang, daß seine Leiche zur Bestattung ausgeliefert wurde.
Helena: Tochter der Leda und des Spartanerkönigs Tyndar(e)us oder des ↗ Jupiter, Schwester des ↗ Kastor und der Klytaemnestra, Gattin des Spartanerkönigs ↗ Menelāus, die schönste Frau der Welt. Sie wurde von dem trojanischen Königssohn ↗ Paris entführt, wodurch es zum Trojanischen Krieg kam.
Helle: Tochter des Königs Athamas und seiner ersten Gattin Nephele („Wolke"). Sie und ihr Bruder Phrixus flohen vor der Stiefmutter ↗ Ino, indem sie mit Hilfe ihrer Mutter auf dem Widder mit dem Goldenen Vlies durch die Lüfte davonflogen. Helle stürzte dabei in den nach ihr benannten Hellespont.
Herkules: Sohn des ↗ Jupiter und der Alkmene, Heros, in dem sich Mut, Kraft und Tapferkeit verkörperten, Gatte der ↗ Deïanira. Schon den Säugling verfolgte die eifersüchtige ↗ Juno und schickte zwei Schlangen, die den Helden in der Wiege töten sollten; Herkules erdrückte sie jedoch. Auf Betreiben der Göttin mußte er später zwölf schwierige Arbeiten ausführen, darunter die Erlegung wilder Untiere. Der Held trug für kurze Zeit anstelle des Atlas das Himmelsgewölbe auf seinen Schultern. Er mußte wegen einer Blutschuld drei Jahre lang bei der lydischen Königin Omphale als Sklave Frauenarbeit verrichten. An seinem Lebensende wurde er als Gott auf den Olymp entrückt.

Hermione: Tochter des ↗ Menelāus und der ↗ Helena, Gattin des ↗ Orestes, dem sie durch ihren Großvater Tyndareus verlobt worden war. Vor Troja versprach ihr Vater sie aber dem Pyrrhus zur Frau, so daß sie zunächst bis zu dessen Tod bei ihm leben mußte.

Hero: Geliebte des Jünglings Leander. Um zu Hero zu gelangen, durchschwamm Leander allnächtlich den Hellespont, wobei ihm eine Lampe den Weg wies. In einer stürmischen Nacht erlosch das Licht, und der Jüngling ertrank. Hero nahm sich das Leben.

Hilaera: Tochter des messenischen Königs Leukippos, die mit ihrer Schwester ↗ Phoebe (2) von den Brüdern ↗ Kastor und Pollux geraubt wurde.

Hippodamia: Tochter des Königs von Pisa in Elis, Oenomaus. ↗ Pelops warb um sie und besiegte ihren Vater im Wagenrennen.

Hippolytus: Sohn des ↗ Theseus. Als leidenschaftlicher Jäger verehrte er die jungfräuliche Göttin ↗ Diana und bewahrte seine Keuschheit auch gegen die Liebe seiner Stiefmutter ↗ Phaedra. Sie beschuldigte ihn aus Rache bei seinem Vater unerlaubter Nachstellungen, worauf dieser ihn verfluchte und bewirkte, daß ↗ Neptun einen Stier aus dem Meer aufsteigen ließ, vor dem das Gespann des Hippolytus scheute. Beim Sturz fand der Jüngling den Tod.

Homer(us): Homeros (8. Jh. v. u. Z.), der legendenumwobene Dichter der „Ilias" und der „Odyssee".

Hylaeus: Ein Zentaur, Nebenbuhler des ↗ Milanion.

Hylas: Ein schöner Jüngling, Waffenträger des ↗ Herkules. Er wurde von Quellnymphen ins Wasser gezogen.

Hymenaeus: Gott der Eheschließung, der bei der Hochzeit angerufen wurde.

Hypsipyle: Tochter des lemnischen Königs Thoas, Gattin des ↗ Iason, die wegen Medea von ihm verlassen wurde.

Iasion: Ein Jäger, Geliebter der ↗ Ceres.

Iason: Sohn des vertriebenen iolkischen Königs Aeson. Er wurde von seinem Oheim Pelias beauftragt, das Goldene Vlies aus der Kolchis zu holen. Zur Fahrt bediente er sich der „Argo", des ersten Schiffes überhaupt. Es gelang ihm, mit Hilfe der zauberkundigen kolchischen Königstochter Medea die Aufgabe zu lösen. Später verließ er die mit ihm geflohene Medea, worauf sie die beiden Söhne tötete, die sie von ihm hatte. Vor seiner Verbindung mit Medea war er mit der lemnischen Königstochter ↗ Hypsipyle vermählt.

Icarus: Sohn des ↗ Daedalus.

Idaea: Die zweite Gattin des ↗ Phineus.

Idalia: Beiname der ↗ Venus nach ihrer Kultstätte in Idalion auf Zypern.

Ilia: Nachkommin des ↗ Aeneas und somit auch des trojanischen Königs Laomedon, durch ↗ Mars Mutter der Zwillinge Romulus und Remus, die die Stadt Rom gründeten. Sie war von ihrem Oheim Amulius, der ihren Vater Numitor vom Thron gestoßen hatte, zur Vestalin gemacht worden und daher eigentlich zur Keuschheit verpflichtet. Als sie sich in ihrer Verzweiflung das Leben nehmen wollte, rettete sie der Flußgott ↗ Anio und machte sie zu seiner Gattin.

Ilithyia: Göttin der Geburt.

Inachus: Gott des gleichnamigen Flusses in der griechischen Landschaft Argolis.

Ino: Stiefmutter von ↗ Helle und Phrixus. Sie wollte ihre Stiefkinder beseitigen, indem sie bei einer Dürre anriet, die Geschwister den Göttern zu opfern. Diese wurden aber von ihrer Mutter Nephele („Wolke") gerettet.

Io: Geliebte des ↗ Jupiter. Um sie vor seiner Gattin Juno zu verbergen, verwandelte der Gott sie in eine Kuh. Juno verlangte diese als Geschenk und ließ sie von dem hundertäugigen Riesen Argus bewachen, der aber von dem Götterboten Mercurius im Auftrage Jupiters getötet wurde. Io wurde zur Göttin ↗ Isis.

Iole: Tochter des mythischen Königs Eurytus von Oechalia, die nach der Zerstörung ihrer Heimatstadt dem ↗ Herkules zufiel.

Irus: Ein Bettler, Gestalt aus der „Odyssee" Homers.

Isis: Ägyptische Göttin, deren Kult auch in Rom Verbreitung gefunden hatte. Sie wurde besonders von Frauen verehrt. An den Festen der Göttin war Enthaltsamkeit geboten; dennoch hatten die Isistempel keinen guten Ruf, weil ihre Priester als Kuppler galten.

Itys: Sohn des ↗ Tereus und der Prokne. Er wurde von seiner Mutter und deren Schwester ↗ Philomela getötet und dem Vater zum Mahl vorgesetzt.

Iulus: Sohn des ↗ Aeneas von seiner trojanischen Gattin Krëusa, die auf der Flucht umkam. Über ihn führten die Julier, zu denen ↗ Caesar und Augustus gehörten, ihr Geschlecht auf die Göttin ↗ Venus zurück.

Janus: Römischer Gott des Aus- und Eingangs, des Anfangs und des Endes. Er wurde mit einem Doppelgesicht dargestellt. In der Nähe seines Tempels in Rom befanden sich die Banken.

Juno: Die höchste römische Göttin, Gattin des ↗ Jupiter. Als Göttin der Frauen beschützte sie insbesondere die Ehe.

Jupiter: Der höchste römische Gott, der als „der Beste und Größte" im Staatskult verehrt wurde, Gatte der ↗ Juno. Als Herr des Himmels und des Lichts schleuderte er Blitz und Donner. Seine Liebesabenteuer waren allbekannt: in Gestalt eines Schwanes näherte er sich Leda; als Stier entführte er Europa; als Adler bemächtigte er sich des trojanischen Königssohnes Ganymedes, als Goldregen gelangte er zu Danaë.

Kalchas: Seher der Griechen vor Troja.

Kallimachos: Hellenistischer Dichter und Gelehrter (vor 300–um 240 v. u. Z.). Er wirkte um 260 v. u. Z. in Alexandria und schrieb u. a. Epigramme, Götterhymnen, Kleinepen und die „Aitia" („Ursachen"), die im elegischen Versmaß Ursprungssagen von Benennungen, Gebräuchen und Festen boten. Sein Werk ist zum großen Teil verloren.

Kallirhoë: Tochter des Flußgottes ↗ Achelōus, die zweite Gattin des ↗ Alcmaeon.

Kalypso: Eine Nymphe, die den schiffbrüchigen ↗ Ulixes bei sich aufnahm und lange Zeit festhielt.

Kamene: Muse; die römischen Kamenen wurden den neun Musen gleichgesetzt.

Kapaneus: Held, der am Zug der Sieben gegen Theben teilnahm. Er wurde von ↗ Jupiter wegen seines Frevelmuts bei der Eroberung der Stadt mit dem Blitz erschlagen.

Kassandra: Tochter des ↗ Priamus, Priesterin des ↗ Phoebus Apollo. Sie besaß die Gabe der Weissagung, doch war sie mit dem Fluch geschlagen, daß ihr keiner glaubte. Bei der Eroberung Trojas flüchtete sie vergeblich an den Altar der ↗ Minerva. Sie wurde Sklavin des ↗ Agamemnon und kam zusammen mit ihm ums Leben.

Kastor: Zwillingsbruder des Pollux; beide sind Söhne der ↗ Leda, jedoch stammt Kastor von dem sterblichen Vater Tyndareus, Pollux von ↗ Jupiter, demnach ist Kastor ein Bruder der ↗ Helena. Aus Liebe zu seinem Bruder verzichtete Pollux auf einen Teil seiner Unsterblichkeit, und die Brüder wurden als Sternbild der Zwillinge an den Himmel versetzt. Kastor galt als guter Reiter.

Kekrops: Mythischer König von Athen, Ahnherr von Prokne und ↗ Philomela.

Kepheus: Mythischer König von Äthiopien, Vater der ↗ Andromeda.

Klio: Die Muse der Geschichtsschreibung.

Krëusa: 1. Eine Najade, die von dem Flußgott ↗ Penëus entführt wurde. – 2. Korinthische Königstochter, der zuliebe sich ↗ Iason von Medea trennte. Die Verlassene schickte ihr ein vergiftetes Brautkleid, in dem sie verbrannte.

Kytherea: Beiname der ↗ Venus nach der südlich des Peloponnes gelegenen Insel Kythera, einem Hauptsitz des Venuskults.

Lais: Schöne Hetäre aus Korinth, die zur Zeit des Peloponnesischen Krieges (431–404 v. u. Z.) lebte.

Laodamia: Gattin des Protesiläus, der als erster Grieche vor Troja fiel. Sie erreichte seine Rückkehr aus der Unterwelt für kurze Zeit und folgte ihm danach ins Totenreich.

Laomedon: Mythischer König von Troja, Vater des ↗ Priamus.

Laren: Bei den Römern die Götter des Hauses, Synonym für Heimat.

Latinus: Mythischer König von Latium. Er gab seine Tochter Lavinia dem Trojaner ↗ Aeneas zur Frau, was zum Krieg mit ihrem vormaligen Verlobten Turnus führte.

Leander: Ein Jüngling, der allnächtlich den Hellespont durchschwamm, um seine Geliebte ↗ Hero zu besuchen.

Leda: Geliebte des ↗ Jupiter, Gattin des Königs Tyndareus von Sparta, Mutter der Dioskuren ↗ Kastor und Pollux sowie der ↗ Helena. Um sie zu verführen, nahm der Gott die Gestalt eines Schwanes an.

Liber: Italischer Fruchtbarkeitsgott, der mit ↗ Bacchus gleichgesetzt wurde.

Linos: Ein Sohn des ↗ Phoebus Apollo. Er unterrichtete ↗ Herkules im Kitharaspiel und wurde von diesem im Zorn erschlagen. Andere Versionen seines Todes sind, daß er ausgesetzt und von Hunden zerrissen wurde oder nach einem Wettstreit mit seinem Vater von dem Sieger getötet wurde. Nach ihm soll der Klagesang „Ailinos" genannt sein.

Lucifer: „Der Lichtbringer", der Morgenstern. Er schirrte ↗ Sols Gespann an.

Lucina: Römische Geburtsgöttin. Sie galt als eine Erscheinung der ↗ Diana.

Lucretius: Titus Lucretius Carus (um 96–55 v. u. Z.), römischer Dichter. Sein großes Lehrgedicht „Über die Natur der Dinge" basiert auf der Philosophie Epikurs.

Luna: Römische Mondgöttin.

Lyaeus: „Der Sorgenlöser", Beiname des ↗ Bacchus.

Lycoris: Die Geliebte des ↗ Gallus.

Macer: Ein Freund Ovids. Er schrieb offenbar ein Epos, das die Ereignisse vom Schwur der griechischen Fürsten, ↗ Helena aus Troja heimzuholen, bis zum Zorn des ↗ Achilles über den Raub der ↗ Briseïs, also dem Beginn der Homerischen „Ilias", behandelte.

Machaon: Sohn des Aesculap, ein berühmter Arzt.

Makareus: Sohn des Windbeherrschers Aeolus. Er verliebte sich in seine Schwester Kanake, die ein Kind von ihm gebar und deshalb von ihrem Vater gezwungen wurde, sich zu töten.
Manen: Die Totengeister in der Unterwelt.
Mars: Römischer Kriegsgott, Geliebter der ↗ Venus.
Mavors: Altertümlicher Name für ↗ Mars.
Medea: Zauberkundige kolchische Königstochter, die ↗ Iason zum Goldenen Vlies verhalf. Sie folgte dem Helden nach Griechenland. Als er sie verließ, tötete sie die beiden Söhne, die sie von ihm hatte.
Medusa: Die sterbliche unter den drei Gorgonen, Ungeheuern, deren Anblick versteinerte. Sie hatten fratzenhafte Züge und trugen statt der Haare Schlangen auf dem Haupt. Medusa wurde von ↗ Perseus getötet.
Memnon: Sohn der ↗ Aurora und des Trojaners ↗ Tithonos. Er hatte eine dunkle Hautfarbe. Im Trojanischen Krieg wurde er von ↗ Achilles getötet. Zu seinem Gedenken erschienen jedes Jahr die Memnonsvögel an seinem Grabe und kämpften miteinander.
Menander: Menandros (342–291 v. u. Z.), bedeutendster Dichter der sogenannten Neuen attischen Komödie. Er schrieb über 100 Komödien, von denen jedoch neben Einzelfragmenten nur eine vollständig, weitere zwei in Teilen erhalten sind.
Menelaus: König von Sparta, Sohn des ↗ Atreus, Bruder des ↗ Agamemnon, Gatte der schönen ↗ Helena, die ihm von ↗ Paris geraubt wurde, als er sich auf eine Reise nach Kreta begeben hatte.
Milanion: Freier der ↗ Atalanta. Er besiegte sie im Wettlauf, indem er ihr während des Laufs drei goldene Äpfel in den Weg rollte; sie hob sie auf und verlor dadurch Zeit.
Minerva: Römische, ursprünglich etruskische Göttin, die mit ↗ Pallas Athene gleichgesetzt wurde.
Minos: Mythischer König von Kreta, Gatte der ↗ Pasiphaë. Er war nach seinem Tode einer der drei gerechten Richter in der Unterwelt.
Mulciber: Beiname des ↗ Vulcanus; er bedeutet etwa „Erweicher des Eisens".
Myron: Berühmter griechischer Bildhauer (Mitte des 5. Jh. v. u. Z.). Er schuf u. a. den Diskuswerfer.
Myrrha: Tochter des Cinyras. Sie liebte ihren Vater, von dem sie unerkannt den ↗ Adonis empfing; sie wurde in die Myrrhe verwandelt.

Najaden: Nymphen, die in Gewässern wohnten.
Naso: Der vollständige Name Ovids lautet Publius Ovidius Naso.

Nemesis: Die letzte Geliebte des ↗ Tibull, die er unter diesem Pseudonym besang.

Neptun: Römischer Gott des Meeres und der Ströme.

Nereïden: Meeresnymphen, die fünfzig Töchter des Meeresgottes Nereus.

Nereus: Greiser Meeresgott, Vater der fünfzig Nereïden. Er besaß die Gabe der Weissagung.

Nestor: Der älteste der griechischen Heerführer vor Troja.

Niobe: Königin von Theben, die sich über die Göttin Latona erhob, weil sie selbst vierzehn Kinder, die Göttin nur zwei habe. Daraufhin töteten deren Kinder ↗ Phoebus Apollo und ↗ Diana alle Kinder Niobes. Sie selbst wurde vor Schmerz zu Stein.

Nireus: Der nach ↗ Achilles schönste griechische Krieger vor Troja.

Nisus: Mythischer König von Megara, Vater der ↗ Scylla.

Numa: Numa Pompilius, der sagenhafte zweite römische König; ihm werden zahlreiche Maßnahmen zur Ordnung des römischen Staatswesens zugeschrieben.

Oebalus: König von Sparta, Großvater der ↗ Helena.

Oenone: Eine Nymphe, Gattin des ↗ Paris, als dieser noch als Hirt auf dem Berge Ida lebte. Sie wurde von ihm der ↗ Helena wegen verlassen.

Orest(es): Sohn des ↗ Agamemnon. Er tötete seine Mutter Klytaemnestra, um sie für den Mord an seinem Vater zu bestrafen. Daraufhin verfolgten ihn die Furien, die Göttinnen der Nacht.

Orion: Ein wilder Jäger aus Böotien, der die Plejaden verfolgte. Er wurde als Sternbild an den Himmel versetzt.

Orithyia: Athenische Königstochter, die der Sturmgott ↗ Boreas gewaltsam entführte und zu seiner Gattin machte.

Orpheus: Ein mythischer Sänger aus Thrakien, Sohn des ↗ Phoebus Apollo und der Muse Kalliope. Sein Gesang bewegte selbst Tiere und Steine. Er durfte seine früh verstorbene Gattin Eurydike aus der Unterwelt heimholen, verlor sie aber unterwegs wieder, weil er sich entgegen dem Gebot nach ihr umschaute.

Osiris: Der ägyptische Sonnengott, Gatte der ↗ Isis.

Palinurus: Der Steuermann des ↗ Aeneas. Er fiel unvermutet über Bord und ertrank.

Pallas (Athene): Griechische Göttin der Wissenschaften und Künste, u. a. Erfinderin der Flöte, Schutzherrin des Handwerks, aber auch Kriegsgöttin, von den Römern mit ↗ Minerva identifiziert. Sie entsprang als Jungfrau in voller Rüstung dem Haupt des ↗ Zeus.

Paris: Sohn des ↗ Priamus. Er entschied als Hirt am Berge Ida den Streit der Göttinnen Juno, Minerva und Venus, wer von ihnen die

Schönste sei, zugunsten der Liebesgöttin, weil sie ihm die schönste Frau der Welt, ↗ Helena, zur Belohnung versprochen hatte. Diese raubte er aus Sparta und löste damit den Trojanischen Krieg aus. Zuvor war er mit der Nymphe ↗ Oenone vermählt.

Parze: Eine der drei Schicksalsgöttinnen. Sie spannen die Lebensfäden der Menschen und bestimmten durch dessen Länge die Lebensdauer des einzelnen.

Pasiphaë: Gattin des ↗ Minos. Sie wurde von ↗ Venus mit unnatürlicher Liebe zu einem Stier geschlagen, mit dem sie den menschenfressenden Minotaurus zeugte, ein Wesen, das halb Mensch, halb Stier war. Um die Begattung zu ermöglichen, verbarg sie sich in einer hölzernen Kuh.

Patroklos: Treuer Freund des ↗ Achilles.

Pelops: Sohn des ↗ Tantalus. Er warb um ↗ Hippodamia und gewann sie zur Frau, weil er ihren Vater Oenomaus, den König von Pisa in Elis, im Wagenrennen besiegte. Das gelang ihm, weil er dessen Wagenlenker bestach, einen Nagel am Wagen des Königs durch einen Stift aus Wachs zu ersetzen. Unterliegende Freier wurden sonst von dem König mit dem Speer getötet.

Penaten: Die Götter des Hauses, auch Synonym für Heimat.

Penelope: Gattin des ↗ Ulixes. Sie blieb dem Helden während seiner zwanzigjährigen Abwesenheit treu, obwohl sie von vielen Freiern umworben wurde. Um diese hinzuhalten, gab sie vor, erst noch ein Tuch fertig weben zu wollen; dabei trennte sie nachts das am Tag Gewebte heimlich auf. Als diese List verraten worden war, willigte sie ein, den zu heiraten, der den Bogen ihres Mannes spannen könne. Dies gelang nur Ulixes selber, der unerkannt als Bettler heimgekehrt war und nun Rache an den Freiern nahm.

Peneüs: Gott des gleichnamigen Flusses in der Landschaft Thessalien im Nordosten Griechenlands.

Penthesilea: Königin der Amazonen, die vor Troja mit den Griechen kämpfte und von ↗ Achilles getötet wurde.

Perillus: Ein Schmied, der dem Tyrannen ↗ Phalaris einen ehernen Stier anbot, in dem Verurteilte bei lebendigem Leibe geröstet werden konnten. Er selbst wurde das erste Opfer.

Perse: Eine Nymphe, Mutter der Zauberin ↗ Circe.

Perseus: Sohn der ↗ Danaé und des Jupiter. Er bekam den Auftrag, das Haupt der ↗ Medusa zu holen, was ihm mit Hilfe von Flügelschuhen und eines Spiegels gelang, durch den er den direkten, zu Stein machenden Anblick des Schlangenhauptes vermied. Danach rettete er ↗ Andromeda vor einem Seeungeheuer und nahm sie zur Frau.

Phaedra: Gattin des ↗ Theseus. Sie verliebte sich in ihren Stiefsohn ↗ Hippolytus, wurde aber von ihm abgewiesen. Daraufhin bezichtigte sie ihn, er habe ihr nachgestellt, und beging Selbstmord.

Phalaris: Tyrann von Agrigent in Sizilien (6. Jh. v. u. Z.), der durch seine Grausamkeit berüchtigt war.

Phegeus: Mythischer König von Psophis in Griechenland, Vater der Arsinoë, der Gattin des ↗ Alcmaeon.

Phemios: Berühmter Sänger der griechischen Sage.

Phillyra: Mutter des ↗ Chiron.

Philomela: Athenische Königstochter. Sie wurde von ihrem Schwager ↗ Tereus entehrt und der Zunge beraubt; trotzdem verriet sie ihrer Schwester Prokne die Untat durch eine Stickerei. Die beiden töteten Proknes Sohn Itys und setzten ihn dem Vater zum Mahle vor. Der verfolgte die Schwestern, wobei Philomela in eine Nachtigall verwandelt wurde, Prokne in eine Schwalbe.

Phineus: Thrakischer König. Er ließ seine Söhne auf Beschuldigungen ihrer Stiefmutter hin blenden und wurde deshalb selbst von den Göttern des Augenlichts beraubt. Außerdem suchten ihn die Harpyien heim, Vögel, die ihm seine Mahlzeiten wegfraßen oder so besudelten, daß sie ungenießbar waren.

Phoebe: „Die Glänzende". 1. Beiname der ↗ Diana. – 2. Tochter des messenischen Königs Leukippos. Sie wurde zusammen mit ihrer Schwester Hilaera von den Brüdern ↗ Kastor und Pollux geraubt.

Phoebus (Apollo): Römischer Lichtgott, Zwillingsbruder der ↗ Diana, Schutzherr der neun Musen und der Dichtkunst sowie Gott der Sänger, Gott der Heilkunst. Er spielte die Leier und war mit Bogen und Pfeilen bewaffnet. Als Herr des Orakels von Delphi war er auch mit Weissagungen befaßt.

Phoenix: Sohn des Amyntor. Er wurde von seinem Vater verdächtigt, dessen Geliebte verführt zu haben, und zur Strafe geblendet.

Phrixus: Bruder der ↗ Helle, der auf dem Widder mit dem Goldenen Vlies bis in die Kolchis gelangte.

Phyllis: Thrakische Königstochter. Sie verzweifelte, als ihr Geliebter ↗ Demophoon nicht, wie versprochen, zu ihr zurückkehrte, und erhängte sich. Zuvor war sie neunmal vergeblich den Weg zur Küste gegangen, wo sie das Schiff des Geliebten erwartete.

Piëriden: Die neun Musen, als deren Heimat die makedonische Landschaft Piërien galt.

Pirithous: Mythischer König von Larisa in Thessalien, treuer Freund des ↗ Theseus.

Podalirius: Arzt der Griechen vor Troja.

Poeas: Vater des Philoktet, den die Griechen auf der Fahrt nach Troja auf der Insel Lemnos aussetzten, weil sie den Gestank seiner von einem Schlangenbiß herrührenden Wunde und seine Schmerzensschreie nicht ertragen konnten. Da Troja aber ohne die Pfeile des Philoktet nicht erobert werden konnte, holten sie ihn nach, und der Arzt Machaon heilte ihn.

Pollux: Zwillingsbruder des ↗ Kastor; er galt als guter Faustkämpfer.
Pompeius: Gnaeus Pompeius Magnus (106–48 v. u. Z.), römischer Feldherr und Politiker.
Priamus: König von Troja, Vater u. a. von ↗ Kassandra, ↗ Hektor und ↗ Paris.
Priap: Garten- und Fruchtbarkeitsgott. Er wurde mit einem riesigen Phallus dargestellt.
Prokris: Gattin des ↗ Cephalus. Sie wurde von ihm ungewollt getötet, als sie ihn mißtrauisch belauschte. Zuvor war sie ihm selber mit ↗ Minos untreu geworden.
Prometheus: Sohn des Titanen Iapetos. Er hatte den Menschen u. a. das Feuer gebracht und war deshalb von Zeus zur Strafe an den Kaukasus geschmiedet, wo ihm ein Adler die täglich nachwachsende Leber abfraß.
Propertius: Sextus Propertius (um 49–um 15 v. u. Z.), römischer Elegiendichter.
Proteus: Ein Meeresgott, der sich in beliebige Gestalten verwandeln konnte.
Pylades: Treuer Freund des ↗ Orestes. Auch während der Verfolgung durch die Furien verließ er den Freund nicht und begleitete ihn nach Tauris; dort waren die Freunde bereit, einer für den anderen auf dem Opferaltar zu sterben.

Quirinus: Name des vergöttlichten ↗ Romulus.

Remus: Zwillingsbruder des ↗ Romulus, Sohn der ↗ Ilia und des ↗ Mars. Sein Bruder erschlug ihn im Zorn, weil er über die im Bau befindliche Mauer der Stadt Rom gesprungen war.
Rhesus: König der Thraker, der den Trojanern im letzten Kriegsjahr zu Hilfe kam. Er wurde von ↗ Ulixes und ↗ Diomedes im Schlafe getötet, und seine berühmten Rosse gerieten in die Hände der Griechen.
Romulus: Legendärer Begründer der Stadt Rom, Sohn der ↗ Ilia und des ↗ Mars; um den Fortbestand Roms zu sichern, ließ er Spiele veranstalten, bei denen die Römer die Töchter der eingeladenen Sabiner raubten.

Sabinus: Ein Freund Ovids. Er verfaßte zu einigen der Ovidschen „Briefe berühmter Frauen" Antwortbriefe der Partner.
Salmoneus: König von Elis; seine Tochter hieß Tyro.
Sappho: Bedeutendste griechische Dichterin (um 600 v. u. Z.). Sie lebte auf der Insel Lesbos. Die Dichterin soll sich wegen einer unglücklichen Liebe zu dem Jüngling Phaon vom Leukadischen Felsen gestürzt haben. Ihr Werk ist nur fragmentarisch erhalten.

Saturn: Altitalischer Gott, Vater des ↗ Jupiter und der ↗ Juno. Unter seiner Herrschaft lebten die Menschen glücklich und bedürfnislos im Goldenen Zeitalter.

Schoeneus: Böotischer Königssohn, Vater der ↗ Atalanta.

Scipio: Name einer berühmten römischen Adelsfamilie, aus der bedeutende Feldherren und Staatsmänner hervorgingen, u. a. Publius Cornelius Scipio Africanus Maior (um 235–183 v. u. Z.) und Publius Cornelius Scipio Aemilianus Africanus Minor (185–129 v. u. Z.). Die Scipionen waren Förderer des griechischen Kultureinflusses und scharten Dichter und Wissenschaftler um sich.

Scylla: Eine Nymphe. Sie wurde von ↗ Circe aus Eifersucht in ein Meeresungeheuer verwandelt, aus dessen Leib sechs Hunde hervorwuchsen, die von vorüberfahrenden Schiffen Menschen raubten, Personifikation einer gefährlichen Klippe in der Meerenge von Sizilien. Ovid vermischt diese Gestalt mit der gleichnamigen Tochter des Königs Nisus von Megara. Dem feindlichen Feldherrn ↗ Minos zuliebe riß sie ihrem Vater im Schlafe ein purpurnes Haupthaar aus, in dem seine Stärke beschlossen lag, und gab damit ihre Heimatstadt dem Untergang preis. Scylla wurde in einen Vogel, Nisus in einen Seeadler verwandelt.

Semele: Geliebte des ↗ Jupiter. Von ↗ Juno betört, bat sie den Gott, vor ihr in seiner göttlichen Herrlichkeit zu erscheinen. Der Anblick tötete sie. Ihren ungeborenen Sohn ↗ Bacchus rettete der Gott, indem er ihn in seinem Schenkel austrug.

Semiramis: Mythische assyrische Königin.

Side: Geliebte des ↗ Orion.

Silen: Greiser Erzieher und Begleiter des ↗ Bacchus.

Sirenen: Töchter des Flußgottes ↗ Achelōus, die in Vögel verwandelt wurden, dabei aber ihr Menschenantlitz und ihre Stimme behielten. Sie betörten mit ihrem Gesang vorüberfahrende Schiffer, die an den Klippen ihrer Insel scheiterten und umkamen. Einzig ↗ Ulixes hörte sie und entkam ihnen trotzdem durch eine List.

Sisiphus: Gründer oder König von Korinth, nach einer Sagenversion Vater des ↗ Ulixes.

Sol: Der römische Sonnengott. Er fuhr mit einem vierspännigen Wagen über das Firmament.

Sophokles: Griechischer Tragödiendichter (um 496–406 v. u. Z.). Sieben seiner Tragödien sind vollständig erhalten.

Styx: „Der Verhaßte", Fluß in der Unterwelt, bei dem die Götter ihre Eide beschworen.

Talaos: Vater der Eriphyle, der Gattin des ↗ Amphiaraos.

Tantalus: Sohn des ↗ Jupiter. Er verriet Geheimnisse seines Vaters und wurde daher bestraft, in der Unterwelt unter einem früchtetragenden Apfelbaum in Wasser stehen zu mussen, aber weder Durst noch Hunger stillen zu können, weil das Begehrte bei jeder Annäherung zurückweicht.

Tatius: Mythischer König der Sabiner, der nach Gründung der Stadt Rom (753 v. u. Z.) Mitregent des ↗ Romulus und nach dessen Tod römischer König war.

Tekmessa: Nebengattin des ↗ Ajax, eine Gefangene aus vornehmem Geschlecht.

Telamon: Vater des ↗ Ajax.

Tellus: Die Erdgöttin. Sie unterstützte die Titanen und Giganten, ihre Kinder, in ihrem schließlich vergeblichen Kampf gegen die olympischen Götter.

Tereus: Mythischer Thrakerkönig. Er entehrte seine Schwägerin ↗ Philomela; daraufhin tötete seine Gattin Prokne den gemeinsamen Sohn Itys. Bei der Verfolgung der Schwestern wurde Tereus in einen Wiedehopf verwandelt.

Thaïs: Berühmte griechische Hetäre, Geliebte Alexander des Großen.

Thalia: Die Muse des heiteren Lustspiels.

Thamyras: Ein thrakischer Sänger. Er vermaß sich zu einem Wettstreit mit den Musen im Gesang und Kitharaspiel. Er unterlag und wurde zur Strafe geblendet und seiner Kunst beraubt.

Thersites: Der häßlichste griechische Kämpfer vor Troja. Er begehrte gegen die Feldherren auf und wurde von ↗ Ulixes gezüchtigt.

Theseus: Mythischer König von Athen, Sohn des Aegeus oder des ↗ Neptun. Er nahm die kretische Königstochter ↗ Ariadne, die ihm im Kampf gegen den Minotaurus beigestanden hatte, auf der Heimfahrt mit sich, ließ sie aber auf der Insel Naxos treulos zurück. Später war er mit ↗ Phaedra verheiratet.

Thrasius: Ein Wahrsager aus Zypern.

Thyestes: Bruder des ↗ Atreus, der dessen Gattin Aërope verführte. Sein Sohn Aegisth wurde der Geliebte der Klytaemnestra und tötete mit ihr ↗ Agamemnon.

Tiberinus: Der Gott des Flusses Tiber.

Tibull(us): Albius Tibullus (um 50–19 oder 17 v. u. Z.), römischer Elegiendichter.

Tiphys: Der Steuermann der „Argo", mit der ↗ Iason in die Kolchis fuhr, um das Goldene Vlies zu holen.

Tithonos: Schöner trojanischer Königssohn, Bruder des ↗ Priamus. ↗ Aurora verliebte sich in ihn und nahm ihn zum Gatten. Sie erwirkte für ihn Unsterblichkeit, vergaß aber, auch ewige Jugend zu erbitten, so daß er zum Greis wurde.

Tityos: Ein riesengestaltiger Sohn des ↗ Jupiter. Er suchte sich der Göttin Latona zu nähern und wurde von deren Kindern ↗ Phoebus Apollo und ↗ Diana mit Pfeilen erlegt. In der Unterwelt büßt er seinen Frevel: er liegt auf dem Boden ausgestreckt, und ein Geier frißt ihm die ständig nachwachsende Leber ab.

Triton: Sohn des ↗ Neptun. Er konnte mit den Tönen seines Muschelhorns das Meer aufwühlen oder besänftigen.

Tydeus: Vater des ↗ Diomedes.

Tyndar(e)us: Mythischer König von Sparta, Gatte der ↗ Leda, Vater von Klytaemnestra und auch von ↗ Helena sowie ↗ Kastor und Pollux.

Ulixes, Ulyß: Der klügste und listigste griechische Held vor Troja, Gatte der ↗ Penelope. Nach dem zehnjährigen Krieg irrte er noch weitere zehn Jahre umher, bevor er seine Heimat Ithaka wieder erreichte.

Varro: Publius Terentius Varro aus Atax (81–36 v. u. Z.), römischer Dichter. Er verfaßte ein Epos über den Zug der Argonauten.

Venus: Römische Liebesgöttin, Gattin des ↗ Vulcanus, den sie aber u. a. mit ↗ Mars betrog, Mutter des ↗ Amor und des ↗ Aeneas.

Vergil(ius): Publius Vergilius Maro (70–19 v. u. Z.) aus Andes bei Mantua, bedeutendster römischer Epiker. Er schrieb neben kleinen Gedichten die „Hirtengedichte", ein Lehrgedicht „Über den Landbau" sowie das römische Nationalepos „Aeneis".

Vesta: Göttin des heiligen, ewig brennenden Herdfeuers, das in ihrem Tempel von den Vestalinnen gehütet wurde.

Victoria: Die geflügelte Siegesgöttin der Römer.

Vulcanus: Römischer Gott des Feuers und der Schmiedekunst, Gatte der ↗ Venus. Er fertigte auf Bitten der Thetis für deren Sohn ↗ Achilles herrliche Waffen an.

Xanthos: Gott des gleichnamigen Flusses in der Nähe von Troja, auch Skamander genannt.

Zeus: Der oberste griechische Gott, von den Römern mit ↗ Jupiter identifiziert.

Zoïlus: Zoïlos (4. Jh. v. u. Z.), griechischer Redner und Sophist, Kritiker des Homer, daher „Homergeißel" genannt.

Inhalt

5   Liebeselegien
111 Die Liebeskunst
207 Heilmittel gegen die Liebe

241 Anmerkungen
268 Alphabetisches Namensverzeichnis der historischen
    und mythologischen Gestalten